상한 마음을
치유하는 기도

Prayers that Heal the Heart

by Mark and Patti Virkler

copyright ⓒ 2001 by Mark and Patti Virkler

Published by Bridge-Logos Publishers
PO Box 141630, Gainesville, FL 32614

Korean translation copyright ⓒ 2004 by Pure Nard
2f 16, Eonju-ro 69-gil, Gangnam-gu, Seoul, Korea

This Korean edition is Published by arrangement with Bridge-Logos Publishers.
All rights reserved.

본 저작물의 한국어판 저작권은 Bridge-Logos Publishers와의 독점 계약으로 '**순전한 나드**'가 소유합니다. 저작권자의 허락 없이 이 책의 일부 또는 전체를 무단 복제, 전재, 발췌하면 저작권법에 의해 처벌을 받습니다.

상한 마음을 치유하는 기도

지 은 이 마크 & 패티 버클러
옮 긴 이 김유태

초판인쇄 2004년 10월 21일
11쇄인쇄 2022년 11월 4일

펴 낸 이 허철
펴 낸 곳 도서출판 순전한나드
등록번호 제2010-000128호
주   소 서울 강남구 연주로69길 16 (역삼동) 2층
도서문의 02)574-6702
         FAX:02) 574-9704
홈페이지 www.purenard.co.kr
인 쇄 처 예원프린팅

ISBN 89-954138-9-1   03230

상한 마음을 치유하는 기도

마크 & 패티 버클러 지음
김유태 옮김

Prayers That Heal The Heart

Prayers That Heal The Heart

헌정사

캐나다의 엘렐(Ellel), 피터 호로빈, 스티브 & 케이 콕스, 체스터 & 베시 킬스트라, 존 & 폴라 샌드포드, 빌 & 수 뱅크스에게 특별한 감사를 드린다. 이 책을 저술하며 치유사역을 하는데 참으로 많은 도움을 준 사람들이다.

그리고 이 책에 기술된 기도 방법들과 문제지를 사용하여 실제 상담을 하면서 실험을 하도록 도와준 게일 채플과 그녀의 내담자들에게 특별한 감사를 드린다. 이 책의 삼분의 일은 바로 그 실제 상담시간을 통해서 얻어낸 지식을 바탕으로 저술되었음을 밝힌다. 그들의 협조가 없었다면, 이 책은 완성될 수 없었을 것이다.

추천의 글

●●● "마크 & 패티 버클러는 《《상한 마음을 치유하는 기도》》라는 책을 통해서 내적 치유와 축사사역의 영역에서 많은 사람들이 개척을 해낸 가르침들을 누구라도 실제로 적용할 수 있는 귀한 도구로 만들어 내었다. 전문가의 영역에서는 사실 많은 것들이 발견되었다. 그렇지만 비전문가들이 자신의 개인적인 삶에 내적인 치유를 적용할 수 있는 방법은 별로 개발되어있지 않았다. 어떤 사람들은 하나님의 기적적인 개입으로 치유가 이루어지기를 기대해 왔고, 혹자는 다른 사람에게 기도 받음을 통해서 치유가 이루어지기를 기대해 온 사람들도 있을 것이다. 사실 그러한 방법을 통해서 치유가 이루어지기도 한다. 그렇지만, 내적인 치유에 종사하는 우리 같은 사람들은, 개인적인 철저한 훈련을 통해서 치유에 도달할 수 있는 그러한 정확한 사역의 도구가 아쉬웠다. 그런데 이제 마크와 패티는 이론을 넘어서서 실제적으로 "어떻게" 내적 치유를 이루어낼 것인지에 관한 철저한 방법론을 제시하기에 이르렀다. 이 책은 참으로 좋은 워크북이며 나누어 줄만한 각종 유인물들도 담고 있다. 많은 치유와 놀라운 변화의 역사들이 이 책을 통해서 일어날 것이다."
────────────────────────── 존 샌드포드, 〈엘리야의 집〉 창시자

●●● "몸은 아프지만 자기가 아프다는 사실을 모르는 사람은 의사를 찾아가지 않을 것이다. 마찬가지로, 자신의 마음속은 엉망진창이지만 스스로 정상이라고 생각하는 사람은 다른 사람에게 도움을 요청하지 않는다. 많은 기독교인들은 삶의 여러 가지 문제로 시달리고 있지만, 예수님께서 십자가에서 이룬 승리가 그들에게 영원한 생명을 보장해 주는 것 이외에 이 땅에서의 놀라운

치유를 가져다준다는 사실에 대해서 무지하다."

"마크 버클러의 《《상한 마음을 치유하는 기도》》는 성경에 기록된 치유의 열쇠를 신자들의 삶 속에 효과적으로 적용하기에 적합한 실질적인 책이다. 마크는 개인적인 간증을 통해 과거의 삶이 자신에게 미친 영향을 관찰하고 하나님께 자신을 맡겼을 때, 하나님께서 어떻게 깊은 내적 치유를 해 주셨는지를 말해 준다. 그러나 치유의 길은 선택의 길이다. 즉, 어떤 인생의 길은 갈림길과도 같다는 것이다. 내가 이 길을 선택할 것인가 아니면 저 길을 선택할 것인가? 용서를 할 것인가 용서를 안 할 것인가? 과거의 잘못을 끄집어내어 다시 다룰 것인가 아니면 그냥 묻어둘 것인가? 잘못된 인간관계의 결과를 솔직히 인정할 것인가 아니면 아무 일도 없었다는 듯이 그냥 모른 체 할 것인가? 인생에는 심은 대로 거두는 법칙이 있음을 솔직히 받아들일 것인가 아닌가? 이러한 중요한 문제들이 미묘하게 잘 다루어졌으며, 놀라운 통찰력으로 가르쳐졌고 적용이 되었다."

"전인적인 치유를 원하는 목회자와 평신도들에게 좋은 자료가 될 만한 책이다. 제자도와 치유는 결국 기독교 진리의 양면이라는 귀한 진리를 깨닫게 해주는 서적이다."

― 피터 호로빈, 영국 엘렐 그랑제의 국제 엘렐 사역 총재

●●● "마크와 패티는 창조적으로 그러나 단순하게 주님의 계시를 우리들에게 제시한다. 목회 사역에 있어서 통합적인 접근에 대한 필요성과 이해를 심어주는 책을 만나게 되어서 너무 기쁘다. 버클러 부부는 이러한 접근을 매우

간단명료하게 제시하면서 실질적인 적용을 할 수 있도록 만들어 놓았다. 문제지와 여러 제시된 활동들을 통해서 주님으로부터 치유와 해방의 축복을 받기 원하는 사람은 누구든지 이 자료를 손쉽게 사용할 수 있으리라 믿는다."

―――――――――― 체스터 & 베시 킬스트라, 〈그분의 말씀 선포 사역〉의 창시자 겸 감독

●●● "마크 버클러 박사의 저서인 《《상한 마음을 치유하는 기도》》는 우리들의 지성과 심성에 있는 감옥들을 심도 있게 다루고 있다. 그 감옥들은 반복되는 죄들, 자기혐오, 충격적인 사건에 대한 기억, 사라지지 않는 고통, 그리고 악령의 억누름과 공격이다. 많은 기독교 지도자들조차도 마음속에 오직 예수님만이 치유하실 수 있는 상처들을 안고 다닌다. 그 상처들은 하나님 나라 사역의 정상에 도달한 때에라도 지도자를 무너뜨리기에 충분한 시한폭탄과 같은 것들이다. 이 책이 제대로 사용된다면, 아무런 조짐도 없이 마음속에 머무는 시한폭탄이 제거되고, 성령님께서 폭로하셔야 할 죄가 폭로되며, 치유되어야 할 기억들이 치유될 줄로 믿는다. 《《상한 마음을 치유하는 기도》》는 예수님께서 어떻게 아직도 상한 마음을 치유하시며 억눌린 자들을 해방하시는지 넉넉히 보여줄 것이다.

―――――――――― 그레이 S. 그레이그 박사, 〈와그너 리더십 재단〉의 교육 상담역

●●● "마크는 이미 이전에도 비슷한 주제에 관한 책들을 저술하였다 (가계에 흐르는 저주, 내적 맹세, 타인을 판단함 등). 또한 우리가 다 아는 바와 같

이 기도가 치유를 가져오는 능력이 있다는 그의 주장도 전혀 새로운 것은 아니다. 그러나 그 모든 것과 하나님의 음성을 듣는 법, 연상, 환상, 꿈을 사용하는 법, 그리고 경험과 성경에 관한 것들을 연결시킨 점은, 마음의 치유라는 주제에 있어서 마크의 새로운 공헌인 듯하다. 기도 카운슬링 사역에서 치유를 받는 사람에게 참으로 도움이 되는 것은 바로 내담자가 하나님의 음성을 듣게 된다는 것일 것이다. 그러므로 하나님의 말씀을 듣는 법을 바로 이해하고 그러한 능력을 배양하는 것이 바로 내담자에게 가르쳐야 할 내용이라고 생각된다. 이렇게 좋은 책을 저술한 저자들에게 하나님의 축복이 있기를 바라며, 누구든지 영적인 상담을 받으러 찾아오는 내담자들에게 이 책이 많이 추천되기를 바란다."

.... 윌 & 매들린 월커, 토론토 에어포트 펠로우십 교회의 기도와 돌봄 사역 목사

●●● "나는 최근에 마크의 책인 《상한 마음을 치유하는 기도》를 읽었다. 참으로 통찰력이 넘치는 책이다. 책을 읽어가면서 느끼는 것은, 마음속에 강력한 진을 치고 있는 귀신들이 얼마나 많은가 하는 것과, 동시에 그 강한 자를 결박하고 약탈할 수 있음을 깨닫게 되었다. 마크는, 성령님께서 우리의 삶에 존재하는 악령의 정체를 폭로해주시며, 하나님 말씀에 의거한 진리로 마음을 새롭게 해 주심을 가르쳐준다. 성령님을 따르면 억눌림에서 자유를 얻고 풍성한 삶을 경험하게 될 것이다. 예수님의 말씀인 '진리가 너희를 자유케 하리라.'를 체험하고자하는 모든 사람들에게 나는 이 책을 강력하게 추천하는 바이다."

.... 뉴저지 케입 메이 코트하우스의 제일 감리교회의 요한 J. 코흐 목사

●●● "마크 버클러 박사의 신서인 《《상한 마음을 치유하는 기도》》는 모든 믿는 자들이 읽을 만한 가치가 있는 훌륭한 저서이다. 이 책에는 하나님의 말씀으로부터 오는 통찰력과 저자 자신의 상처 입은 치유자로서의 경험이 어우러져 있다."

"내적 치유와 귀신 축출을 위한 명확하게 설정된 기도의 패턴의 필요성은 지난 몇 년간 많은 사람들에 의해서 요구되어졌다. 이 책은 그러한 요구에 부응하여, 마음의 고통으로 발버둥치는 사람들과 그들을 상담하는 상담자들에게 효과적이며 전문적인 상담이 이루어지게 하는 중요한 도구가 될 것이다."

"지난 25년간 상담의 분야에서 일 해온 나로서는, 이 책을 개인적인 공부, 신학교 교재, 그리고 내담자를 위한 자료로 강력하게 추천하지 않을 수 없다."

·························· 미국 기독교 심리치료 상담협회의 회장인 스탠 E. 드코벤 박사

●●● "《《상한 마음을 치유하는 기도》》의 초고를 읽으면서 이 책은 나를 위한 책이구나 하는 것을 느꼈다. 물론 마크 버클러의 《《하나님과의 교통》》이 많은 사람들에게 도움을 주었듯이 이 책도 그러하리라 믿는다. 1985년에 내 마음속에는 하나님의 음성을 계속해서 듣고 싶은 엄청난 갈급함이 있었다. 그 당시 나는 마크의 강의에 대한 소문을 듣고 뉴욕의 오로라에서 거행된 그의 수양회에 참석한 적이 있다. 그 이후로 나의 인생은 완전히 변화되었다."

"최근에, 나의 인생에는 뭔가 막힌 것, 억눌린 것, 사로잡힌 것 같은 부분이 있는 것을 느꼈다. 뭔가 강한 자가 나를 결박하고 있다는 느낌이었다. 그러한 것들이 나의 영적인 성장을 방해하고 있었고, 예수님의 생명을 다른 사람들에

게 자유롭게 전달하는데 어려움을 겪게 만들었다. 그들 중에 어떤 문제들은 참으로 오래된 문제들이었다. 그밖에 다른 것들은 내가 인생의 책임을 다하느라고 노력하던 중에 나에게 형성된 것들이었다."

"그런 와중에 마크의 책인 《《상한 마음을 치유하는 기도》》는 아주 적절한 시기에 나타났다. 교회가 하나님이 원하시는 대로 제구실을 하려면, 모든 교인들은 눈에 보이지 않는 감옥에 갇힌 것으로부터 해방을 받아야하며, 많은 상처를 치유 받아야한다. 우리들 자신이 더 이상 상처를 받지 않거나, 실패하지 않거나, 거부당하지 않으려고, 높이 쌓아올린 담들은 그 자체가 우리를 감옥에 가두어 놓는 결과를 가져온다. 우리는 문을 걸어 잠그고 지하 감옥 안에 스스로 갇히는 처량한 신세가 되어버리는 것이다. 오직 예수님만이 이러한 상태로부터 우리를 해방시키시고 풀어놓아 다니게 하실 것이다. 《《상한 마음을 치유하는 기도》》는 그리스도의 몸에 있는 사람들을 돕는 특별한 하나님의 도구로 사용될 것이고, '물이 바다 덮음 같이 여호와를 아는 지식이 온 땅에 가득하게 되는' 새로운 시대를 여는 하나님의 도구로 쓰임 받게 되리라 나는 믿는다."

.... 캐나다 캘거리의 퀸즈 팍 순복음 교회의 모리스 풀러 목사

목차

- 6 · · 추천의 글
- 14 · · 헌정사
- 15 · · 들어가는 말
- 22 · · 제 1장 – 호주에서 받은 치유
- 36 · · 제 2장 – 후속 묵상과 개인적인 발견들
- 50 · · 제 3장 – 마음속에 내재한 부정적인 에너지의 뿌리 캐내기
- 82 · · 제 4장 – 마음을 치유하는 기도들
- 116 · · 제 5장 – 7가지 마음의 기도를 사용하는 열쇠
- 136 · · 제 6장 – 치유 단계를 보여주는 견본들
- 184 · · 제 7장 – 기도사역 상담자에게 주는 조언
- 248 · · 제 8장 – 치유되고, 기름 부으심을 받고, 능력을 받은 마음
- 258 · · 제 9장 – 케이 콕스의 치유에 관한 간증

274 ‥ 부록 A - 하나님의 음성을 듣는 4가지의 열쇠
282 ‥ 부록 B - 고백, 회개, 용서, 정결함
292 ‥ 부록 C - 성경과 경험
298 ‥ 부록 D - 판단하는 것에 관한 묵상
311 ‥ 부록 E - 해몽에 관한 가르침
318 ‥ 부록 F - 그렇지만 모든 것이 갈보리에서 이미 다 이루어지지 않았는가?
321 ‥ 부록 G - 지성(mind)과 심성(heart)
326 ‥ 부록 H - 성경 묵상
332 ‥ 부록 I - 예수님의 치유사역
337 ‥ 부록 J - 열렬한 회개
351 ‥ 부록 K - 성(sex)이라는 주제에 관한 잠언과 아가서 연구
358 ‥ 부록 L - 문제에서 빠져 나오기(Un-Stuck)에 관한 문제지
360 ‥ 부록 M - 대만에서 행한 "마음을 치유하는 기도"사역
370 ‥ 참고문헌

Prayers That Heal The Heart

들어가는 말…

> 이 책은 저자 두 사람 공동의 연합된 노력의 산물이다. 개념과 착상은 협력하여 이루어진 학습과 계시의 축적을 통해서 이루어졌다. 기술된 경험은 우리 두 사람의 공통분모로부터 산출된 것이다. "나는"이라고 묘사된 표현조차도 사실은 두 사람의 사고의 일치로부터 연역된 것이다.

누가 마음을 치유하는 기도를 필요로 하는가? 모든 사람이다! 모든 사람은 구원을 받는 순간에, 또한 인생의 문제를 만나는 때에, 그리고 성령님께서 지시하시는 경우에 언제라도 이러한 기도를 드려야한다. 혼전 상담을 통하여 예비 신랑 신부들이 이러한 기도를 통해서 마음의 치유와 청결함을 받으면, 탄탄한 기반 위에 결혼 생활을 세워갈 수 있다. 매년 정초가 되면 웨슬레의 추종자들은 주님과 함께하는 그들의 삶의 현주소를 확인하려고 성찰을 하였고, 예수회의 수도자들도 일 년에 한 번씩 가지는 9일간의 수련을 통해서 그들의 마음을 성찰한다. 요한 웨슬레와 예수회의 그러한 모범을 따라서, 일 년에 한 번씩 자신의 마음을 재검토하고, 깨끗하게 씻고, 재헌신하는 시간에 이러한 기도들을 사용하면, 더욱 기쁨이 넘치고, 능력이 있으며, 효과적인 삶을 영위하게 될 것이다.

마음의 치유를 위한 기본 전제조건은 예수 그리스도를 개인의 주와 구세주로 받아들이는 것이다. 동시에 상담자와 내담자가 하나님의 음성을 듣는 것도 중요하다. 오직 하나님의 음성, 거룩한 영성, 그리고 기름 부으심만이 마음을 치유할 수 있다.

이 책은 많은 주제에 대한 철저한 연구결과를 전달하기 위하여 적혀진 책이 아니다. 이 책은 개인과 상담자가 마음을 치유하는데 도움이 될 안내서(manual)로 고안되었다.

다양한 기도 사역에 관한 성서적인 기반이나 이론들은 이 책의 끝에 제시된 참고문헌들을 참조하기 바란다. 나는 각각의 기도 접근방법에 대해서 간단한 성서적인 원리만을 제시했을 뿐이다. 그렇기에 보다 자세하고 깊은 성서의 뒷받침을 원하는 독자들은 참고문헌으로부터 도움을 받을 줄로 믿는다.

20년 전에 나는 많은 축사사역을 감당하였다. 나는 수백 명의 기독교인들을 위해 기도하였고, 그들의 삶으로부터 수많은 귀신들을 몰아내었다. 그러나 종종 나는 사역을 하면서 좌절을 경험하곤 했다. 왜냐하면, 때로는 축사의 영적 전쟁이 너무나도 격렬했고, 귀신은 떠나가지 않겠다고 저항을 하는데, 30분 이상씩 그들을 내어 쫓으려고 씨름하는 그러한 상황을 나는 증오했기 때문이다. 그러나 나는 귀신들이 왜 나가지 않는지 알 수가 없었다. 그래서 마음의 지도를 읽는 법을 배우고, 더 높은 확실성을 가지고 사람의 마음의 문제를 다루어야겠다는 생각이 들기도 했었다. 그러나 나는 그렇게 하지 않았다.

그러나 그 후에 나는 축사사역에 내적 치유사역을 추가하였다. 그리고 그것이 축사사역에 큰 도움이 된다는 사실을 발견하게 되었다. 그럼에도 불구하고, 나에게는 아직도 마음을 읽을 수 있는 마음의 지도가 없었다. 그래서 마음의 어려운 문제를 안고 나에게 찾아오는 사람들을 축사사역이나 내적 치유를 전문으로 하는 다른 사람들에게 보내기 시작했다.

그러나 마침내 하나님은 나에게 인간의 마음을 읽을 수 있는 지도를 허락하셨다. 바로 그것이 이 책에 제시된 7가지의 기도 배후에 있는 진실이다. 이 기도들은 집단으로 그리고 조직적으로 사용이 되면, 인간의 마음을 치유하고 귀신을 내어 쫓는 사역에 매우 효과적인 것으로 판명이 되었다. 그러한 과정은 쉽고도 급속하게 이루어진다. 나는 특별히 통합적인 예언 카운슬링이라는 접근 방법을 알게 도와준 체스터와 베씨 킬스트라에게 감사를 드린다.

나의 치유기도 시스템에 의하면, 축사의 기도는 다른 5가지 종류의 기도들을 드린 후에야 비로소 드리는 것으로 되어 있다. 그 이유는 처음의 5가지 기도가 귀신(악령)이 머무는 집을 허물어뜨리고, 귀신이 달라붙어서 기생할만한 장소를 없애버리기 때문이다. 일단 귀신의 지반이 붕괴되고 거처할 집이 없어지면, 귀신은 별다른 저항이 없이 괴롭히던 사람을 떠날 수밖에 없기 때문이다. 귀신 축출은 나에게 있어서는 참으로 흥미진진한 사역이다. 왜냐하면 귀신의 뿌리를 뽑아내는 통찰력을 하나님께서 나에게 허락하셨기 때문이다.

마음을 치유하는 기본적인 기도 - 예수님을 인생의 주인과 구세주가 되게 하는 기도

마음을 치유하는 첫 번째 단계는, 예수님께 새로운 마음과 새로운 심령을 달라고 구하는 것이다(에스겔 36:26-27). 그러한 기적은 우리가 예수님을 개인적인 구주와 구세주로 마음에 모셔 들이는 순간에 일어난다.

모든 인간은 그 마음의 중심에 구멍을 가지고 태어난다. 우리들은 모두다 무엇인가로 채워져야만 하는 그릇들이다(고린도후서 4:7). 우리들은 하나님이 거주하시는 성전이다(고린도후서 6:19). 이 우주의 주인이신 하나님이 당신의 마음을 충만하게 채우시고 당신을 다스리시기를 원하신다. 하나님은 당신의 영과 마음을 통하여 당신과 의사소통하시기를 원하시며, 그로 인하여 친분관계 맺기를 갈망하신다.

당신이 하나님을 당신의 삶 속으로 초대하기만 한다면, 이 모든 일들은 그대로 이루어질 것이다. 당신 스스로 자신의 삶의 주인이 된 그 주인의 자리를 하나님에게 내드리고, 하나님을 마땅한 주인이요 구세주로 모신다면, 하나님은 당신의 삶 속으로 들어오신다. 그리고 하나님은 당신의 마음속의 보좌에 앉으시고, 당신의 모든 죄를 씻어주시며, 당신의 영혼과 결합이 되는 성령님을 통하여 그 동안 끊어졌던 창조주와의 관계를 회복시켜주실 것이다(고린도후서 6:17).

그러므로 이 시간 당신 스스로에게 물어보아라. "누가 내 인생을 다스리는가? 이 우주의 창조주에게 통치권을 넘긴 적이 있는가? 아니면 아직도 내가 통치자라고 생각하고 있는가?"(이사야 53:6) 만약에 아직도 당신이 예수님을 구세주로 영접하고 있지 않다면, 당신은 회개의 기도를 드려야한다. 당신의 마음과 정성을 다하여 아래의 기도를 드려 보라.

"사랑의 주 하나님, 당신은 나의 주님이시요, 나의 구원자 되심을 믿습니다. 나의 죄를 돌이키고 회개하면서 돌아서기를 원합니다. 나는 내 인생을 다스리기에 충분한 자격이 있는 분으로 하나님을 인정합니다. 내가 태어나던 날부터 내 인생을 맡겼어야만 하는 분께 나의 삶을 의탁합니다.

나는 죄가 많은 사람이요, 마음이 굳고, 내 마음대로 사는 사람인 것을 고백합니다. 주님, 하나님 없이 살았던 나의 삶의 허망함과 고통을 인정합니다. 주여, 오늘부터 나의 삶을 인도해 주실 분으로 하나님을 의지합니다. 하나님, 당신의 아들, 예수 그리스도가 갈보리에서 쏟으신 그 보혈의 피로, 나의 모든 죄를 씻어주시기를 기도드립니다. 주여 나의 모든 죄들이 하나님의 마음에 기억도 되지 않게 하여 주시옵소서.
하나님, 주님의 길을 보여 주시옵소서. 가야할 길로 가도록 지도해 주시옵소서. 영원한 생명을 선물로 주심을 감사드리고, 이 세상에서도 영적으로 축복해 주시옵소서. 주님을 찬양하오며, 예수님의 이름으로 기도드립니다."

위와 비슷한 기도를 당신의 마음속에서 진정으로 우러나오는 마음으로 드리면, 당신은 하나님의 자녀가 되고, 영원한 생명을 유업으로 받게 될 것이다(로마서 10:9-10, 요한복음 3:16). 그리고 당신의 마음속에 있는 하나님의 강물과 다시 연결될 것이다. 그러면 이 땅에서의 삶도 훨씬 더 의미 있고 충만한 삶이 되리라. 하나님의 나라로 들어오는 모든 사람을 환영한다.

하나님의 주님 되심

당신이 하나님을 믿는다고 하면서도, 하나님을 주인으로 모시지 않는다면, 당신의 인생에는 수많은 문제들이 발생할 것이다. 뿐만 아니라, 이 책에 기록된 기도들을 사용하여 기도를 드린다해도 치유의 효과는 경미할 것이다. 하나님은 모든 존재의 주인이시다. 그러므로 당신도 하나님을 당신 삶의 주인이 되게 하라. 그러면 당신의 삶은 축복 받고, 치유는 급속하고 완벽하게 이루어질 것이다.

"여호와는 마음이 상한 자에게 가까이 하시고
중심에 통회하는 자를 구원하시는도다." -시편 34:18

제1장
호주에서 받은 치유

호주에서 받은 치유

터치다운

　우리가 탄 비행기는 아침 6시에 호주의 시드니 공항에 착륙하였다. 그날은 8월의 마지막 날로 날씨는 아직도 덥고 후덥지근하였다. 2000년 올림픽이 그 도시에서 열릴 계획이어서 그런지, 온 도시가 보수공사를 하느라고 혼잡하였다. 아내와 나는 그날 낮에 버스로 도시를 관광하였고, 또한 아름다운 시드니의 항구를 배로 2시간 반 동안 돌아보았다. 낮에 열심히 돌아다니면, 14시간이라는 시차를 가진 뉴욕의 버팔로에서 온 우리들의 몸이 지쳐서 밤에 숙면을 취할 수 있게 되고, 그러면 그 다음날에는 영과 육이 모두 회복되어 효과적으로 사역할 수 있게 되리라 판단했기 때문이다.

　우리의 계획은 적중했고, 밤새 숙면을 취한 후에, 2시간 동안 운전하여 뉴캐슬이라는 지방으로 옮겼다. 그 곳에서 나는 다섯 군데의 지역을 순회하면서 "하나님과 교통하는 법"이라는 10시간짜리 강연회를 5번 진행하도록 계획이 되어있었다.

　이번 집회는 지난 12년 동안 호주에서 가진 집회 중에서 5번째의 집회였다. 호주의 〈평화를 만드는 사역〉이라는 단체에서 우리들의 책인 《《하나님과의 교통》》이라는 서적과 함께 우리의 다른 서적들도 출판해 주었기에, 나는 감사하는 마음으로 호주에 여러 번 집회를 다닌다.

그런데, 바닷가에 위치한 교회에서 첫 강연회를 준비하면서, 나는 마음속에 어떤 갈등을 느꼈다. 그 갈등은 최근 몇 년 동안에 걸쳐서 점차로 내 속에서 심화된 것이었다. 나는 집회를 준비할 때면 항상 두려움, 의심, 그리고 분노와 싸워야만 했다. 나는 그러한 감정들과 싸운 후에야 비로소 성령의 기름 부으심이 넘치는 가르침과 강연회를 할 수 있었다.

그동안 나는 가르침의 사역을 통해서 성령의 기름 부으심이 임하는 집회를 인도해왔다. 많은 사람들은 나의 집회를 통해서 살아 계신 하나님을 만나는 생생한 체험을 했다고 한다. 즉, 그들은 하나님의 음성을 듣고, 마음의 줄기를 잡고, 동시에 환상도 보면서 인생이 변화되는 것을 체험한다는 것이다. 다른 사람들의 삶이 변화되는 것을 바라보는 것은 참으로 감동적인 것이다. 그래서 나는 나의 사역을 사랑한다. 그리고 전 세계의 수많은 사람들의 삶을 변화시키도록 하나님께서 나를 도구로 사용해 주신다는 사실을 생각할 때마다, 나는 너무나도 감사하다. 이렇게 놀라운 방법으로 하나님의 일을 한다는 것은 얼마나 좋은 기회를 만나는 것인지! 그래서 하나님과 밀접한 관계로 들어가도록 사람들을 이끄는 일에 부르심을 받은 나의 삶이 얼마나 축복을 받은 삶인지 모르겠다고 나는 늘 생각한다.

그러나 가면 갈수록, 나는 그러한 사역을 시작하기 위해 내 마음을 준비하면서 겪는 갈등이 점차로 깊어지는 것을 느꼈다. 특별히 작년 같은 경우는 주일날 아침마다 전하였던 설교인 "언약의 축복을 경험하기"에 대해서, 혹시나 사람들이 나의 메시지를 거부하지나 않을까 무척 두려웠었다. 설교를 시작하기 전에, 나는 항상 그러한 거절감에 대한 두려움과 싸워야했고, 두려움을 묶고 없어지라고 명령해야만 했다. 물론 설교를 시작하면, 그러한 두려움은 사라져버리고, 믿음이 승리하는 것을 체험했다. 그러면, 모든 것이 정상이 되고, 사람들은 성령의 음성에 도전을 받고, 그들의 삶은 변화되며, 모든 것이 제대로 돌아갔다.

그러나 나 자신은 제대로 되어가지를 않았다. 설교 준비에 대한 부담감이 가면 갈수록 더욱 나를 억눌렀기 때문이다. 나는 나 자신이 어렸을 때 보다 믿음과 확신이 떨어져서 그런가보다 하고 생각하였다. 비록 나는 지금 마흔 일곱의 나이로 그렇게 까지 늙은 것은 아니지만, 스무 살 때와 비교하면 많이 변했다.

스무 살 때에, 나는 아무 두려움 없이 무슨 일이든지 달려들어서 해낼 수 있었다 – 아마도 그때는 몰상식했기 때문일는지도 모른다! 이제 나는 "성숙"해졌으며, 이 세상에는 두려워해야만 하는 것도 있다는 것을 배웠다. "조심스럽게 다루어야할 일들"이 바로 내가 말하고자 하는 것들이다. 그렇지만 문제는 지나치게 조심한 나머지 내 마음속에 분노, 두려움, 거부당할 걱정이 쌓여져 간 것이다.

만사가 나를 화나게 만들었다. 일이 제대로 풀리지 않으면 나는 발끈하였다. 나 자신이 실수를 하면, 나 자신에게 화가 났다. 정부가 이상한 짓을 한다는 이야기를 들어도 화가 났다. 교회에서 사람들이 바리새인 같이 행동하는 것을 보면, 나는 분노의 불길에 휩싸였다. 뉴에이지 운동을 보면서 나는 걱정을 하였고, 교회가 교회 구실을 제대로 하지 못하는 것을 보면 역시 화가 치밀었다. 우리는 '믿음으로 살려고' 교회에 출석하는가 아니면 '두려움에 떨려고' 교회에 출석하는가? 물론 믿음으로 살려고 출석한다는 것이 확실하다! 그래서 나는 도시마다 영적인 집회로 순회를 하면서 두려움의 폭풍우 속을 헤치고 돌아다녔다.

그렇지만, 나 자신은 전혀 행복하지 않았다. 왜냐하면 내적인 고통이 지독히도 심했기 때문이다. 나는 내 자신이 마치 "망가진 물건" 같다는 생각이 들었다. 인생이 나를 너무나 거세게 때렸기에, 나는 큰 상처를 입었고, 마음의 문은 닫혔고, 자유함을 잃은 사람같이 된 느낌이었다. 현재의 나는 과거의 젊었을 때의 나와는 전혀 딴판의 사람이 된 느낌이었다. 물론 성숙한다는 것은 인생의 고통과 실패 그리고 비애를 인정하면서, 불완전한 세계 가운데 그저 그렇게 사는 법을 터득하는 것이라는 것쯤은 나도 알고 있었다. 그래서 할 수 있는 일이라고는 그냥 최선을 다해서 사는 방법밖에는 없다는 생각도 들었고, 아마도 내가 성숙한 경지에 도달하는 것 같다는 생각도 들었었다.

글쎄? 아마 그럴지도 모르고, 안 그럴지도 모른다는 생각과 함께, 주님께서는 나에게 아주 큰 변화를 준비하고 계실지도 모른다는 직감이 들기 시작했다. 호주로 떠나기 바로 직전에, 나는 기독교인으로 살아온 지난 32년 동안 하나님께서 나에게 가르쳐 주신 것들의 정수를 모아서 《하나님의 강물 안에서 더 깊이 걸어가기》라는 책을 탈고하였다. 특히 그 책은 하나님께서 어떻게 나의 마음을 치유해 주셨는가 하는 내용을 담고 있다. 나는 그 책에서 지난 몇 년 동안 내가 경험한 일들인 내적 치유, 축사, 고집스럽게 굳어진 마음을 풀어내기, 부정적인 기대들을 단념하기, 그리고 가계에 흐르는 죄와 저주를 끊어버리는 것들에 대해서 개관하였다. 뿐만 아니라 나는 나의 어머니로부터 새로운 사실도 하나 발견하였는데, 나의 할아버지가 '비밀 공제 조합원'(Mason)이었다는 것이다.

결국 나는 내 마음속에 있는 여러 갈등들을 치유 받기 위해, 다른 사람에게서 기도를 받아야할 필요성이 있다는 결론에 도달했다. 그런데 하나님의 은혜는 언제나 나를 깜짝 놀라게 한다! 호주에 도착하자마자 바로 거기에 '비밀 공제 조합'의 저주로부터 자유롭게 되는 신간서적이 나와 있는 것을 발견한 것이다. 뿐만 아니라, 호주에서 내가 처음으로 설교를 한 그 교회에서, 환자들을 치유하면서 기도사역도 하는 외과의사인 스데반 콕스와 그의 아내인 케이를 만나게 되었다. 케이는 특별히 내적 치유에 기가 막힌 재능을 가진 사람으로, 귀신도 내어 쫓았고, 가계에 흐르는 죄와 저주를 끊어내는 사역도 하고 있었다. 스데반 콕스는 배가 아프다는 이유로 두 번이나 복부 수술을 한 환자의 이야기를 들려주었다. 2번의 수술 후에도 의사들은 특별한 원인을 발견할 수 없었기에 외과의사인 스데반 콕스는 그 환자에게 기도해 주어도 되겠느냐고 물어보았다. 그 환자가 허락을 하자 의사의 아내인 케이는 "언제 통증이 시작 되었나요?"라고 물어보았다. 그 환자는 "5년 전쯤입니다."라고 대답하였다. 그러자 케이는 "5년 전에는 무슨 일을 하고 있었나요?"라고 되물었다. "타로 카드(점치는 카드)를 읽고 있었습니다."라고 그 환자는 고백했다. 결국 축사하는 기도와 과거의 악습을 끊어내는 기도를 통해서 그 환자는 더 이상 수술을 받지 않아도 되게 되었다.

스데반은 모든 환자에게 기도를 해 주는 일은 피하고 있다고 나에게 말했다. 만약에 그렇게 하면 의사로서의 직업을 잃게 될 것이기 때문이라는 것이다!

그러한 간증은 나를 확신시키기에 충분하였다. 나는 내적으로는 분노, 공포, 의심으로 시달리고 있었고, 외적으로는 18일간 연속되는 강의를 해야만 되었다. 나는 그때에 몇 년 전에 벌써 했었어야만 하는 기도부탁을 그제야 하게 되었던 것이다. "의사 선생님, 당신의 아내와 함께 나를 위해 기도하는 시간을 좀 마련해 주실 수 있겠습니까?" 그러자 그들은 흔쾌히 허락해 주었다. 기분이 너무나 흥분이 되었다. 그 다음날 주일 설교를 마친 뒤에 스데반과 케이는 나를 위해 2시간 30분 동안이나 기도해 주었다.

케이는 참으로 영적으로 효과적이며, 성령이 충만하고, 기름 부으심을 받은 사역자였다. 나는 그녀에게서 기도를 받는 특권을 누렸다. 그녀의 노련미와 뛰어난 기술은 나를 숨 막히게 했다. 그녀는 다양한 종류의 귀신들, 부정적인 기대, 내적인 고집, 그리고 내가 회개한 가계에 흐르는 저주 등을 제대로 식별해 내었다.

바로 그날 나는 가계에 흐르는 각종 죄와 저주, 몇몇 내적인 맹세, 부정적인 예상, 그리고 6개의 귀신들로부터 자유로워졌다. 그러한 변화는 강력하였으며 순간적으로 일어났다. 그날 저녁에 나는 지난 30년 동안 전혀 맛보지 못한 가벼운 마음으로 새로운 해방감을 가지고 설교를 하였다. 왜냐하면 어떤 영적인 힘들은 내가 태어날 때부터 이미 나를 짓누르고 있었기 때문이다.

바로 그 새로운 자유는 호주의 18일 간의 집회 기간 동안에 한결같이 나와 함께 머물렀다. 그리고 4개월이 지난 지금도 역시 나는 자유를 누리고 있다. 지금은 캐나다의 토론토, 뉴욕의 버팔로, 뉴저지 등에서 그 새로운 해방감을 간직한 채 계속 집회를 하러 다닌다.

호주에서의 사건은 너무나도 인상적이었다. 아니 나는 지금도 놀라고 있다. 나의 삶에 있어서 귀신들이 나간 자리에 얼마나 홀가분함을 느끼는지 모른다. 그 영역은 내가 지난 수년 동안 씨름을 한 영역이고, 이전에는 나의 성격의 일부가 아닌가 하고 착각을 하였던 부분이기도 하다. 그러나 지금 깨닫는 것은, 그것들은 부정적인 영들의 힘이었고, 나는 거기에 눌리고 있었다는 사실이다.

그렇지만, 예수 그리스도의 몸 된 교회를 위해 일하는 나같이 성령이 충만한 목사가 어떻게 그런 참담한 실수를 범할 수 있었다는 말인가? 사실 악한 세력이 나를 짓누르는 것인데도, 어떻게 나의 성격이 원래부터 그런 것이라고 착각을 할 수 있었을까? 어떻게 나는 그렇게 영적인 세력들에 대해서 무지할 수 있었다는 말인가? 내 자신은 축사와 내적인 치유사역을 수백 명의 사람들에게 베푼 사람인데, 어떻게 나 자신이 그렇게도 무참하게 당하고 있을 수가 있었다는 말인가? 나는 효과적인 기도를 드려서 그 악한 세력들을 물리치지 못하고, 어쩌다가 겨우 반창고나 붙여서 대충 땜질이나 하고 다녔을까? 근본적인 치유는 못하고 그냥 피상적인 조치만 취할 정도로 나는 무지하였다는 말인가?

물론 치유를 받았다는 사실에 대해서 참으로 기쁘기는 했지만, 그 많은 세월동안 부정적인 영적인 에너지에 눌려서 살아온 세월들을 생각하니 나 자신이 참으로 한심하기 그지없었다. 그래서 나는 내가 이전에 보지 못한 것이 무엇인지 찾아내고 싶었다. 나는 더 깊은 계시와 더 깊은 진리의 세계로 들어가고 싶은 열망도 함께 느꼈다. 그래서 어려움을 당하는 다른 사람들도 도와줄 수 있는 도구로 쓰임 받고 싶었다. 나는 내 안에 들어 있었던 그 부정적인 힘이 무엇이었는지 확인하고 싶었다. 그 모든 작업을 통해 결국 나는 내 안에 있었던 부정적인 에너지는 바로 다름 아닌 저주/귀신이 가져오는 죄의 에너지였다는 사실을 발견하였다. 동시에 긍정적인 에너지들은 하나님의 축복과 성령님에 의해서 주어지는 힘이라는 사실도 발견하였다(《〈자연적으로 초자연적이 됨〉》이라는 나의 저서를 참조하기 바람).

나는 성경교사인 관계로, 내가 경험한 것을 다른 사람들에게도 가르쳐 주고 싶은 욕망이 생겼다. 특히 나의 치유, 나의 영의 세계에 대한 이해 등을 함께 나누면서 속박되어있는 사람들에게 해방의 소식을 전하고 싶은 갈망이 생겼다.

나는 또한 내 자신의 발견에 대한 다른 사람들의 의견도 수렴해 보고 싶었다. 그래서 나의 서재에 있던 책 중에서 내적 치유, 축사, 가계에 흐르는 저주 끊기, 부정적인 기대감과 내적인 고집 꺾기 등에 관한 서적들을 다시 한 번 깊이 읽어나가기 시작했다. 왜냐하면 이 모든 자료들을 영적인 상담자들이 제대로 사용하기만 하면, 인생을 무너뜨리는 그 악의 세력들을 물리칠 수 있다는 확신이 들었기 때문이다.

그래서 나는 존과 폴라 샌드포드가 저술한 《〈속사람의 변화〉》(The Transformation of the Inner Man), 체스터와 베씨 킬스트라가 저술한 Restoring the Foundation(기반 회복하기), 피터 호로빈이 저술한 Healing Through Deliverance(축사를 통한 치유), 그리고 톰 마샬이 저술한 Healing from the Inside Out(내부에서 외부로 치유하기) 등의 책을 다시 정독하였다.

나는 묵상과 기도를 하였고, 다른 저자들과 대화를 하면서, 이제는 동일한 덫에 두 번 다시 걸려들지 않으려고 하나님께서 나에게 보여주신 것들을 전부 기록하였다. 그렇게 함으로 동일한 속박에 매여 있는 사람들에게 해방과 치유의 기쁨을 안겨줄 수 있다고 생각했기 때문이다. 바로 그러한 내용이 이 책에서 말하려는 것들이다. 예를 들자면, 이 책은 어떤 사람에게 기도사역이 필요한지 아닌지를 판가름하는데 도움을 줄 수 있다. 뿐만 아니라, 기도사역이 무엇이며 기도사역은 어떻게 하는 것인지도 알 수 있게 해준다. 이 책 전반에 수록된 예시들은 실질적이다. 그리고 앞으로 상이한 종류의 기도들을 소개할 때마다 나 자신의 치유에 관한 개인적인 간증이 첨부된 것도 보게 될 것이다.

나는 이 책이 지극히 실제적인 것이 되도록 노력하였다. 개인이나 집단이 기도사역을 감당하기에 충분한 것들을 이 책에 수록하려고 하였다. 물론 당신은 모든 기도사역의 영적인 기술을 갖춘 숙련된 기도자에게 기도를 받을 수도 있을 것이다. 그러면 성령의 기름 부으심과 인도함을 받게 될 것이다. 그것이 최상의 방법이라는 것을 나도 인정한다. 그렇지만, 그렇게 고도로 숙련된 전문가를 만날 수 없는 경우라 하더라도, 이 책을 통해서 개인이나 소그룹이 스스로 기도를 드리기 시작하면 큰 효과가 나타나리라 나는 판단한다.

접촉이 가능한 사역 본부들

이 책에 기록된 기도의 유형들을 가르치고 제공하는 단체들은 다음과 같다.

체스터와 베씨 킬스트라의 "치유의 집"을 추천한다. 그 곳에서는 일주일간의 집중훈련을 제공한다. 원하는 분들은 Proclaiming His Word, Inc. P.O. Box 2339, Santa Rosa Beach, FL 32459-2339, 전화 850-835-4060, 전자메일 office@phw.org, 웹사이트 www.phw.org를 접촉하기 바라며, 그들의 다른 웹사이트는 www.healinghouse.org이다.

"Ellel"(케이와 스티븐 콕스를 훈련시킨 단체)이라는 단체는 이 책에 기록된 기도사역 중에 대다수를 제공한다. 그들은 세미나를 통해서 훈련을 제공하며 실습할 장소까지 제공한다. 캐나다의 토론토에 위치한 Ellel Canada의 연락처는 RR #1, Orangeville, Ontario, Canada이며, 전화는 519-941-0929이며, 전자메일은 info@ellelministries.org이다.

"엘렐"의 중앙본부는 영국에 소재한다. 연락처는 Ellel Grange, Ellel, Lancaster, LA2OHN, UK이며 전화는 (0) 1524 751651이며, 전자메일은 info@grange.ellel.org.uk이다.

존과 폴라 샌드포드는 "엘리야의 집"을 설립하였다. 아이다호에 위치한 이 단체에 제공하는 일주일간의 심리치료 세미나에 참석할 수 있을 것이다. 연락처는 Elijah House, 1000 South Richards Rd., Post Falls, ID 83854-8211이며, 전화는 208-773-1645, 팩스는 208-773-1647이며, 전자메일은 ehinfo@elijahhouse.org이고, 웹사이트는 www.elijahhouse.org이다.

아이다호의 본부로 연락하면, 호주, 뉴질랜드, 핀란드, 오스트리아, 그리고 캐나다의 지부에 관한 정보를 얻을 수 있다. 엘리야의 집은 캐나다와 미국전역에 걸쳐서 기도 상담자들을 훈련하고 있다.

나 자신은 수년간에 걸쳐서 샌드포드 부부와 "엘렐"이라는 단체를 통해서 훈련을 받았으며, 플로리다에 위치한 킬스트라의 "치유의 집"을 여러 번 방문하였다. 각각의 사역단체들은 나름대로의 특징을 가지고 있지만, 모두 다 훌륭한 사역을 제공하고 있다.

낯선 사람으로부터 기도 받는 것과 자존심의 문제

나의 경우에, 호주에서 전혀 모르는 사람들로부터 기도를 받는 것이 나를 잘 아는 사람들로부터 기도를 받는 것 보다 더 쉬운 일이 아니었을까? 아마 그럴지도 모르겠다. 우리들에게는 자신이 가지고 있는 것들을 자랑하고 싶은 욕망이 있다. 그래서 자신의 마음에 문제가 있다는 것을 인정한다는 것은 참으로 어려운 일이다. 기독교인이라 하더라도 자신이 은혜로 구원을 받은 죄인 그 이상이 아니라는 사실을 받아들이는 데는 많은 시간이 걸린다. 기독교인으로 그렇게 오랫동안 믿어왔는데 아직도 그렇게 많은 문제를 안고 있다는 사실을 인정한다는 것은 참으로 어려운 일이기 때문이다.

그럼에도 불구하고, 나는 죄를 범하는 성자가 바로 나 자신이라고 생각하는 것이 가장 안전한 생각이라는 사실을 발견하였다. 하나님의 전능하신 능력과 은혜를 매일 받지 않는다면 나는 정말 아무 것도 아니다. 나는 그 정도에서 만족한다. 당신이 나에게 적어도 그것보다는 더 나은 인간이어야 하지 않겠느냐고 한다면, 나는 당신을 실망시킬 도리밖에는 없다. 내가 내 자신 스스로에게 말하기를, 나는 그것보다는 더 나은 인간이어야 하지 않겠느냐고 한다면, 나는 나 자신 스스로를 실망시키게 될 것이다. 그렇지만, 내가 믿기로는 하나님의 은혜로 매일 충만하게 채워지는 사람은 하나님의 도구로 사용되기에 충분한 기능을 발휘할 수 있다고 믿는다. 그러한 기적이 매일처럼 발생한다면 단지 만족해하는 것 이상이 아닌가 생각한다. 하여간, 나는 나 자신에게 기적이 매일처럼 일어난다는 사실에 기뻐하면서 앞으로도 계속 그렇게 되기를 희망하고 있다.

이 책에서 앞으로 다룰 치유 기도에 관한 주제들

1. 3대 – 4대로 흘러 내려가는 가계에 흐르는 죄와 저주를 예

수 그리스도의 십자가를 가운데 놓음으로 끊어내기
2. 추잡한 혼들을 확인해 내고 그들과의 묶임을 풀어내기
3. 나쁜 일이 일어날 예상을 확인해 내고, 그것을 긍정적인 것으로 뒤집어엎기
4. 고집스럽게 굳어진 마음을 녹여내기(굳어진 마음이란 과거에 상처를 받음으로 인해서 얼어붙은 마음을 뜻한다)
5. 예수님으로 하여금 우리들의 마음의 그림들 사이로 걸어 다니게 허락하면서, 예수님이 없는 마음의 형상들을 예수님이 계신 마음의 환상들로 바꾸어 놓음으로 내적인 치유함을 받기
6. 예수 그리스도의 이름으로 귀신을 내어 쫓고 자유함을 누리기(제시된 다섯 단계로 귀신의 집을 허물어 버리면 귀신은 도망가 버린다)
7. 그리스도 안에 있는 생명의 성령의 법칙으로 죄의 속박으로부터 벗어나기(로마서 8:1-2)

개인적인 적용

1. 당신의 지성이나 심성의 영역에서 계속해서 적의 공격을 받고 있는 부분이 있는가? 당신의 삶의 영역 중에서 부정적인 면과 씨름하는 경우는 없는가? 그것이 연속적인 싸움인가? 그렇다면, 아마도 그 영역은 기도사역이 필요한 영역일 것이다.
2. 내적 치유, 축사, 그리고 이 책에 언급된 다른 종류의 기도를 경험해 본 적이 있는가? 그렇다면, 그 압박의 상황으로부터 다시 생명으로 풀어 놓인 경로를 기술해 보라.
3. 기도사역을 받는다면 더 좋게 개선이 될 만한 당신의 삶의 영역이 있는가?

집단을 위한 적용
1. 사람들이 마음 편하게 위의 질문들에 대답을 하도록 초대해 보라. 아직 준비가 되어있지 않는 사람에게 마음 문을 열라고 강요하지 마라.
2. 일단 마음의 문을 연 사람들에게는 하나님의 유지시켜 주시는 은혜를 구하는 기도를 드려 주어라. 기도사역에 숙련이 된 사람이 있다면, 구체적인 문제에 대해서 상세하게 개별적으로 기도를 드려줄 수 있을 것이다. 구성원 중에서 기도사역에 관심을 보이는 사람이 있으면, 기도의 자원 봉사자로 받아들여라. 기도의 방법 중에서 한 가지만이라도 잘하는 사람이 그룹의 구성원 중에 있어도 그 자원자를 훈련시키기 시작할 수 있다.

제2장
후속 묵상과 개인적인 발견들

후속 묵상과 개인적인 발견들

만일 우리가 죄가 없다고 말하면 스스로 속이고 또 진리가 우리 속에 있지 아니할 것이요 (요한1서 1:8)

호주에서 체험한 해방감은 그 이후로도 계속 되었고 멋지고도 놀라운 인생이 펼쳐졌다. 믿음, 소망, 사랑이 충만하였던 젊은 시절이 다시 되살아나는 것 같은 느낌마저 들었다.

특히 일 중독증에서 빠져 나온 것은 뜻밖의 기적이었다. 왜냐하면 그 이전에는 일 중독증을 나 자신의 문제로 간주하지 않았기 때문이다. 나는 일하는 것을 좋아했다. 나는 내 안에 있는 추진력과 역동성을 사랑하였다. 혹자가 나에게 말하기를 나는 뭔가에 내몰리는 것 같고, 쫓기는 것 같다고 한 적이 있다. 그때 나는 "열심히 일하는 것뿐입니다."라고 대꾸해 버렸다. 그렇지만, 최근에는 내 성격 가운데 그 "안달"이 사라지는 것을 느꼈다. "하나님과의 교통"이라는 강연회는 점차 길어졌다. 질질 끌다가 15분씩 늦게 끝나곤 하는 것이었다. 왜냐하면 급하게 속도를 내어서 가르치지 않았기 때문이다. 나는 점차로 느슨해졌다. 축사의 결과로 내 마음에 평화가 찾아온 것이다.

두려움도 사라졌다. 긴장을 하게 만드는 상황에서 나는 두려움에 사로잡히기가 일쑤였다. 나는 두려움을 물리치려고 발버둥을 쳤지만, 두려움은 잠시 물러갔다가 다시 되돌아오곤 하였다. 그러나 두려움의 영에서 벗어난 후로는, 무시무시한 상황에서도 두려움이 나를 사로잡지 않았다. 나는 마음이 평안해졌고, 어떠한 상황에서도 성경의 말씀으로 문제에 대항하는 침착함을 회복하게 되었다.

의심의 문제는 지난 몇 년 동안 점차로 심화되었었다. 나는 정부, 교회, 개인, 기관 등 모든 것에 대해서 의심하였다. 그러나 나는 내가 의심이 죽 끓듯 하는 것도 나 자신의 문제로 생각하지 않고, 도리어 성숙해 가는 단계로 받아들였었다. 그러나 이제 의심의 영이 사라진 후, 나는 자유롭게 되었다. 나는 점차로 모든 것을 신뢰할 수 있게 되었으며, 모든 불완전 한 것들을 사용하셔서 뜻을 이루시는 하나님의 오묘하심을 보게 되었다.

내 마음속의 귀신들이 축출되기 전에, 나는 신학적으로는 하나님께서 인간이 세운 정부를 통해서 역사하신다는 것을 몰랐던 것은 아니다. 나는 알고 있었다. 머리로만 믿었을 뿐이었다. 잠시 성령의 기름 부으심을 받았을 때에 설교를 했던 것들은, 그 기름 부으심이 떠나가면, 마음속에서는 진심으로 믿지 않는다는 것이 드러났었다. 그러므로 나는 딜레마 속에서 살았었다. 즉, 지적으로는 신앙적인 내용을 알고 있었지만, 심적으로는 믿음에 들어가 있지 않고, 의심에 빠져 있었던 것이다. 그러나 축사의 기도를 받은 다음에는 마음으로도 믿어지기 시작하였다. 그 이후로는 희망의 느낌이 들어왔고, 분노, 불신앙, 의심으로부터 해방이 되는 느낌을 받았다. 그러한 경험은 참으로 흥미롭고, 신선하며, 놀라운 것이었다. 다시 거듭나는 것과도 같은 느낌이었다.

여기에 귀신 축출이 있은 지 얼마 안 되어서 내가 기록한 신앙일지를 공개한다. 이 글을 읽는 사람들은 오랫동안 그 강한 자의 세력에 억눌려 살면서도, 내적 치유와 축사의 필요성을 감지하지 못했던 처참한 인생의 기록을 보게 될 것이다.

1999년 9월 5일

 어제 나는 2시간 30분의 기도 카운슬링과 축사사역을 받았다. 그 결과 나의 마음과 내 인생에 크나큰 변화가 왔다.

 나는 이와 같이 온전하고 능력이 넘치며 치유를 가져오는 기도를 받은 적이 없다. 나에게 기도를 해 준 여인은 참으로 기교가 넘치며, 기름 부으심을 받았고, 성령님께 인도함을 받는 사람이었다.

 나는 다음과 같은 영역에서 자유함을 얻었다.

 1. 과다한 성취 장애 (일 중독증)
 2. 불신, 두려움, 의심, 불신앙
 3. 분노, 증오, 격정
 4. 지나치게 비판적인 성격

 마크야, 나는 너를 치유하였다. 이제부터는 나의 평화, 나의 능력, 나의 자유, 나의 치유 가운데에서 충만하게 살아라. 내 뜻대로 살면, 너는 치유함을 계속 받을 것이다.

 예수님 저를 치유해 주시니 감사합니다.

 나의 아들아, 나를 너를 사랑한단다.

1999년 9월 7일

 나는 나의 속사람이 자유롭고, 깨끗하고, 치유된 것을 느낀다. 모든 충격, 긴장, 분노, 악의, 그리고 지나치게 비판적인 것들이 사라졌다. 감사합니다. 참으로 감사합니다. 주님, 저는 앞으로도 계속 자유를 누리고 싶습니다.

 아들아, 네가 내 안에 머무르면, 너는 계속 자유케 될 것이다.

 주님, 예수님 안에 머문다는 것이 무엇을 의미합니까?

네 자신의 생명을 네 자신 안에서가 아니라 내 안에서 발견하는 것을 말한다. 네 자신의 지성과 심성이 아닌, 나의 성령에 항상 주파수를 맞추고 있어라.

하나님, 내 자신이 나를 위해서 기도를 드릴 때는 왜 치유가 임하지 않았습니까?

네가 치유기도의 올바른 접근 방법을 사용하지 않았기 때문이다. 너는 나의 법칙을 따르지 않았다. 너는 특히 네 자신 안의 판단하는 심령과 내적인 맹세를 회개하지 않았다. 너는 가계에 흐르는 죄와 저주를 끊지도 않았고, 불경한 영들과의 묶임도 풀지 않았다. 너는 심은 대로 거둔 것이다. 네가 너무나도 많은 비판(비난)을 뿌려놓았기에, 너는 소용돌이치는 마음의 혼란함을 경험한 것이다.

주님, 이해가 됩니다.

판단하는 것에 관련된 계시

나는 다음과 같은 하나님의 음성을 들었다.

마크, 판단을 받지 않으려면, 타인을 판단하지 마라. 네가 남을 판단하는 그 판단 기준이 네 자신에게도 곧 적용될 것이다.

사랑 안에서 살면서, 타인에 대해서 자비를 베풀어라. 그러면 너도 똑같은 자비를 받을 것이다.

진실인지 거짓인지를 알아보는 진상조사는 판단의 대상이 되어도, 사람은 판단의 대상이 될 수 없다. 너는 타인이 주장하는 바에 대해서 반대의사를 표명할 수는 있다. 그러나 사람을 판단, 비난, 정죄해서는 안 된다. 사람을 판단하는 것은 나에게 달려있다. 사람들은 나의 종들이지 너의 종들이 아니다. 그들의 주인의 뜻에 따라 그들은 뜨기도 하고 무너져 내리기도 할 것이다. 네 뜻이 아니고, 그들의 주인의 뜻에 따라 그들은 판단을 받을 것이다. 너는 진리가 무엇인지 판단하고, 그것을 너의 삶에 적용하여라. 그러나 사람들을 경멸하는 일은 절대로 하지 마라. 나의 모든 자녀들을 존경하라. 그러면 그들의 은사가 차고 넘쳐서 너에게까지 흘러나오리라.

네가 다른 사람들을 공경하고 존경하면, 너는 주고받을 가능성을 열어 놓는 것이다. 그러나 네가 타인을 존경하지 않고 무시하면, 그들과 너 사이에 있어야하는 성령의 흐름을 가로막게 된다. 타인과 신학적인 이견이 있다 할지라도, 절대로 그들을 경멸하지 말라. 동의할 수 없는 사고와 행동을 하는 사람들에게도, 그들을 인간으로서 가치를 존중해 준다는 느낌을 주어라. 네가 변하면, 그들도 변할 것이다. 그러므로 친구처럼 곁에 두고 계속 새로운 아이디어들을 함께 나눠라. 종종 너는 나의 의견과 다른 의견을 가지고 살아간다. 그러므로 너와 다른 의견을 가진 타인을 "멍청이"라고 부르지 말라. 네가 나의 뜻을 구할 때에, 혹시 네가 잘못되었다 하더라도, 나는 부드러운 제안으로 너를 고쳐 주리라. 나는 아직도 너를 사랑하고 너를 귀하게 생각하는 하나님이라. 나는 너를 가르치기 전에, 네가 먼저 나에게로 와서 구하기까지 기다리는 하나님이라. 너의 마음이 갈급해 질 때면, 나의 의견에 저항하지 않으리라.

그러므로 너도 다른 사람들에게 조언을 주기 전에, 그들이 도움을 청할 때가지 기다려라. 그들 자신이 스스로 구하기 전에는 그들의 심령이 가난해 지기 전에는, 진리를 듣고 보고 듣고 깨닫지 못하리라.

주님 감사합니다.

나의 아들아, 너의 감사를 받아들인다.

내 안에서 쉬어라. 나를 신뢰하라. 그리하면 너의 삶이 온전해 지고 충만해지리라.

너무나도 오랜 세월동안 치유를 받지 못했던 것에 대한 좌절 (내지는 분노)

하나님, 저는 당신에게 화를 내고 싶은 생각은 없습니다. 그러나

내 마음속이 내적인 맹세와 부정적인 기대로 가득 차 있었다는 사실을 이제야 발견하게 된 것에 짜증이 납니다. 도대체 그것을 발견하기까지 왜 그렇게도 많은 세월을 허비해야만 했는지, 하나님, 저로 알게 하여 주시옵소서.

마크야, 진리라는 것은 층층이 겹쳐있는 것이란다. 이것이 바로 삶의 현실이다. 나는 나의 진리를 교회에 점차적으로 계시를 한다. 그리고 각각의 층들이 계시로 벗겨져 나갈 때마다, 치유가 임한다.

네가 삶의 진실을 추구하면서 나를 찾을 때에, 나는 네가 감당할 수 있는 만큼만 계시한다. 나는 숨은 신이요, 나를 온 마음으로 찾는 자에게만 나타나는 신이다. 너의 상한 마음을 치유하기 위하여 나를 온전히 바라고 찾은 적이 있느냐? 온전히 바라지 않았기에 네가 보지 못한 것이다. 나를 찾아라. 그러면 진리를 발견하리라. 그러면 진리가 너를 자유케 하리라. 그러나 반대로 나를 공격하거나 나에게서 숨으면, 진리는 너와 함께 하지 않을 것이다.

하나님, 저를 용서해 주시옵소서. 제가 회개합니다.

나의 아들아, 내가 너를 용서한다. 나를 찾아라. 그리하면 네가 나를 발견하리라. 만군의 여호와의 말이니라.

유의사항: "하나님을 깊이 추구함"이라는 것은 어떤 문제의 영역에서 하나님에게 집중하면서 오랜 시간을 보내는 것을 의미한다. 나 같은 경우는 그 분야에 푹 빠져서 서적을 읽고, 연구를 하고, 묵상, 기도, 그리고 경험을 하며, 다른 사람들과의 토론을 통해서 발전하는 과정을 통과했다.

깊이 용서하면서 분노를 처리해 내기

주님, 나의 상한 마음을 치유하신 당신의 놀라운 능력과 은혜에 감사드립니다. 특별히 용서가 더 깊이 내 마음속에 흘러넘치게 하옵기를 기도드립니다.

아들아, 네가 그렇게 하기를 진정 원한다면, 내가 그렇게 하리라. 지난 몇 년간을 돌이키면서, 모든 사람들과의 모든 일들을 전부다 용서하라. 그러면 치유가 네게 임하리라.

주님 저는 근본주의자들을 용서합니다. 그들은 저에게 율법주의와 바리새인의 위선을 가르쳐 주었습니다. 그러한 것들이 나의 마음에 너무나 많은 상처를 가져오는 원인이 되었습니다. 주여, 그러나, 나는 그들의 죄들을 용서하고, 또한 그에 관련된 모든 사람들도 용서합니다. 내 자신 역시도 좁은 마음으로 사람들을 판단하였고, 율법주의에 빠진 적이 많습니다.

주여, 그들이 나에게 그러한 잘못된 신학을 전수해 줌으로, 나는 많은 피해를 보았고, 내 인생이 분노, 판단하는 마음, 좁은 마음, 증오, 배타심 등의 저주로 물들어 있었습니다. 주여, 나는 다른 사람을 판단함으로, 내 자신도 그로 인해 판단을 받는 실수를 저지른 것을 인정합니다.

주여, 나 자신도 그러한 죄를 범한 것에 대해서 용서해 주시옵소서. 주여, 모든 죄를 통회 자복하오니 그로 인해 발생한 모든 저주를 끊어 주시옵소서. 하나님이 저를 용서해 주시면, 저도 제 자신을 용서할 것입니다.

주님 저는 앞으로 판단(비판), 분노, 율법주의, 좁은 식견, 악의, 배타심을 포기하고, 그 실수의 결과로 온 모든 저주와 내 안에 있는 악령들의 힘을 십자가에서 흘리신 보혈과 인간을 구속하시는 예수 그리스도의 능력으로 분쇄하기 원합니다.

주여, 하나님이 주시는 죄와 저주로부터의 해방을 누리게 되니 감사합니다.

내 인생에 의심을 발생케 한 원인들

나는 나의 믿음을 증대시키기 위해 지난 몇 년 동안 발버둥 치고 있었다. 지난 4년 동안 내가 출석하였던 참으로 좋은 교회는 나에게 많은 도움이 되었다. 특히 성경에 나오는 믿음에 관련된 구절은 모두 다 묵상하고, 그것들 중에 많은 것들을 암기하였다. 뿐만 아니라, 성경에 이성(reason)에 관해 말씀하신 구절들을 모두 다 연구해 보았다. 왜냐하면, 나의 경우에는 믿음을 공격한 것이 바로 다름 아닌 나 자신의 이성적인 사고였기 때문이다.

나는 성경에 그 어느 곳에서도 열심히 이성적인 사고를 하라고 명령한 구절을 발견하지 못했다. 오직 한 곳이 있다면, 하나님과 함께 깊이 따져서 생각하라는 이사야의 구절뿐이다(이사야 1:18). 이 책 뒤편 부록에 제시된 "성경 묵상"을 비교한 부분을 참조하라. 물론 하나님은 우리들이 이성을 사용하기를 원하신다. 그러나 제대로 사용해야 한다는 것이다.

그러한 성경 묵상의 결과로, 나는 나의 신앙을 공격하던 것이 무엇이었으며, 그것을 극복하는 길이 무엇인지 발견하기에 이르렀다.

그러나 의심과의 싸움은 여전히 계속되었다. 왜냐하면 의심의 영에 의해서 불신앙이 과장(확장, 증대)되었기 때문이다. 그러나 불신앙과 의심의 악령이 떠나고 나니 이제는 마음의 사정이 완전히 달라졌다. 나를 의심 안에서 헤매게 했던 그 몰아붙이는 힘을 이제는 더 이상 느낄 수 없다. 이제는 의심하는 갈등을 겪지 않고도 하나님을 자연적으로 믿을 수 있게 되었다. 왜냐하면 내 안에 있던 부정적인 죄의 에너지가 사라졌기 때문이다.

그렇지만 나의 관심은, 그렇다면 과연 과거에는 왜 의심의 악령이 설치도록 그냥 내버려둘 수밖에 없었느냐하는 쪽으로 기울어졌다. 깊이 생각한 결과 나는 아래와 같은 결론에 도달하게 되었다. 즉, 내 인생에 발생하는 부정적인 경험들을 잘 처리하고 있지 못했다는 것이다.

    1. 하나님은 우리 인간의 경험을 사용하셔서 우리 안에 참 믿

음이 있는지 시험하신다. 아브라함이 이삭을 산 제물로 바치라는 명령을 받은 것이 그 중에 하나이다(창세기 22:1-8).

2. 씨 뿌림과 거둠의 법칙을 따라야한다. 즉, 씨를 뿌린 다음에는 거두기까지 시간이 걸린다는 것이다. 성경적인 진리를 믿고 생활에 실천을 한다고 해도 그 결과는 즉각적으로 나타나지 않을 수도 있다. 온전한 축복이 임하기까지는 시간이 걸린다(갈라디아서 6:7-18). 추수는 즉각적인 것이 아니다. 영적 세계에서는 자연적인 세계보다 더 오래 걸리는 경우도 있다. 씨를 뿌리면 성장을 하기는 하는데, 어떤 경우에는 몇 년이 걸리기도 하고 심지어 한 세대가 걸리기도 하면서 성장을 하다가, 결국에는 열매를 맺게 되는 것이다. 그러므로 지금은 의의 열매를 심고 있다 할지라도, 당장에는 옛날에 심어 놓은 불신앙의 열매를 거두고 있을 수도 있다. 그러므로 불경한 열매로부터 경건한 열매로 바뀌는 변화가 일어나려면, 상당한 시간이 걸린다.

3. 생전에 그 열매를 보지 못하고 죽어야만 하는 경우도 있다. 그렇다면 죽을 수밖에 없다. 그러나 적어도 하나님을 믿다가 죽는 것이다. 그것이 다름 아닌 히브리서 11장에 나타난 영적인 영웅들의 삶이었다.

이전에는, 현실적인 부정적인 경험을 설명해 주는 위의 3가지와 같은 계시가 나에게는 없었다. 그래서 나는 하나님께서 나를 돌봐주시지 않는다거나 약속하신 대로 이행하지 않으신다는 쓸데없는 불평과 의심에 사로잡혔던 것이다. 그러한 내용을 "성경과 경험"이라는 주제로 부록C에서 다루었다.

나의 가계에 흐르는 다른 저주들

가계를 통해서 나에게 전수된 것들 중에 저주나 죄에 대해서는 내가 끊어버리고 포기하는 기도들을 드린 적이 많았다. 몇 년 전에 나는 매년 감기로 고생하던 것의 원인이 조상으로부터 내려오는 어떤 것에 관련이 있다는 사실을 발견하게 되었다. 즉, 나의 가계에는 호흡기 질환을 앓는 환자들이 많았었다는 사실이다. 나의 어머니는 항상 목이 아프셨고, 나의 형제들도 폐와 가슴, 목 부분에 문제를 가지고 있었다. 그래서 나는 기도를 드렸다. 가계의 혈통과 나 사이에 십자가를 놓으면서, 가계에 흐르는 저주가 끊기기를 기도하였다. 그러자 갑자기 나의 가슴 부분이 달라지는 것을 느낄 수 있었다. 뭔가 홀가분해 지는 느낌이었다. 그리고 그 이후로 몇 년 동안은 감기로 고생을 하지 않고 있다.

그리고 나의 조상 중에는 "공제 조합원"이 있었다는 사실도 발견하였다. 그래서 역시 그로부터 내려오는 저주가 혹시라도 있으면 예수 그리스도의 십자가로 막아 달라고 기도를 드렸다.

즉각적인 치유와 점진적인 치유들

제 1장에서 언급했듯이, 나에게는 즉각적인 변화가 있었다. 그렇지만, 그 이외에도 몇 달 동안에 걸쳐서 점차적으로 나아진 치유도 있었다. **즉각적인 치유**는, 주로 귀신들이 내어 쫓기고, 회개를 통해서 부정적인 악령의 세력이 무너지고, 가계에 흐르는 죄와 저주가 끊겨지며, 영혼의 묶임이 풀어지고, 내적인 치유가 이루어지는 영역에 있어서 일어났다.

그렇지만 아직도 청소해 내야할 것이 많음을 발견했다. 하나님께서는 그 영적인 카운슬링 기도를 받은 후 이틀 뒤에 꿈을 통해 나의 삶에 어떤 영혼의 묶임이 남아 있는지 보여주셨다. 나는 꿈에서 깨어나자마자, 기도를 통해서 그 영혼의 묶임을 끊어버렸다. 그리고는 영적인 일지를 기록하기 시작하였고, 꿈의 해석으로 들어갔다.

그 영적인 카운슬링의 기도를 받은 후에 마음의 중압감은 현격하게 감소했지만, 완전히 사라진 것은 아니었다. 나는 다시 하나님께로 나아가서, 내가 아직도 완벽하게 회개하지 못한 영역이 있는지 물어보았다. 그리고는 하나님께서 보여 주시는 것을 따라서, 보다 더 철저한 회개로 들어갔다. 그리고는 더 많은 마음의 자유를 얻게 되었다.

하나님께서는 나로 하여금, 나의 문제의 영역이었던 곳에 대한 성경말씀을 묵상하도록 인도해 주셨다. 그래서 내가 어쩌다가 그러한 덫에 걸려들었으며, 이제부터는 어떠한 영적인 진리를 의지해서 살아야하는지 발견하도록 나를 인도하셨다. 그래서 나는 성경을 묵상하기 시작하였고, 하나님께서 보여 주시는 대로 적어 내려가기 시작했다. 그리고 문제의 영역에 대해서 일지를 쓰면서, 나를 속박으로 들어가게 한 원인이 어디에 있는지 하나님께 기도를 드리며 물어보았다.

나는 다른 사람들에게 영적인 상담을 해보았다. 나의 죄 중에서 고질적이고 완고한 부분을 다루는 법에 대해서 도움을 받을 수 있었다. 그것은 특히 나의 죄를 영적인 카운슬러에게 고백하고, 그 사람과 공동의 책임을 짐으로, 다시 유혹에 빠져들어 가지 않도록 담을 쌓고, "열렬한 회개"라는 문제지를 작성하는 그러한 방법들이었다. 이러한 방법들을 앞으로 나오는 단원들에서 상세하게 다루어질 것이다.

그리고 나의 치유가 완결되기까지는 지난 몇 년 동안 하나님께서 보여주시는 각종 기술을 더 많이 적용해야만 되었었다는 점을 강조하고 싶다. 내 생각에는 모든 사람에게 그러한 기술들이 필요하다고 생각한다. 그러한 기술들은 문제의 영역에 관한 성령 충만한 성경묵상, 하나님의 음성을 들음, 영적인 일지 쓰기, 하나님이 보여주시는 거룩한 환상을 보기, 하나님으로부터 오는 꿈을 꾸며 그것을 해석해 내는 지혜를 가지기, "생명의 성령의 능력"(로마서 8:2)을 적용하기, 철저하게 하나도 남김없이 모든 죄를 고백하고 회개하기, 나 자신의 힘과 능력을 믿었던 것을 포기하기, 내적인 맹세와 잘못된 판단(비난)을 포기하기, 부정적인 기대를 끊어버리기, 죄에 대해 단호한 태도를 취하기 등등이다. 이러한 기술들은 성경에서 말하는 하나님의 은혜가 들어오는 것을 막는 것들을 제거해 버리는 기술들이다.

위의 기술들을 사용하여 마음에 치유함을 받는 사람들은, 인간을 조종하는 많은 마음의 문제들로부터 벗어날 수 있으며, 영적이고 심리적인 면에서 장기적인 평안함을 경험하게 될 것이다. 그러나 반면에, 이러한 성경적인 기술들을 개발시키지 않거나, 개발하기 위한 시간을 투자하지 않는 사람들은 별다른 치유를 경험하지 못하거나, 혹시 일시적인 치유가 있었다 하더라도 지속되지 못한다. 영적인 치유는 오직 우리 주 예수 그리스도의 은혜를 우리에게 적용할 때에만 발생한다. 그리고 이 책에 기록된 영적인 기술들은 그 하나님의 은혜를 받아들이는 도구에 불과한 것들이다. 그렇지만 도구를 잘만 사용하면, 하나님께서 주시려는 많은 은혜와 축복과 능력을 받고 모든 약함을 극복해 내는 사람이 될 것이다.

모든 치유가 급작스럽게 이루어질 것이라고 예상하지 말라. 물론 부정적인 악령의 세력이 축출되는 것은 순간적으로라도 발생할 수 있다. 그러나 그 다음부터는 보다 더 합당한 하나님의 자녀로 살아가는 법을 배워가야만 한다. 그러한 것은 하나님의 은혜를 매일 같이 우리의 삶에 적용하는 하나의 과정이다. 그러한 과정은 당신이 온전한 자유를 얻는 그 순간까지 지속될 것이다.

개인적인 적용

1. 당신이 이 단원에서 배운 것들의 목록을 적어 보라.

2. 당신이 마음을 살펴보는 데 도움을 달라고 하나님께 기도 드려라. 즉, 마음속에 부정적인 것들을 만들어내는 그 에너지가 무엇인지 발견하게 해 달라고 구하라.
3. 부정적으로 생각하는 마음의 사고방식이나, 부정적인 에너지를 처리해 내는 방법을 가르쳐 달라고 하나님께 기도 드려라.

집단을 위한 적용

1. 자유로운 분위기에서 자유롭게 토론하면서, 위의 개인적인 적용의 질문들에 대한 각자의 대답을 서로 나누어 보아라.
2. 성령께서 인도하시는 대로 개인들을 위해 중보의 기도를 드려라.

제**3**장

마음속에 내재한 부정적인 에너지의 뿌리 캐내기

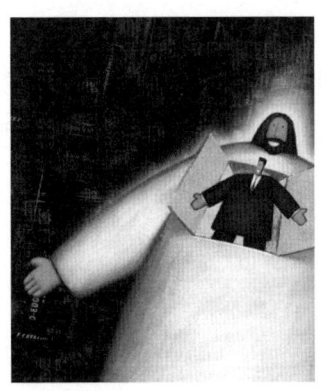

마음속에 내재한
부정적인 에너지의 뿌리 캐내기

마음속에 있는 하나님과 사단의 세력에 대한 인식

인간의 마음 안에는 영이 들어있다. 기독교인에게 있어서, 이 영은 성령과 연결이 되어있다. 그러므로 현실적으로, 믿는 자들 마음속의 가장 깊은 중심은 전능하신 하나님과 연결이 되어있는 것이다. 이러한 연결은 오직 하나님의 은혜로만 가능하게 되었다.

> 주와 합하는 자는 한 영이니라 (고린도전서 6:17)

> 이를 위하여 나도 내 속에서 능력으로 역사하시는 이의 역사를 따라 힘을 다하여 수고하노라 (골로새서 1:29)

구원받을 당시부터 하나님의 성령의 능력은 역사하기 시작한다. 그러나 구원이라는 영적인 일을 계속 하면 할수록, 하나님의 성령의 능력은 각 개인의 영혼과 마음속으로, 그리고 심지어는 육체 속으로까지 깊숙이 침투되어 들어간다(빌립보서 2:2). 하나님의 빛이 점차적으로 인간의 영혼을 채워가면서, 어두움의 세력들은 점차적으로 물러가게 되어있다. 이러한 **성화의 과정은 연속되는 과정이다.** 아마도 죽는 그 순간까지 지속될 것이다. 그러므로 어떤 경우에 어떤 문제에 대해서 치유를 받았다고 해도, 몇 년이 지난 뒤에 똑같은 문제로 고생하게 되고, 더 깊고 강한 강도로 문제가 몰려오게 되어있다. 그러므로 우리의 마음의 치유는 한 껍질씩 문제를 벗겨내고, 어두움을 물리쳐 나아가는 하나의 과정으로 이해될 수 있다.

성령의 능력은 하나님의 현존을 우리들의 영혼 속으로 들어오게 한다. 하나님이 함께하심으로 우리들의 마음속에 자리 잡을 수 있는 것들은 믿음, 소망, 사랑, 기쁨, 평화, 능력, 삶의 목적, 환상, 꿈, 기름 부으심 등이지만, 물론 그 자체가 하나님은 아니다. 그럼에도 불구하고 이러한 속성들은 마귀의 세력들을 몰아내고, 사단이 가져오는 모든 부정적인 것들을 소멸하는 일을 한다. 사단 – 마귀가 가져오는 부정적인 에너지(압력 내지는 중압감)는 의심, 두려움, 분노, 죄책감, 우울함, 그리고 광기이다. 그리고 사단의 이름에 관련된 모든 것들도 포함한다. 사단 – 마귀는 참소하는 자이고(계 12:10), 거짓말의 아버지이며(요 8:44), 문제를 어렵게 만드는 대적이고(벧전 5:8), 정죄하는 자(롬 8:1)이며, 도적질하고 죽이고 멸망시키기 위해 오는 자이다(요 10:10).

그렇기 때문에, 자신의 마음을 살펴보면 그 중심에 하나님의 긍정적인 능력이 나타나는지 아니면 마귀의 지배 가운데 있는지 알 수 있다.

명령이 효과를 보이며 역사할 때는 언제인가?

영적으로 부정적인 세력에 눌려있는 경우라면, 아무리 스스로 "극복해 내자!"라고 결심하거나 자신에게 "극복하라!"라고 명령을 해도 듣지 않게 되어있다. 예를 들어서, 잔뜩 화가 나있는 사람에게 "분노를 집어 치워라!"라고 명령한다면, 불난 집에 부채질하는 꼴밖에는 안될 것이다. 아니, 그 사람이 기독교인이고, 자신이 분노를 억지로 억제를 하려고 한다해도 별 소용이 없기는 마찬가지다. 그러므로 분노의 근본 뿌리와 그것을 제거하는 올바른 방법을 모르면서 무작정 하는 모든 수고는 헛수고일 뿐이다. 이번에 다룰 주제가 바로 그것이다. 하나님이 주시는 권위로 분노의 뿌리를 뽑아내는 사람은 자기 스스로 분노를 억제하려고 발버둥치는 인간들보다 훨씬 더 효과적으로 분노를 처리해 낼 수 있다는 것이다.

어떠한 원리와 법칙으로 영적인 부정적인 에너지들이 사람의 마음을 속박하는가? 그리고 어떠한 법칙이 사람을 해방시키는가? 어떠한 영적인 법칙들이 사람의 마음을 성령님의 긍정적인 에너지로 채우게 하는가?

"역사"와 "죄의 에너지"라는 단어들

내가 "죄의 에너지"라는 단어를 쓰는 데는 2가지 이유가 있다. 첫째는, 부정적인 (또는 긍정적인) 영향력이 나에게 미칠 때에, 마치 에너지의 큰 파도가 밀려와 나를 누르는 것 같은 느낌을 받기 때문이다. 그것이 나의 개인적인 체험이다. 그 에너지는 어떤 일정한 방향으로 나아가도록 나를 밀어붙인다.

두 번째는, 신약성경에 "역사"라고 번역이 된 단어의 문자적인 뜻이 "활동적인 에너지"라는 뜻이기 때문이다. **스트롱의 용어색인**(Strong's Concordance)은 에네르게스(#1756)라는 원어를 "활동적, 효과를 내는, 작동하는, 힘의"라고 정의하고 있으며, 에네르게이아(#1753)를 "효과, 에너지, 작동, 강함, 실질적인 효과를 내는 일"로 정의하고 있다.

신약의 헬라어상의 용법
"에너지"

영의 용어색인(Young's Concordance)은 에네르게스를 "정력적인, 원기 왕성한, 효능이 있는"으로 번역하고 있다.

콜론 브라운(Colon Brown)의 사전은 에네르게스를 "무엇을 성취하는 것, 교통하는 에너지, 활동하게 만드는 것, 작동"이라고 정의하고 있다.

존더반(Zondervan)사에서 간행된 **헬라어 낱말 분해사전** (《Analytical Greek Lexicon》)에 의하면, 에네르게스는 "활동적, 에너지 넘치는, 결과를 가져오는"이라고 정의되어 있다. 그리고 에네르게이아는 "효력을 미치는 것, 작동하게 하는 것, 활동적이 되게 하는 것, 왕래하는 에너지로 결과를 초래한 것, 활동적인 힘을 불러오는 것, 작동하는 것"으로 정의한다.

그러므로 에네르게이아는 "에너지"라는 말로 번역해도 별 무리가 없으리라 생각된다.

에네르게이아는 데살로니가후서 2:9 그리고 2:11절에서 "사단의 역사를 따라"와 "유혹을 역사하게"와 같이 "역사"로 번역되었다(살후 2:9: ou| ejstin hJ parousiva katÆ **ejnevrgeian** tou satana ejn pavsh/ dunavmei kai; shmeivoi" kai; tevrasin yeuvdou").

이 단어의 동사형인 에네르게오는 로마서 7장 5절에서 "우리가 육신에 있을 때에는 율법으로 말미암는 죄의 정욕이 우리 지체 중에 역사하여(에네르게오) 우리로 사망을 위하여 열매를 맺게 하였더니"라는 용법으로 쓰였다(롬 7:5: o{te ga;r h\men ejn th/ sarkiv, ta; paqhvmata twn aJmartiwn ta; dia; tou novmou *ejnhrgeito* ejn toi" mevlesin hJmwn, eij" to; karpoforhsai tw/ qanavtw/). 바로 그 사망의 열매가 우리로 하여금 그리스도의 풍성한 생명으로 들어가지 못하도록 막고 있는 것이다.

두 번째로 고린도전서 4:12에 보면 "그런즉 사망은 우리 안에서 역사하고(에네르게오)"라고 되어 있다. 데살로니가후서 2:7에서는 "불법의 비밀이 이미 활동하였으나(에네르게오)"라는 말도 나온다.

이러한 헬라어의 용법들로 볼 때에, *에네르게이아*와 *에네르게오*는 "부정적인 에너지"라는 뜻을 가진 단어라고 생각해도 좋을 것이다.

에베소서 2:2에서는 이 세상 풍속을 좇고 공중의 권세 잡은 자를 따르는 불순종의 아들들 가운데 역사하는 영에 대해서 말한다. "역사"는 헬라어 "에너지"의 한 형태이다. 그것은 내재하는 사악한 영이 개인 안에 "에너지가 생기게 하는" 것을 의미한다.

이 단어들은 동시에 하나님의 긍정적인 에너지라는 뜻으로 사용이 되기도 했다. **신약성서 신학사전**(《Theological Dictionary of the New Testament》 제 2권 652쪽)에 의하면, *에네르게이아*와 *에네르게오*라는 단어들은 오직 신적인 또는 마귀의 능력을 나타내는 용법으로만 쓰였다고 한다.

차이점: *에네르게이아*와 *에네르게오*는 둘 다 *에네르게스*라는 어원에서 파생된 단어이기는 하지만, 신약성서 시대에 이르러 서로 상이한 의미를 형성하게 되었다. 즉, *에네르게이아*와 *에네르게오*는 부정적인 의미와 긍정적인 의미 둘 다를 획득하게 된 반면에, *에네르게스*는 원래의 의미인 "에너지"라는 의미를 보유하면서도 육적이거나 마귀의 에너지라는 의미는 그 안에 내포되어 있지 않았다.

요약: 신약성서에서 "능력(power)"이라고 번역이 된 3개의 헬라어 단어가 있다. 그것들은 "권리 내지는 특권"이라는 뜻을 지닌 *엑수시아* (108번), "세력, 권력, 힘"이라는 뜻을 가진 *듀나미스* (108번), 그리고 "활동적인 에너지, 활동하는 에너지"라는 뜻을 내포한 *에네르게스* (31번)이다 (나의 저서인 《신의 권위, 신의 능력, 신의 에너지》라는 책에서, 신약성경에 나타난 이 3가지 단어의 용례들을 자세하게 취급하였다).

로마서 7장에 나타난 "죄 에너지"와 "죄의 법"

로마서 7장에서 사용된 3개의 단어가 우리 안에 있는 죄의 에너지를 이해하는데 도움이 된다. 그것은 "법"과 "거하는"이다.

로마서 7:23의 "법"은 "죄의 법"이다. "법"이 의미하는 바는, 그 힘, 능력, 현존이 강한 에너지를 발산하며 조종하기 때문에 누구라도 피할 수 없는 법칙이나 원리를 말한다. 그 힘은 우리 인간의 행위를 조종하고 다스린다.

로마서 7:17-18, 20절에 나타난 "거함"이라는 단어는 헬라어로 오이케오이다. 그 뜻은 (수동적으로 그 안에 머무는 것이 아니라) "한 존재 안에서 활동하는 것"을 뜻한다. 그러므로 "죄"라고 하는 것이 "거한다"는 뜻은 "죄가 사람의 존재 속에서 활동한다"는 뜻이다. 그러므로 죄의 세력 하에 있다는 것은 죄의 에너지에 의해서 조종을 당한다는 것을 의미하며, 그러한 상황은 우리 안에 한 "법률"을 제정하게 하는데, 그 법률은 "죄의 법"이다. 바울이 발견한 바는 자신의 의지로는 그 "죄의 법"을 극복할 수 없다는 것이다(로마서 7:17-24).

우리의 의지의 힘으로는 죄의 에너지를 극복해 낼 수 없기에, 사도 바울은 결론적으로 성령의 능력을 사용하지 않고서는 문제를 해결할 수 없다는 선언을 한다. 로마서 8:2에서 바울은 그리스도 예수 안에 있는 생명의 성령의 법이 죄와 죽음의 법에서 우리를 해방하였다고 기록하고 있다. 그러므로 성령의 능력(에너지)은 우리의 삶에 있는 죄의 능력(에너지)도 물리칠 수 있다.

"에너지"라는 단어는 뉴에이지 용어가 아닌가?

같은 단어라도 문화와 시대가 다르면 다른 의미를 갖게 된다. 즉, 문화의 상황이 달라지면 그 단어가 의미하는 바도 달라진다는 것이다. 예를 들자면 "gay"라는 단어는 15년 전에는 "즐거운"이라는 뜻이었다. 그렇지만 오늘날에는 "동성연애자"를 지칭하는 단어로 쓰인다. 마찬가지로, "energy(에너지)"라는 단어는 New Age(뉴에이지) 운동을 하는 사람들에 의해서 쓰이고 있다.

그 결과로 교회는 판단하기를 "능력"은 하나님에게서 오지만, "에너지"는 뉴에이지의 개념으로부터 온다고 생각하는 경향이 있다. 물론 나는 개인적으로 뉴에이지 운동은 하나님의 능력보다는 사단의 능력을 더 추구한다고 믿는다.

우리가 치유하고자 하는 가슴 속의 잡다한 것들은 근본적으로는 귀신이 남긴 쓰레기들이다. 그러한 의미에서 "죄의 에너지" 내지는 "악마의 에너지"라는 표현은 그럴 듯한 표현인 것 같기도 하다. 기독교인들의 경우에는, 인간을 죄로 밀어붙이는 이 죄의 에너지를, 의의 길로 인도하는 거룩하신 하나님의 성령의 기름 부으시는 능력으로 대치하고자 하는 것이다.

그렇기에, 축사를 받은 기독교인들은, "귀신의 부정적인 죄의 에너지"로부터 탈출해 나왔으며, 해방이 된 후에 전능하신 하나님의 기름 부으심으로 충만하게 채워져 가는 것이다.

내가 "에너지"라는 단어를 사용하는 이유는 다음과 같다. 나는 개인적으로 뉴에이지 운동에 어느 것도 양보해서는 안 된다고 생각한다. 왜냐하면 모든 언어는 하나님께 영광을 돌리도록 만들어졌기 때문이다. "energy(에너지)" 내지는 "energetic(활동적인)"이라는 단어도 예외가 될 수 없다. 그 단어들도 기독교적인 언어로 만들어버리자는 이야기다. "energetic(활기에 찬; 원기 왕성한)"이라는 단어는 원래 헬라어 에네르게이아라는 단어에서 (라틴어와 불어를 거쳐서) 영어로 편입되었다. 물론 이 책의 목적은 "에너지"라는 말을 가지고 싸우고자 함은 아니지만, 적어도 나는 "에너지"라는 단어가 뉴에이지의 전용물이 되는 것을 원치 않는 사람이다.

나는 진실로 믿기를 우리들의 가슴, 영혼, 지성, 그리고 몸속에는 영적인 능력과 에너지가 작동하고 있다고 생각한다. 이러한 에너지들은 우리들의 특정한 기도방법 내지는 성경에 제시된 영적인 법칙에 반응을 보인다. 악한 죄의 에너지는 사단, 저주, 그리고 귀신의 활동들과 연결이 되어있다. 그러나 긍정적인 에너지는 기름 부으심, 축복, 그리고 전능하신 하나님의 성령의 능력과 연결되어 있다.

이제부터는 우리들의 마음, 영혼, 지성에 내재한 죄의 에너지의 뿌리를 캐어 보고자 한다. 그리고 다음 단원에서는 그 문제의 뿌리를 뽑기에 적합한 기도 방법을 제시하고자 한다.

특별한 감사

존과 폴라 샌드포드, 피터 호로빈, 빌과 수 뱅크스, 그리고 나의 절친한 친구인 체스터와 베시 킬스트라에게 심심한 감사를 드린다. 그들의 저서가 없었다면, 이 단원에서 제시하는 내용은 불가능했을 것이다. 그들이 이 단원의 아이디어들에 빛을 밝혀준 사람들이다. 그들은 하나님께서 그리스도의 몸에 축복으로 주신 사람들이다.

마음속에 내재한 죄의 에너지나 악마의 에너지의 근원

1. 가계에 흐르는 저주와 죄는 "죄의 에너지"를 대를 이어서 아래로 내려 보낸다.

당신 안에 흐르는 죄의 에너지나 거룩한 영의 흐름은 당신으로부터 시작이 된 것이 아니다. 그것은 이미 조상으로부터 시작이 된 것이며, 당신에게 전수되어 내려온 것이다. 그래서 사람은 이미 태어날 때부터 축복과 저주를 결정하는 에너지를 가지고 태어나게 되어 있다.

성경은 말씀하시기를 저주는 3대-4대를 걸쳐서 내려갈 수 있다고 하였다(출애굽기 20:4-6). 성적인 부도덕으로 인한 범죄는 10대를 걸쳐서 내려갈 수도 있다(신명기 23:2). 그리고 하나님께 순종함으로 오는 축복은 1,000대에 이르기까지 미친다고 하였다(신명기 7:9).

당신을 죄로 몰아가는 중압감이나 갈등의 에너지가 아주 분명하게 당신 안에서 발견이 되는 경우, 제기되어야 할 첫 번째 질문은 "이러한 문제가 과연 나의 선조들에게도 있었는가?"하는 것이다. 만약에 조상의 죄가 발견되면 당신은 선조들로부터 전수되어져 내려온 가계의 저주를 끊어버리는 기도를 드려야 한다. 끊어버리는 구체적인 방법에 대해서는 다음 단원에서 다룰 것이다.

사실, 더 합당한 질문은 "나의 선조들 중에 누가 이러한 문제의 근원인가?"하는 것이다. 4대 동안에는 30명 정도의 조상들이 있다. 그러나 10대 동안에는 평균적으로 2,046명의 조상이 있는 것이다. 그러한 혈통을 따라서 각종 죄들, 특히 성적인 죄들은 충분히 흘러 내려가서 영향력을 미칠 수 있다.

무엇이 가족의 계보를 따라서 내려가는가? 어떤 것이라도 전수될 수 있고 또한 모든 것이 전수된다. 그 부정적인 목록들을 살펴보자면, 알코올중독, 각종 중독증, 육신의 질병과 문제들, 정신적이고 심리적인 문제들이다. 물론 긍정적인 것들은 죄를 물리치는 능력, 각양각색의 영적인 축복들, 기름 부으심과 은사들인데, 긍정적인 성향들도 대를 이어서 전수가 된다.

중요한 질문은 "우리가 인생을 살면서 마음의 문제에 봉착하게 될 때에, 그 근본 원인이 4대(30명)로부터 10대(2,046명)로 구성된 조상들로부터 내려온 부정적인 에너지에 근거할 확률이 얼마나 될까?" 하는 것이다. 나의 추측으로는 100%이다. 그러므로 어떤 마음의 문제가 발생하든지, 가계의 저주를 끊는 기도는 자동적으로 드려야 한다. 실질적으로 말하자면, 나는 가계에 흐르는 저주를 끊어야 하는 경우인가 아닌가 하는 것을 가지고 고민하지 않는다는 말이다. 가계에 흐르는 저주는 언제나 끊어야 한다.

그러므로 어떠한 마음의 문제가 발생한 경우에 일단은 생각이 나는 대로 가계에 흐르는 구체적인 죄와 저주의 문제에 대해서 기도를 드린 후에, 다른 죄와 저주를 끊어버리는 기도를 드리는 것이 참으로 현명한 처사일 것이다.

　이 책에서 나중에 보다 다른 종류의 치유기도로 들어갈 때에도, 어떠한 마음의 문제라도 그것이 가정의 조상과 관련된 세대의 문제라면 반드시 다시 한 번 더 가계에 흐르는 죄와 저주를 끊는 기도를 드려야 한다. "이미 이전에 기도를 드렸음으로 상관이 없을 것이다."라고 말하지 말라. 왜냐하면, 가계에 흐르는 저주는 문제를 만날 때마다 철저히 짚고 넘어가야만 하는 중요한 과제이기 때문이다.

2. 건전하지 못한 영혼의 묶임은 가계를 통해서 죄의 에너지를 전수시킨다.

　영혼의 묶임이란 언약관계를 통해서 가능해진다. 언약은 문서나 구두로 또는 서로 이해하는 가운데 맺어진 계약에 의해서 이루어진다. 오늘날의 말로 하자면, "친밀한 관계" "가까운 사이" "서로 믿고 맡긴 사이" "동반자" "절친한 사이" 등으로 표현이 된다. 당신이 하나님이나 또는 다른 사람과 언약관계로 들어가면, 둘 사이에서는 생명, 에너지, 인생에 대한 관점 등이 서로 교환된다. 구약성경에 나오는 요나단과 다윗은 그러한 관계를 가졌었다.

> 다윗이 사울에게 말하기를 마치매 요나단의 마음이 다윗의 마음과 하나가 되어 요나단이 그를 자기 생명 같이 사랑하니라 (사무엘상 18:1)

　언약과 영혼의 묶임이란 일상생활에서 일어나는 일들이다. 만약에 그 묶임이 건전한 것이면, 서로가 가진 장점을 나눔으로 삶이 풍성해 질 것이다. 언약관계의 예를 들자면, 남편과 아내, 부모와 자식, 목회자와 성도들, 선생과 제자, 고용주와 고용인, 그리스도의 몸 된 교회에 속한 모든 성도들 사이의 관계이다. 특히 믿는 성도들끼리는 서로 언약관계 안으로 이미 들어와 있다. 왜냐하면 그리스도의 몸에 속하도록 세례를 받았으며(고린도전서 12:13), 하나님의 영에 귀속되었기 때문이다(고린도전서 6:17). 부모와 자식 간에 핏줄로 이어지면서 때로는 건전하기도 하고, 때로는 불건전하기도한 "영혼의 묶임"이 발생한다. 창세기 15장에 의하면, 아브라함과 하나님 사이의 언약은 피로 인하여 봉인이 되었다.

　모든 종류의 영혼의 묶임은 불경건하게 변할 수 있으며, 그로 인하여 죄의 에너지를 발산할 수 있다. 특히 불결한 영혼의 묶임은 파트너 중에 한 사람이 dominate(지배하다, 억누르다. 위압하다), manipulate(교묘하게 다루다, 조작하다), control(조종하다, 억제하다, 통제하다) 하려고 할 때에 발생한다. 그리고 그 과정은 폭력, 두려움, 학대를 동반한다. 지극히 추잡하고 불건전한 관계가 형성이 되는 것이다.

　성경은 말씀하시기를, 성적인 교합을 하는 경우에, 두 사람이 합하여 한 몸이 된다고 한다(물론 그 과정에는 영혼의 묶임도 발생한다.) 이 원리는 정상적인 결혼 생활과 비정상적인 외도, 간음 등 모두를 망라하여 동일하게 적용된다.

> 창녀와 합하는 자는 그와 한 몸인 줄을 알지 못하느냐 일렀으되 둘이 한 육체가 된다 하셨나니 (고린도전서 6:16)

　결혼 생활에서, 남녀가 관계를 맺으면 삶과 에너지가 하나로 합쳐진다. 동일한 방식으로, 외도와 음란을 통해서도 합쳐짐이 발생한다. 그리고 그러한 접촉이 창녀와 일어나는 경우는 그 문제가 대단히 심각해진다. 만약에 당신이 수천 명의 인간들과 성 관계를 가진 음란한 사람과 관계를 가졌다면 당신에게는 그 수천 명의 더러운 영들이 달라붙게 되어있기 때문이다. 그 음란한 사람으로부터 흘러나오는 기운(에너지)인 음기는 당신 안으로 흘러 들어올 것이고, 그 에너지는 당신을 더 많은 성적인 중압감, 죄, 질병으로 시달리게 할 것이다.

이러한 문제에 대한 해결책은 불결한 영혼의 묶임을 끊어버리는 수밖에는 없다. 특별히 당신과 성적인 접촉을 한 그 사람과의 관계에서 형성된 묶임을 잘라내야 한다. 영혼의 묶임은 실질적인 성 관계를 통해서만 이루어지는 것은 아니다. 예수님께서는 말씀하시기를, 누구든지 사람을 보고 정욕을 품으면, 이미 간음한 것이라고 하셨다(마태복음 5:27-28). 그러므로 정욕, 음란물, 갑작스러운 홀림, 성 관계 쪽으로 치닫는 행위들, 성행위 그 자체 등등 모든 성적인 부도덕에 관련된 것들을 끊어버려야 한다. 그것을 하고 나면, 당신을 홀리고 있던 부정적인 성적인 에너지로부터의 놀라운 해방감과 자유를 느낄 것이다.

나는 이러한 에너지의 전이가 단순히 성적인 접촉에만 국한된다고 생각하지 않는다. 성경은 오직 성적인 접촉이 있어야만 하나로 합쳐진다고 명시하지 않는다. 성경은 단지 둘이 하나가 된다는 말밖에는 없다. 그러므로 나는 모든 종류의 에너지가 서로 통한다고 결론을 내린다. 즉, 창기와 관계를 가지는 경우는, 그 창기와 이전에 관계를 가졌던 수천 명으로부터 음란한 에너지가 흘러 들어온다는 것이다!

이러한 문제로부터 치유함을 받으려면, 다음 단원에 제시된 질문들에 대답을 하면서, 지금까지 색정적인 관계를 맺었던 모든 사람들 내지는 추잡한 관계를 가져왔던 모든 사람의 이름을, 주님께서 나에게 생각이 떠오르게 하시는 인도하심을 따라 생각해내야 한다. 그 다음에는 그들과의 묶임을 풀어내는 기도를 드려야 할 것이다.

나중에라도, 마음의 문제를 다루다가 그러한 문제의 기원이 추잡한 영들과의 묶임으로 인하여 오는 것이 발견되면 반드시 다시 한 번 더 영혼의 묶임을 풀어내는 기도를 드림으로 철저하게 죄의 에너지를 단절시켜야 한다.

음란과 영혼의 묶임에 관한 헬라어 단어 연구 (모리스 풀러 목사의 연구를 바탕으로)

이곳에서는 특히 우리가 창녀와 관계를 가지던지, 또는 정상이 아닌 정사, 내지는 음란서적이나 영화를 접할 때에 발생하는 영혼의 묶임에 관하여 살펴보고자 한다. 고린도전서 6:18이 특히 중요하다. "음행을 피하라 사람이 범하는 죄마다 몸 밖에 있거니와 음행하는 자는 자기 몸에 죄를 범하느니라."

우선 먼저 "음행"이라는 말로 번역이 된 헬라어 포르네이아에서 영어의 음란물(pornography: 도색, 춘화, 포르노)라는 말이 파생되었다. 포르네이아는 모든 종류의 비정상적인 성행위를 망라한다. "성적인 부도덕을 행하는 자"는 헬라어로 호 포르뉴온이다. 현재 분사형으로 적혀진 이 단어는, 고의적으로 그러한 삶의 스타일을 선택하고, 거기에 탐닉하고, 정기적이고 습관적으로 그러한 행위를 저지르는 사람을 말한다.

영어로는 자기 몸에 "반대해서"(against: 자기 몸에 해롭게)로 번역이 된 단어는 헬라어 원어에 의하면 "안으로"의 문자적 뜻을 가지고 있다. 즉, 바울에 의하면, 다른 죄들은 외부적인 영향력을 미친다는 것이다(죄는 인간관계를 파괴하고 그 이외에도 외적인 저주의 결과를 가져온다). 반면에, 성적인 부도덕은 인간 내부의 중심에 위치한 존재에 영향을 미친다. 그러므로 성적인 범죄가 인간 심성의 깊은 곳에 중대한 영향을 미친다는 것은 성경적인 기반을 가진 논리이다. (이상 모리스 풀러 목사의 연구를 인용한 부분이었음)

생명은 피에서 나는 것이므로(레위기 17:14), 다른 생명의 피를 마시지 말라고 명령되었다. 그렇게 하면, 다른 사람의 생명을 마시는 행위가 될 수 있음으로, 그러한 행위를 통해 혼의 묶임이 발생할 수도 있기 때문이다. 그로 인하여 이상한 영들의 작용이 문제를 일으키는 것을 느낀다면, 기도를 통해 추잡한 영들을 몰아내고 근절해버려야 한다.

3. 부정적인 기대(나쁜 일이 일어나리라는 예상 내지는 예감)는 부정적인 신념체계로부터 흘러나오며, 죄로 사람을 몰아가게 하는 죄의 에너지를 발산한다.

인생을 살면서 경험한 여러 어려움 가운데 우리들의 마음속에는 부정적인 감정이 쌓이게 되어 있다. 그러한 부정적인 감정들은 자기 자신을 대항해서 형성이 되기도 하고, 다른 사람, 정부, 기관, 권위, 하나님에 대항해서 형성되기도 한다. 그러나 대부분의 경우에 그러한 부정적인 감정은 무의식 속에 틀어박혀 있어서 그러한 감정이 우리 안에 있는지 의식조차 하지 못한다. 왜냐하면 모든 인간은 가면을 쓰고 살아야 하기 때문이다.

부정적인 예상들은 당신이 타인에게 내뱉은 저주(욕)나 아니면 당신이 스스로에게 건 저주들에 기인하기도 한다. 다른 사람이 당신에게 "바보"라고 말했을 수도 있고, 당신 스스로에게 "나는 멍청하다"고 말했을 수도 있다. 이렇게 입을 통해서 내뱉어진 욕(저주)들은 부정적인 expectation(기대, 예상, 예견, 예감)을 만들어, 당신 자신을 "멍청하게" 행동하도록 유인한다. 내가 학생이었을 적, 나 자신도 나 스스로에게 욕(저주)을 한 적이 있다. "나는 80점짜리 인생이다." "나는 글도 하나 제대로 못쓴다." 이러한 부정적인 욕설(저주)들이 내 안에 부정적인 힘으로 작용하여 나를 그곳에 머물게 한 것은 자명한 이치이다.

사람들은 믿고 따르면서 살아갈 생명의 말씀으로 목회자의 설교를 듣는다. 그러나 비성경적인 내용으로 설교를 하면, 듣는 사람들의 마음속에는 부정적인 기대가 형성된다. 또는 인생을 살면서 당하는 부정적인 경험들을 가슴에 담아두면, 부정적인 신념이 가슴속에서 싹트게 되어 있다. 예를 들자면, 당신은 입을 열어서 인생의 어려움을 함께 나누고자 하였지만, 듣고 있던 사람이 당신을 조롱하게 되면, 당신의 가슴 속에는 부정적인 신념이 형성된다. "내가 솔직하게 터놓고 이야기하면, 무시당하는구나!"

그러한 부정적인 신념들을 나열하자면, 끝이 없다. 예를 들어 "아마도 이번 일은 실패할 거야, 이 사람하고는 이혼할 것 같아, 아무도 나에게 관심을 보여주지 않아, 정치가들은 모두 도둑놈들이야, 정부가 우리를 도와주지 않을 거야, 경건한 기독교인은 사업에 성공할 수 없어, 여자들은 성생활을 즐기지 않아, 모든 남자들이 원하는 것은 오직 섹스뿐이야." 등이다.

부정적인 예감에도 믿음의 법칙은 작동한다.

종종 기대(예견)하는 것은 그대로 일어나게 되어있다. 왜냐하면 자동적으로 자기 스스로를 그러한 방향으로 움직이게 하기 때문이다. 그러므로 무엇을 믿던지 예견하던지 거의 그대로 발생할 가능성이 높다. 성경은 확실하게 말씀하기를, 하나님 안에서는 무엇을 믿던지 그대로 받는다고 하였다.

> 이에 예수께서 그들의 눈을 만지시며 이르시되 너희 믿음대로 되라 하시니 (마태복음 9:29)

> 예수께서 이르시되 할 수 있거든이 무슨 말이냐 믿는 자에게는 능히 하지 못할 일이 없느니라 하시니 (마가복음 9:23)

믿음은 불가능하게 보이는 것도 가능하게 만드는 능력이 있다. 그러므로 내가 실패할 것 같다고 믿는다면, 거의 실패할 가능성이 없는 상황에서도, 당신은 실패할 수 있게 된다. 왜냐하면, 영적인 세계에 믿음과 판단으로 실패의 씨를 뿌렸음으로, 실패를 거두는 것은 당연한 이치이기 때문이다.

부정적인 기대들은 판단의 법칙을 작동하게 한다.

첫 번째는 판단의 법칙이라는 것으로 "비판을 받지 아니하려거든 비판하지 말라 너희가 비판하는 그 비판으로 너희가 비판을 받을 것이요 너희가 헤아리는 그 헤아림으로 너희가 헤아림을 받을 것이니라"(마태복음 7:1-2)는 말씀으로 대변되는 것이다.

일단 내가 상대방을 판단하면, 우주 안에는 그에 반대되는 힘이 형성이 된다. 그 힘은 나에게 대항해서 작동을 하며, 그 결과 다른 사람을 판단하였던 것과 동일한 판단을 나도 받게 되어 있다.

타인이 당신에게 불친절하게 대해 줄 것이라고 예상 (내지는 불친절하다고 판단을 하면), 그들이 진짜로 당신을 불친절하게 대할 것이다. 그러나 반대로, 그들이 친절하다고 판단을 하면(아니면, 친절할 것으로 기대를 하면), 그들은 당시에게 친절을 베풀 것이다. 물론 지독히도 불친절한 사람들을 처리하는 데는 시간이 걸린다. 그러나 당신이 계속 따뜻하게 대해주면, 결국은 그들의 마음도 녹아내릴 것이다. 왜냐하면 뿌린 대로 거두는 법칙이 작동을 하기 때문이다. 타인의 인생에 좋은 것을 뿌리면, 결국은 열매를 거두어들인다.

부정적인 기대감은 존경, 사랑, 두려움의 법칙을 작동하게 한다.

다른 사람들을 판단하는 대신에, 성경은 우리에게 다음과 같은 태도를 유지하라고 가르쳐 주신다.

"뭇 사람을 공경하며 형제를 사랑하며 하나님을 두려워하며 왕을 존대하라" (베드로전서 2:17)

반드시 기억하라. 당신이 남을 판단하면, 그것이 당신 자신에게로 돌아오게 되어 있다. 하나님의 뜻을 따름으로 타인으로부터는 존경과 사랑을 받고, 하나님으로부터는 축복을 받는 것이 더 좋지 않은가?

다른 사람을 경멸하는 경우는, 하나님께서 그 사람을 통해서 나에게 주시려고 예비하신 축복을 내팽개치는 것이다. 물론 사람을 공경하는 것은, 십계명에 명시된 대로, 우리의 부모를 공경하는 것으로부터 시작이 된다. 하나님은 이 계명에 축복을 약속하시는 언약까지 더하셨다.

> 네 부모를 공경하라 그리하면 네 하나님 여호와가 네게 준 땅에서 네 생명이 길리라 (출애굽기 20:12)

그러므로 부모를 판단, 비난, 정죄하는 사람의 인생이 잘될 수가 없다. 이 영적인 원리를 일반화하자면, 누구를 판단해도 결과는 마찬가지다. 남을 판단하는 사람의 삶은 평탄치 못할 것이다.

부정적인 기대는 씨를 뿌림과 거두어들임의 법칙을 작동하게 한다.

파종의 법칙에 따르면, 모든 사람은 심은 대로 거두게 되어 있다.

> 스스로 속이지 말라 하나님은 업신여김을 받지 아니하시나니 사람이 무엇으로 심든지 그대로 거두리라 (갈라디아서 6:7)

> 너희가 자기를 위하여 공의를 심고 인애를 거두라 너희 묵은 땅을 기경하라 지금이 곧 여호와를 찾을 때니 마침내 여호와께서 오사 공의를 비처럼 너희에게 내리시리라 (호세아 10:12)

> 내가 보건대 악을 밭 갈고 독을 뿌리는 자는 그대로 거두나니 (욥기 4:8)

이는 내가 다른 사람을 비판, 판단했다면, 동일한 기준이 나에게도 적용이 되어 돌아온다는 뜻이다(마태복음 7:1-2). 예를 들어 내가 몸이 뚱뚱한 사람을 보며 비웃었다면, 나도 비슷한 상황으로 들어갈 씨를 뿌리는 것과 마찬가지이다. 내 자신이 비웃음을 당하지 않는다 하더라도, 뚱뚱한 여인을 아내로 맞이할 가능성이 있다. 아니면, 결혼할 때 당시에는 아내가 호리호리 했지만, 내가 뚱뚱한 사람들을 계속 비웃고 조롱하는 마음을 가지고 있으면, 내 아내의 몸무게가 조금이라도 늘어난 경우에, 나는 계속 아내의 자존심을 건드리고, 그녀가 하는 모든 행동에 대해서 비판과 비난을 가하게 될 것이다. 결국, 아내는 나의 끊임없는 비판에 굴복하게 되고, 그녀의 마음속은 부정적인 기대들로 가득 차게 될 것이다. 그러면 그 중압감(스트레스)이 그녀를 폭식하게 하고, 더 살찌게 한다. 그러므로 결국은 나의 판단에 대한 저주가 나에게로 돌아오게 된다. 즉, 나는 심각하게 비만인 아내를 갖게 되는 것이다.

부정적인 기대는 배가의 법칙을 작동시킨다.

> 그들이 바람을 심고 광풍을 거둘 것이라 심은 것이 줄기가 없으며 이삭은 열매를 맺지 못할 것이요 혹시 맺을지라도 이방 사람이 삼키리라 (호세아 8:7)

부정적인 기대의 씨(나쁜 일이 일어날 가능성만 항상 생각함)를 뿌리는 것은, 산들바람에 뿌리고 회오리바람에 거두는 것과 마찬가지다. 작은 분노의 씨를 하나 뿌리면, 엄청난 진노의 열매를 거둘 것이다. 왜냐하면, 하나의 씨앗은 항상 수백 개의 열매를 맺기 때문이다.

지연의 법칙 - 스스로 속이지 말라. 추수의 법칙에 의해서 열매를 거두려면 인내를 가지고 기다려야만 한다.

곡식은 뿌리자마자 추수할 수 있는 것이 아니다. 곡식이 익으려면 시간이 필요하다. 마찬가지로, 부정적인 씨앗도 그 악영향이 금세 나타나는 것이 아니다. 많은 사람들이 속임을 당한다. 그래서 그들은 "내가 이렇게 죄를 짓는데도 하나님이 나에게 이렇다 할 나쁜 일이 일어나게 하시지 않는 것을 보니, 나에게 관심이 없으신 것 같다."라고 불평을 하는 것이다. 그러나 성경은 분명히 말씀하시기를, "스스로 속이지 말라 하나님은 업신여김을 받지 아니하시나니 사람이 무엇으로 심든지 그대로 거두리라"(갈라디아서 6:7)고 하신다. 씨뿌림과 거두어들임 사이에 시간적인 지체가 있다고 해서, 그 중간에 아무 일도 안 일어난다고 생각한다면, 그것은 착각이다. 결과는 반드시 있다. 처음 뿌린 씨앗이 좋은 것이냐 나쁜 것이냐에 따라 그 결과가 달라질 뿐이다.

요약: 내 영(spirit)안에 뿌려진 판단과 부정적인 기대의 씨앗은 주변의 모든 영들에게 전달이 된다. 만약에 내 영이 "나는 실패하도록 계획되어 있다."라는 메시지를 흘려보내면, 주변의 모든 영들은 그 메시지를 듣고 그에 상응하는 반응을 보이게 되어 있다. 그 영들은 "우리 모두 그 메시지가 이루어지도록 최선을 다해 보자"는 반응을 보인다는 것이다. 그래서 그 부정적인 기대를 말한 사람에게는 실패를 하게 만드는 사건, 사람, 상황이 졸졸 따라다니게 되어 있다. 즉, 믿음대로 되는 것이다. 사람은 자신이 믿는 것에 기초해서 그 사람의 생활방식을 형성시키게 되어 있다.

히브리서 12장 15절은 "너희는 돌아보아 하나님의 은혜에 이르지 못하는 자가 있는가 두려워하고 또 쓴 뿌리가 나서 괴롭게 하고 수

많은 사람이 이로 말미암아 더러움을 입을까 두려워하고"라고 말씀하신다.

삶에서 거두어들이는 수확물들을 살펴보면, 마음속에 품었던 기대들이 무엇이었는지 명백하게 드러난다. 경우에 따라서, 좋은 것을 품었을 때도 있을 것이고, 나쁜 것을 품었을 경우도 있을 것이다. 그래서 사람들은 그들 자신의 삶에 형성되는 열매를 관찰하면서, 무의식의 세계에 어떠한 기대(예상)를 가지고 있는지 추적해 낼 수 있다.

그러므로 우리들은 자신의 의식적이거나 무의식적인 판단들을 조사하면서, 나의 판단이 성경의 말씀과 잘 들어맞고 있는지 확인해 볼 필요가 있다. 만약에 나의 판단과 성경의 말씀이 서로 맞아떨어지지 않는다면, 나의 신념들은 회개되고, 포기되며, 성경적인 믿음의 시스템으로 바뀌어야 할 것이다.

4. 마음의 맹세는 삶의 목적에 엄청난 힘을 부여한다. 그러나 잘못된 맹세는 죄의 에너지를 발산하며 우리의 마음에 중압감을 얹어놓는다.

내적인 맹세는 자기 스스로에게 다짐하는 약속 내지는 서약이다. 특히 마음의 맹세는 미래에 대한 부정적인 기대(예상) 때문에 발생한다. 그러나 내적인 맹세는 주로 무의식적인 단계에서 이루어진다. 예를 들자면:

부정적인 기대 (잘못된 일이 발생할 가능성에 대한 예상)	그 결과로 오는 내적인 맹세 (고집)
나는 …을 믿는다/예상한다.	그러므로 …하지 않겠다.
나는 실패할지도 모른다.	절대로 시도조차 안 한다.
요즘은 결혼에 실패하는 사람들이 많다.	아내/남편에게 절대로 헌신하면 안 된다.

나를 싫어하는 것 같다.	반드시 싫어한다는 표현을 내가 먼저 해야지!
나는 추하다.	나 자신을 숨겨야만 한다.
나는 뚱뚱하다.	나는 많이 먹으면서 집에만 머물러야 하겠다.
나는 선한 사람이 아니다.	나의 진짜 악한 본성을 보여줘야지.
나 같은 놈이 뭘 하겠나?	나 자신의 인생을 개선하기 위한 시도는 아무 것도 안 한다.
재정적인 독립은 불가능한 이야기다.	돈을 벌기 위해 열심히 일하지 않겠다.
나 같은 인간이 하나님의 축복을 기대할 수 있을까?	그냥 나 혼자 알아서 살 것이다.
나의 죄는 용서받을 수 없을 것이다.	하나님으로부터 도망가야지.
나의 아이들이 반항을 할 것이다.	아이들을 조종해야만 한다.
인생은 불공평하다.	나는 사람을 믿지 않기에 피해버리겠다.
사단은 강력하다.	영적인 일에는 절대로 관련되지 않겠다.
사람들이 나를 받아주지 않는다.	나 자신을 보호하는 벽을 아주 높이 세우겠다.
나는 완벽해야한다.	죽도록 열심히 일할 것이다.
남자는 울지 않는다.	나의 모든 감정을 억눌러야지.
솔직해지면 약점이 잡히고, 약점이 잡히면 나는 당한다.	내 약점은 죽어도 숨겨야지.
거짓 예언자들도 있다.	예언이라면 무조건 믿지 말아야지.
기독교인들은 위선자들이다.	기독교인들을 절대로 신뢰하지 말자.
목회자들은 권위주의자들이다.	절대로 목회자에게 가까이 가지 말자.
모든 정치가들은 악한 무리들이다.	정치가는 죽어도 믿지 말자.
정부가 나를 못살게 굴 것이다.	나는 정부의 공격에 대비해야지.

경건한 사업가는 성공하지 못한다.	나는 적당하게 믿을 것이다.
여자들은 성생활을 즐기지 않는다.	외도를 해야지.
모든 남자들은 성적인 접촉을 원한다.	성(sex)을 무기로 사용해야지.

부정적인 예상에 부응하는 모든 내적인 맹세(고집)들은, 맹세에 의하여 형성된 에너지를 세상 밖으로 발산하게 되어 있다.

"내가 내 마음속으로 바라고 있는 것들이 그대로 일어나게 하라. 제발 좀 나를 도와서 나를 나의 목표에 도달하게 하라."는 메시지를 외부로도 내어보내는 것이다.

당신이 무엇을 기대하고 무엇을 맹세했던지 간에, 당신은 그것을 그대로 받을 것이다. 아주 간단한 원리이다. 당신 스스로에게 약속하고 믿었던 바로 그것을 받게 된다는 것이다. 당신이 스스로에게 실패할 것을 약속하면, 당신은 실패하게 된다. 당신이 악한 정부에 의해서 살해당할 것이라고 믿으면, 당신은 악한 정부에 의해서 멸망당할 것이다.

> 나를 원망하는 이 악한 회중에게 내가 어느 때까지 참으랴 이스라엘 자손이 나를 향하여 원망하는 바 그 원망하는 말을 내가 들었노라 그들에게 이르기를 여호와의 말씀에 내 삶을 두고 맹세하노라 너희 말이 내 귀에 들린 대로 내가 너희에게 행하리니 (민수기 14:27-28)

이스라엘 사람들은 자신들이 광야에서 죽을 것이라고 거듭 거듭 고백했었다. 그들은 죽을 것을 기대(예상)했다. 그들은 자신들이 죽을 것이라고 스스로 말했으며, 그들의 확신에 근거를 두고, 하나님도 결국은 "여호와의 말씀에 내 삶을 두고 맹세하노라 너희 말이 내

귀에 들린 대로 내가 너희에게 행하리니"라고 말씀하신 것이다. 하나님의 계획은 그들에게 약속의 땅을 주는 것이었는데, 그들이 반대의 것을 믿었기에, 그들은 반대의 것을 받았다. 그들의 부정적인 예상과 내적인 맹세(고집), 그리고 부정적인 고백은 약속의 땅으로 들어가는 축복 대신에 멸망을 불러온 것이다. 얼마나 정신 바짝 나게 하는 교훈인가! 성령이 주시는 긍정적인 것이 아니라 마귀가 주는 부정적인 것들을 믿고 말함으로, 하나님이 계획하신 축복을 송두리째 잃어버릴 수도 있다.

물론 당신은 이러한 원리가 긍정적인 것에 대해서도 동일하게 적용이 될 것을 감지할 것이다. 하나님의 약속과 섭리 그리고 돌보시는 사랑을 믿는 가운데, 하나님이 당신에게 주실 축복을 기대하면, 당신은 그 모든 것을 받을 것이다. 믿음의 법칙에 따라서, 당신은 심은 그대로 거둘 것이기 때문이다.

5. 삶의 어려움으로부터 온 충격은, 삶에 대한 부정적인 견해를 만들어내고, 악한 일로 우리를 몰아세우는 마귀의 에너지와 죄의 에너지를 발생시킨다.

"백문이 불여일견이다"라는 옛말이 있다. 그것이 사실일까? 나는 그것이 사실이라고 생각한다. 즉, 100번 남에게 듣는 것보다 내가 한번 경험하는 것이 훨씬 더 인상적이라는 것이다. 삶은 수많은 지각으로 구성이 되어있다. 어떠한 감각적인 지각은 부정적이고, 어떤 것은 긍정적이다. 특히 시각적인 자극은 대단한 것이다. 아마도 강연회를 통해서 수천 마디 하느니, 그냥 사진 한 장 보여주는 것이 더 나은 경우도 있다. 강연회가 말로만이 아니라 그림과 함께 제시된다면, 이 세상에 그것보다 더 강력한 것은 없을 것이다!

예를 들어 과거에 남성에게 강간을 당한 경험이 있어서, 남성에 대한 부정적인 시각을 가진 여인을 한번 생각해 보자. 만약에 그 여인이 기독교인이었다면, 모든 사람에 의해 발생한 모든 일에 대해 용서를 해야 한다는 사실을 알 것이다(마가복음 11:23). 그리고 해가 지기 전에 마음속의 분노를 내려 놓아야 한다는 사실도 배워서 알 것이다(에베소서 4:26). 그렇기에 "나는 그 남자를 용서한다"는 말을 수천 번도 더 했을 것이다. 그렇지만 그녀의 마음속에 그 남자가 자신을 강간하는 그 장면이 떠오를 때면 견딜 수가 없을 것이다. 왜냐하면 영상이라는 것은 말보다 강하기 때문이다. 그 영상을 마음속에 간직하는 한, 용서하지 못하는 미움은 마음속에서 절대로 사라지지 않는다. 왜냐하면 그 영상과 묶여 있는 미움과 분노의 에너지라는 것은 대단한 것이기 때문이다.

그러므로 그녀에게 치유가 임하기 위해서는, 부정적인 장면이 긍정적인 장면으로 바뀌어야 한다. 즉, 남자라는 것을 생각할 때에 떠오르는 영상이 긍정적인 것이어야 한다는 것이다.

그녀가 마음속에 그려야 하는 그림은 예수님께서 그 끔찍하고 고통스러운 상황에 어떻게 반응하실까이다. 예수님은 우리와 항상 함께 계신다. 그래서 다윗은 말하기를 "내가 하늘에 올라갈지라도 거기 계시며 스올에 내 자리를 펼지라도 거기 계시니이다"(시편 139:8)라고 하였다. 예수님은 그녀가 지옥을 방문한 그 상황에서 무엇을 하고 계셨을까? 아니면, 예수님이 그녀가 처한 상황과 비슷한 상황에 처해 있었다면, 예수님은 어떻게 행동하셨을까? 사람들이 예수님을 조롱하고, 그의 옷을 찢고, 침을 뱉고, 수염을 뽑고, 그의 머리에 가시 면류관을 씌우고, 이 세상에서 가장 고통스러운 방법으로 그를 죽이려 했을 때 예수님은 어떻게 하셨는가?

예수님은 그 고뇌와 고통의 시간에 사람들을 바라보시며, "아버지 저들을 사하여 주옵소서 자기들이 하는 것을 알지 못함이니이다"(누가복음 23:34)라고 하셨다.

이 강간당한 여인은 예수님께서 오셔서 곁에 서시고, 그 여인이 처한 상황에 응답하시며, 그녀에게 무엇을 어떻게 해야 할지 지시해 주시기를 기도드릴 수 있을까? 만약에 그녀가 그렇게 기도를 드릴 수만 있다면, 그녀는 강간당하는 장면을 회상할 때에 거기에 예수님이 등장하시는 새로운 환상을 볼 수 있을 것이다. 그러면 자연적으로는 도저히 용서할 수 없는 장면에서도, 초자연적인 예수님의 능력으로 깊은 내적인 치유가 이루어진다. 그러한 기도만 드릴 수 있다면, 그녀의 모든 부정적인 에너지가 그녀의 마음에서 뽑혀 나가는 것을 경험하게 될 것이다. 그러한 부정적인 에너지는 그녀가 당한 충격적인 사건과 또한 그 이후에 그녀의 마음속에 간직했던 그 부정적인 장면들로 인하여 발생한 것이었다. 내적인 치유함을 받고 나면, 그녀는 용서함으로 인하여 심어지는 새로운 에너지가 자신의 마음속 깊숙한 곳을 가득 채우는 것을 경험하게 될 것이다.

이러한 거룩한 장면을 상상함으로써 이 여인은 단순히 영상의 치유뿐만 아니라 부정적인 예상과 그에 상응하는 내적인 맹세(고집)까지 치유 받을 수 있다. 이러한 경우에 부정적인 기대는 아마도 "모든 남자들은 다 도둑놈들이다."일 것이고, 내적인 맹세(고집)는 "나는 죽어도 어떤 남자도 믿지 않을 것이다."가 될 것이다. 그러므로 우리는 그녀의 마음속에 죄의 에너지가 형성되는 3단계의 과정을 살펴보았다. 덧붙여서, 그녀는 앞으로 만날 모든 남자들에게 "당신도 역시 나를 학대하리라고 나는 예상한다. 그러므로 나는 당신을 절대로 신뢰할 수 없다."라는 메시지를 보냄으로, 그러한 불행으로 치닫는 운명의 길을 갈 가능성이 높다. 그녀의 그러한 메시지를 영으로 감지한 그녀의 미래의 남자 친구들은 아래와 같은 생각을 할 가능성이 높다. "나는 아무 진정한 사랑의 감정도 느낄 수 없는 동물과 같이 그녀를 대하겠다. 왜냐하면 나는 그녀의 신뢰를 얻을 수 없기 때문이다." 그러한 영혼의 부정적인 에너지의 주고받음은, 그녀의 삶을 더 많은 학대와 괴롭힘 당함이라는 운명으로 빠져들게 할 것이다.

결과적으로, 이 여인에게는 여러 단계의 치유가 필요하게 될 것이다. 그녀의 삶의 뿌리에는 가계에 흐르는 죄와 저주도 있었을 것이다. 동시에 불신과 두려움의 영이 그녀의 마음속에 침투했기에, 그것을 제거하는 기도도 드려야 할 것이다. 물론 성적인 타락(sexual perversion)의 영을 결박하고 추방하는 것은 말할 필요도 없다.

6. 귀신들은 기존에 있는 죄의 에너지에 마귀의 에너지를 추가해서, 어려운 문제를 더 어렵게 만든다.

귀신들은 인간 내부로 침투해서, 인간의 인격을 통해 그들의 악한 에너지를 발산하려는 시도를 하는 존재들이다.

귀신이 침투하도록 빌미(지반을 마련해 줌)를 주는 것들은 상습적인 죄, 중독증, 정신적인 충격, 잘못된 믿음, 이단에 빠짐, 두려움/공포, 부도덕, 음란물, 자신이 선포한 저주, 비밀 종교와 종교적인 마술, 용서하지 않음, 추잡한 영들과의 결속(요한복음 14:30, 고린도전서 2:10-11, 에베소서 4:25-27) 등이다.

일단 귀신이 사람의 영에 발붙일 기회(발판)를 찾으면, 반드시 달라붙는다. 그러한 일이 발생하면, 신약성경이 말하는 "귀신 들린 자"(헬라어로 다이모니조마이)가 되는 것이다. 이것을 문자 그대로 옮기면 "귀신의 영향을 받는 자"가 된다(그러나 귀신에게 완전히 사로잡히는 것은 아니다). 기독교인들의 영은 성령과 하나 된 것이 사실이다. 그러므로 믿는 자들의 영의 소유권은 하나님께 있다. 그러므로 귀신 들림은 소유에 관한 것이 아니다. 귀신 들림은 마치 적군이 우리의 성안으로 침투해 들어오는 것과 같다. 그러므로 침투한 적군들을 몰아내면, 다시 그리스도가 다스리시는 주권이 각 개인의 몸과 영과 마음에 확립될 수 있다. 축사 사역이라는 것이 바로 그것이다. 즉, 불법 침입자를 몰아내는 것이다.

예수님의 41개의 치유를 위한 기도 중에서 약 12개 정도가 귀신을 쫓아내는 축사의 기도였다. 그러한 성경의 기록으로부터, 우리는 얼마나 자주 우리들이 축사(귀신을 축출함, 귀신을 내어 쫓음)의 기도를 많이 드려야 하는지 추정해 낼 수 있다. 즉, 모든 치유 기도의 삼분의 일이 축사기도여야 한다는 것이다.

귀신들은 사람을 육신의 질병, 정서의 질병, 정신적인 질병, 내지는 영적인 어두움과 속박으로 몰아넣어서 사람을 비정상이 되도록 만들어 놓는다. 귀신들이 사람에게 발생케 하는 질병의 종류는 참으로 다양하다. 어떠한 죄라도 귀신으로 하여금 달라붙도록 지반을 마련해 줄 수 있으며, 귀신이 침입하게 되면 문제는 더 가중된다. 그래서 사람이 죄의 문제와 귀신에게 괴롭힘을 당하는 이중고에 시달림을 당하게 된다. 예를 들자면, 분노, 두려움, 의심에 대한 죄를 심각하게 회개해야만 하는 상황이라면, 거의 대부분의 경우에, 분노, 두려움, 의심의 악령들도 함께 축출해야만 하는 상황에 봉착하는 경우가 많다. 당신에게도 그러한 패턴이 보이는가?

신약성경에 기록된 귀신들의 활동으로 인한 피해는 다양하다. 귀먹음(마가복음 9:25), 소경, 벙어리(마태복음 12:22), 허약함 내지는 병약함(누가복음 13:11, 12), 정신 착란 내지는 반사회적인 행동(마가복음 5:1-20), 간질(마태복음 17:14-18).

동시에 귀신을 축출하라는 명령도 기록되어 있다(마태복음 10:8, 마가복음 3:15, 6:7, 13, 16:17-18, 그리고 누가복음 9:1-2).

7. 죄의 노예가 됨 - 죄를 회개하는 일에 상습적으로 실패하는 경우 - 개인의 삶 속에 죄로 치닫게 만드는 죄의 에너지를 발생시킨다.

죄의 법

만일 내가 원하지 아니하는 그것을 하면 이를 행하는 자는 내가 아

> 니요 내 속에 거하는 죄니라 그러므로 내가 한 법을 깨달았노니 곧 선을 행하기 원하는 나에게 악이 함께 있는 것이로다 내 속사람으로는 하나님의 법을 즐거워하되 내 지체 속에서 한 다른 법이 내 마음의 법과 싸워 내 지체 속에 있는 **죄의 법**으로 나를 사로잡는 것을 보는도다 (로마서 7:20-23)

죄에는 권세와 에너지가 있다. 바울도 묘사하기를 죄가 인간 안에 역사하는 에너지가 되어서 그것이 요구하는 대로 바울을 노예로 만들 만한 힘을 발휘한다고 하였다. 죄와 육신의 힘은 인간을 다스린다. 그러나 그리스도를 통해서 이러한 노예상태에서 해방되는 길이 열렸다. 그러한 해방의 길로 나아가는 방법에 관해서는 그리스도 안의 생명의 성령의 법을 다루는 마지막 단원에서 취급하고자 한다(로마서 8:2).

죄를 범하는 것이 문제가 아니다. 죄를 고백하지 않는 것이 인간의 문제이다. "모든 사람이 죄를 범하였으매 하나님의 영광에 이르지 못하더니"(로마서 3:23). 그러므로 죄를 자백하지 않는 것은 아주 큰 문제인 것이다. 하나님은 인간이 죄인이라는 것을 증명해 보여주시기 위해 우리에게 율법을 주셨다(갈라디아서 3:21-22). 그러고 나서 하나님은 자비와 은혜를 통해서, 회개하는 모든 자에게 그리스도의 보혈의 피로 용서받을 수 있는 길을 열어 주셨다. 바로 그것이 죄 된 인생에 하나님이 주시는 해답이다(갈라디아서 2:23-27).

인간에게는 유혹이 있고, 인간이 그러한 유혹에 넘어간다는 사실은 하나님이 우리보다 더 잘 알고 계신다. 그러므로 하나님이 기대하시고, 초대하시며, 요구하시는 것은 우리가 범죄 하였을 때에 회개함으로 하나님께 나아와서 하나님의 용서를 구하고, 우리를 죄를 씻길 수 있는 예수님의 피를 적용하는 것이다.

만일 우리가 우리 죄를 자백하면 그는 미쁘시고 의로우사 우리 죄를 사하시며 우리를 모든 불의에서 깨끗하게 하실 것이요 만일 우리가 범죄하지 아니하였다 하면 하나님을 거짓말하는 이로 만드는 것이니 또한 그의 말씀이 우리 속에 있지 아니하니라 (요한1서 1:9-10)

하나님의 뜻대로 죄를 자백하지 않고 자기 고집대로 계속해서 죄를 범하는 사람은, 자기 마음을 하나님으로부터 떼어 내면서 점차로 죄의 구덩이 속으로 더 깊숙이 빠져 들어가게 되어 있다. 즉, 죄는 범하면 범할수록, 더 죄를 범하기 쉬워진다. 그리고 마지막에는 그 죄가 그 사람의 습관이 되며, 그 사람의 인격의 일부가 되어버린다. 그러면 악한 힘이 그 사람을 정복해 버리는 것이다. 계속해서 죄를 범하는 사람은, 위에 열거한 각종 죄에 죄의 에너지를 더할 것이며, 그 마음이 죄로 물들어 버릴 것이다. 그러한 사람에게는 마음이라는 집의 청소가 대대적으로 필요하다.

다시 한 번 기억하라. 죄가 문제가 아니다. 하나님께 죄를 곧바로 고하지 않고, 하나님이 주시는 용서와 깨끗함을 받지 않음이 문제다. 죄는 즉시 회개해 버리는 것이 최고다. 그러므로 매일의 정화작업에 힘쓰자.

인간 존재 안에 내재하는 죄의 에너지의 (또는 사악한 영의 에너지의) 뿌리들에 관한 개관과 요약

1. 가계에 흐르는 죄와 저주들
2. 불경스러운(부정 탄, 더러운) 영들과의 묶임
3. 부정적인 기대 (잘못된 일이 일어날 지도 모른다는 예상)

4. 내적인 맹세 (고집)
5. 충격적이거나 부정적인 심상 (마음속의 영상)
6. 귀신들림 (사단-마귀의 영향권 하에 있음)
7. 죄의 노예 (죄를 회개하는 것에 상습적으로 실패함)

이제 이러한 문제들을 치유하기 위한 일곱 가지의 기도를 드리는 법을 발견할 필요가 있다. 그것이 바로 다음 단원에서 다룰 주제이다.

개인적인 적용

1. 우리의 존재 안에 영적인 에너지를 발생시키는 원인들을 개관하고, 그러한 에너지들이 나의 삶 속에서 작동하는 방식을 알게 해 달라고 하나님께 기도를 드리기 시작하라.
2. 부정적인 예감들과 그에 상응하는 내적인 맹세(고집)를 인식하기 위해서, 당신의 마음속에 있는 30가지의 부정적인 예감과 그에 상응하는 내적인 맹세를 적은 도표를 작성하라.
3. 당신의 마음속에서 발견한 부정적인 에너지를 처리하기 위한 치유기도를 드려라.

집단을 위한 적용

1. 참가자들이 원한다면 개인적인 적용에서 다룬 문제들에 대한 대답들을 서로 나눌 수 있다.
2. 집단 활동을 통해 부정적인 예감과 그에 상응하는 내적인 맹세(고집)들을 가능한 많이 적어 볼 수도 있다.
3. 참가자 중에서 기도를 요청하는 사람이 있는 경우에는 이 단원에서 제시된 대로 기도를 드려 보라. (물론 그것은 지

도자 되는 사람들은 이 책을 끝까지 다 읽어 보고 다양한 기도의 기술들을 습득하고 있는 것을 전제로 한다.)

제4장
마음을 치유하는 기도들

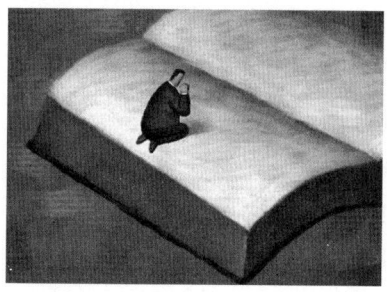

마음을 치유하는 기도들

제3장에서는 내적인 에너지의 7가지 뿌리를 설명하였다.
    1. 가계에 흐르는 죄와 저주
    2. 추잡한 혼들과의 묶임
    3. 나쁜 일이 일어날 가능성에 대한 예상
    4. 고집스럽게 굳어진 마음
    5. 충격으로 인해 오는 부정적인 영상
    6. 귀신 들리기
    7. 죄의 노예

이제 이 단원에서는 그 7가지의 뿌리를 뽑아내는 기도드리는 법을 설명하고자 한다.
    1. 가계에 흐르는 죄와 저주를 부서뜨리기
    2. 추잡한 혼들과의 묶임을 끊어버리기
    3. 나쁜 일이 일어날 예상을 좋은 것이 일어날 것에 대한 믿음으로 바꾸기
    4. 고집스럽게 굳어진 마음을 녹여내기
    5. 계시로 오는 영상과 환상을 보기
    6. 귀신 축출하기

7. 그리스도 안에서 생명의 성령을 체험하기

점검표의 가치

비행기 조종사, 외과의사, 우주비행사들은 점검 목록을 가지고 있다. 모든 일이 정상으로 진행이 되는지 알아보려고 항상 그 체크리스트를 점검한다.

아래에 우리가 제시하는 점검 목록을 사용하면, 당신이 모든 종류의 영적인 법칙을 하나도 **빼먹지 않고** 잘 적용하는가 하는 것을 확인 시켜 줄 것이다. 물론 우리는 이러한 점검 목록을 신봉하는 사람들은 아니다. 하나님의 놀라우신 치유하시는 은혜로 나아가는 길잡이일 뿐이라고 생각한다. 그럼에도 불구하고, 그저 하나의 상투적이 점검목록으로 생각하고 머리로만 기도한다면, 별다른 효과를 보지 못할 것이다.

마음의 중심으로부터 나오는 기도

마음속에서 나오는 기도에는 성령의 감동이 뒤따른다. 그래서 믿음, 충만, 거룩한 환상, 신적인 감정 등이 뒤따른다. 반대로 머리로 드리는 기도는 분석적이고, 이성적인 생각을 그 결과로 가져온다. 그러므로 기도할 때는 당신이 기도를 드리는 상황과 그 사람들을 마음속에 그려 보아야 한다. 그리고 기도를 드리면서 성령이 이끄시는 대로 "영적인 흐름"을 따라서 해야 한다. 만약에 성령님께서 동일한 기도를 여러 번 반복하도록 시키시면, 그렇게 하라! 왜냐하면 마음 깊숙이 파묻게 하기 위해서이다. 특히 성령님의 "흐름"(flow)을 중시하라. 생수의 강물이 우리들의 영혼 속에서 물 흐르듯이 흐르기만 하면, 거룩한 환상, 그림, 그리고 감정이 마음속에서 흘러 넘쳐나게 되어있다.

당신이 기도를 드리는 사건이나 사람에 대해서, 눈으로 보듯이 그

형체를 그리면서 기도를 드리면, 기도의 효과는 수천 배로 증가한다. 생생하게 보듯이, 생생하게 느끼듯이 하면서 예수님과 교통을 하라. 그리고 성령이 흐르시는 곳으로 따라가고, 예수님으로 당신이 그리는 삶의 그림 속에 나타나셔서 말씀하시도록 허락하라.

발견을 위한 설문지 사용법

각각의 기도 방법으로 들어가기 전에 몇몇 질문들을 제시해 놓았다. 이 질문들은 기도의 필요성을 발견하는 작업을 돕기 위해 만들어진 것이다. 이 질문들을 효과적으로 사용하려면, 먼저 마음을 하나님 앞에서 조용하게 만든 다음에, 기도하는 가운데 질문들을 가지고 하나님께 아뢰어 보아라. 그리고 나서 당신의 마음이 물 흐르듯이 흘러가게 해 보라(명절 끝날 곧 큰 날에 예수께서 서서 외쳐 이르시되 누구든지 목마르거든 내게로 와서 마시라 나를 믿는 자는 성경에 이름과 같이 그 배에서 생수의 강이 흘러나오리라 하시니 이는 그를 믿는 자들이 받을 성령을 가리켜 말씀하신 것이라 - 요한복음 7:37-39). 당신의 마음속에 흐르는 것에 주의하라. 그러면 오랫동안 잊혔던 해답을 발견하게 될 것이다.

그러나 머리를 짜내어 하는 행위가 되지 않게 하라. 하나님 앞에서 조용한 마음을 가지고 기다리는 자세로 임하라. 이러한 자세는 모든 것을 변화시킨다. 왜냐하면 우리는 마음을 치료하려고 하는 것이지, 머리를 치료하려는 것이 아니기 때문이다. 그러므로 하나님 앞에서 마음의 중심이 구하도록 하고, 머리가 나서지 못하게 하라.

이러한 아이디어들을 아래의 서적으로부터 인용한 것임을 밝힌다. 플로리다의 말씀선포 출판사에서 출판한 Ministry Tools for Restoring Foundations(기반을 회복하기 위한 목회의 도구들)의 1996년, 1999년도 판을 저자의 허락의 받아서 사용하였다.

1. 가계에 흐르는 죄와 저주를 부서뜨리기 위한 기도의 단계들

조상으로부터 흘러 내려오는 죄의 에너지를 끊어버리는 것을 그 목표로 한다. 당신이 기억해 낼 수 있는 조상의 죄들을 하나씩 조목조목 구체적으로 열거하면서 기도를 드려라. 그러고 나서 기억할 수는 없지만, 일반적으로 있을 법한 온갖 종류의 조상의 죄들을 고백하며 기도드려라.

가계에 흐르는 죄와 저주를 발견하고 부서뜨려 버리기 위한 질문들

▷ 주님, 이러한 문제나 특징이 우리 가계에 흐르고 있습니까?

1. 나는 우리 조상과 나의 부모, 그리고 내 자신 안에 흐르는 ＿＿＿＿＿＿죄를 **고백**하고 회개합니다. 그리고 이러한 일들이 나에게 일어나게 허락했다는 이유로 내가 분노와 불평에 사로잡힌 것도 포함해서 모두 회개합니다.

2. 이러한 죄로 인해서 나에게 ＿＿＿＿＿＿한 저주를 물려준 우리 조상들을 **용서하고 해방시켜** 주고 싶습니다(구체적으로 지적하라). 주님이 저를 용서해 주시면, 제가 하나님의 용서를 받아들이겠습니다. 이러한 죄에 가담해 왔던 제 자신도 용서합니다.

3. 나 자신과 내 조상 사이에 주님의 십자가를 끼워 놓습니다. 내가 예수님의 이름으로 명하노니, ＿＿＿＿＿＿죄와 그에 관련된 모든 저주는 예수님의 십자가에서 멈추어질지어다. 그래서 자유와 해방이 그리스도의 십자가를 통하여 어린 아기로 존재했던 내 자신에게로 흘러들어 갈 지어다.

▷ 저주는 그리스도의 십자가에서 중단되었다(갈라디아서 3:13)

▷ 결정적인 순간에 (아이가 어머니의 자궁 속에서 형성이 되는 시기에) 하나님의 은혜를 적용하는 것이 가장 강력하다. 하나님은 시

간을 초월해서 존재하시기에, 상상을 통해 나 자신의 어린 시절로 돌아가서 자궁 속의 아기인 나 자신을 위해 기도해도 효과는 있다.

2. 추잡한 영들과의 묶임을 끊기 위한 기도의 단계들

이 기도의 목적은 불경건한 영들과의 묶임을 끊어버리려는 것이다. 영들과의 묶임은 친한 사람들 사이에서 형성이 된다. 그래서 성적인 관계를 통해서 형성이 되기도 하며, 교사/학생, 부모/자녀, 고용주/직원, 죽마고우 등의 관계를 통해서 형성이 되기도 한다. 그러한 단단히 묶인 관계를 통해서 죄의 에너지가 상대방에게 흘러 들어가는 것이다. 그렇기 때문에, 부정한(더러운) 영들과의 묶임은 반드시 풀어내야만 한다. 당신이 형성한 잘못된 인간관계가 있다면, **각각의 사람**들을 놓고, 기도의 단계를 천천히 밟아 내려가면서 **모든 사람**에 대해서 기도하라. 영혼의 묶임을 끊은 후에는 그에 연관된 귀신을 축출하라.

추잡한 영혼의 묶임을 끊기 위한 질문들

▷ 불건전하고, 지배적이며, 억눌림과 위압감을 받았고, 조종당하는 그러한 친밀한 관계 속으로 들어간 적이 있었는가?
▷ "주여, 내가 어떤 사람과 불건전한 성적인 관계나 그러한 마음을 깊이 품은 적이 있었는지 기억나게 하여 주시옵소서." 하는 기도를 드려 보아라.
▷ "주여, 내가 아주 어렸을 적에, 내가 감지하지 못했던, 어떠한 성적인 접촉이 있었는지 알게 하여 주시옵소서." 하는 기도를 드려 보아라.
▷ 당신은 생피를 먹은 적이 있는가?

　　1. 하나님, 저는 ＿＿＿＿＿＿＿와 영혼의 묶임이 있음을

고백합니다. 그리고 이렇게 불행한 일이 나의 인생에 발생하도록 한 하나님을 향한 분노와 불만도 있음을 **고백**합니다.

2. 하나님, 저는 이러한 죄에 관련이 된 _____를 용서합니다. 하나님 저도 용서받기를 원합니다. 용서하여 주시옵소서. 하나님의 용서를 받아들입니다. 그리고 이러한 종류의 죄에 관련이 되었던 나 자신도 용서합니다.

3. 주님, _____와 나 사이에 형성이 된 영혼의 묶임을 끊어 주시옵소서. 그래서 부서지고 무너진 나의 영혼을 다시 회복시켜 주시옵소서. 주님, 이 영혼의 묶임을 통해 내 안에 들어와 있는 모든 악한 것들을 파기시켜 주시옵소서. 주님, 그들이 훔쳐간 모든 경건하고 거룩한 것들이 나에게로 다시 돌아오게 하여 주시옵소서.

3. 부정적인 기대(예상)를 뒤집어엎기 위한 기도의 단계들

이 기도의 목적은 세상, 인생, 사람, 기관, 그리고 하나님에 관한 모든 부정적인 판단과 예상을 근절하기 위함이다. 부정적인 판단과 예상은 멸망할 것들만 끌어당긴다. 그러므로 부정적인 예상은 성경에서 말씀해 주시는 긍정적인 예상으로 대치되어야하며, 그 결과는 하나님의 은혜와 축복이 당신의 삶 속으로 흘러 들어오는 것이다. 대부분의 부정적인 예상은 무의식적인 차원에서 이루어진다. 그러므로 성령의 능력과 성경의 진리로, 그러한 부정적인 기대들을 볼 수 있게 해 달라고 기도를 드려야한다. 그러면, 보다 긍정적인 기대들로 대치될 가능성이 높아진다.

기도의 단계들은 발견이 되어지는 각각의 부정적인 기대(예상)에 대해서 한 가지씩 따로 드려져야한다. 그리고 부정적인 예상이 추가적으로 발견되면, 처음부터 다시 동일한 단계를 밟으면서 기도해 나아가야 한다.

부정적인 기대의 대치를 위한 필요성을 발견하기 위한 질문들

▷ 주님 내 입에서 어떠한 부정적인 말들이 나오고 있습니까?
▷ 주님, 내 마음속에는 어떠한 부정적인 기대(예상)가 도사리고 있습니까?
▷ 성령님이나 성경에서 계시해 주시는 것과 내 마음이 일치하지 않는 것이 무엇입니까?
▷ 주님, 어떠한 부정적인 예상이 나의 사랑, 희락, 화평을 빼앗아 가 버립니까?
▷ 주님, 어떠한 부정적인 예상이 나로 하여금 범사에 감사하지 못하게 가로막고 있습니까(에베소서 5:20, 데살로니가전서 5:18)?

　　1. ＿＿＿＿＿＿한 거짓말을 믿고 있음을 이 시간 고백하고 회개합니다. 그리고 그러한 부정적인 판단을 통해서 타인과 기관을 정죄한 것도 고백하고 회개합니다.
　　2. 나로 하여금 부정적인 기대(예상)를 하게 만든 ＿＿＿＿＿＿을 용서합니다. 하나님, 나를 용서해 주시옵소서. 하나님의 용서를 받아들입니다. 그리고 그러한 거짓말을 믿었던 나 자신을 용서합니다.
　　3. 주님, 그와는 정 반대되는 하나님의 진리인 ＿＿＿＿＿＿을 믿음을 이 시간 고백합니다.

부정적인 기대의 뒷면 - 성령이 기름 부으신 기대

　동기 부여를 해 주는 일을 직업적으로 하는 연사들은 항상 주장하기를 인간은 자신이 바라는 바대로 된다고 한다. 그러한 법칙은 사실 성경적인 것이다. 성경이 제시하는 믿음의 원리는 뿌리면 뿌린 대로 거두며, 상대를 존경해 주면 자신도 존경을 받는 그러한 것이기 때문이다.

우리는 구하는 대로 받는다. 왜냐하면 그것이 믿음의 법칙이기 때문이다. 나의 믿음이 내가 바라는 것들을 나에게로 끌어당긴다. 반대로 우리의 부정적인 믿음(두려움)은 우리 안에 사악한 영의 에너지를 발생시킨다. 그러한 부정적인 에너지는, 우리가 부정적인 신념체계를 회개하고 부정적인 것들을 긍정적인 믿음의 체계로 바꾸기 전까지는, 끊어지지 아니한다. 나의 긍정적인 믿음은 성령의 능력을 자라게 하고, 성령의 능력은 그 목적을 이룰 때까지는 끊어지지 않을 것이다. 이 책의 마지막 부분에서는, 축복받은 기대감의 뿌리라는 개념을 발전시켜 볼 것이다.

성령이 기름 부으신 기대감들은(경건한 믿음은) 하나님으로부터 받은 개인적인 계시를 통하여 탄생한다.

부정적인 소신을 긍정적인 믿음으로 바꾸기 위해서는, 긍정적인 성경 구절을 하나 더 아는 것 가지고는 되지 않게 되어있다. 나의 부정적인 소신과 반대되는 성경구절을 하나 암송한다고 해도 역시 효과가 없기는 마찬가지다. 필요한 것은 새로운 성경지식이 아니라, 새로운 믿음이다. 믿음은 계시를 통해서만 온다. 하나님이 나의 마음에 말씀하시고, 내 마음을 밝게 하사 성경에 대한 새로운 통찰력을 생성시키실 때에만 변화는 가능해 진다.

> 그러므로 믿음은 들음에서 나며 들음은 그리스도의 말씀으로 말미암았느니라 (로마서 10:17)

이 성경구절은 믿음이 어디에서 오는지 정확하게 기술하고 있다. 새로운 성경구절을 암송하는 것은 내 마음속에 새로운 믿음이 탄생할 기회를 제공한다. 그러나 더 정확하게 말하자면, 새로운 성경구절을 암송하는 그 자체가 믿음을 불러들이는 것은 아니다. 뿐만 아니라, 믿음은 기도 상담자가 주는 설득력 있는 말을 통해서 오는 것도 아니다(고린도전서 2:4-5). 믿음은 하나님의 말씀을 들음으로 말미암는다. 말씀이라고 번역된 헬라어 원어는 레마이다. 레마는 선포된 말씀(spoken word)이라는 뜻이다. 믿음은 나에게 선포된 말씀을 들음으로 온다.

더 구체적으로 말하면, 나의 경우에 믿음은 영 안에 성령님이 말씀을 넣어 주실 때 발생한다. 신학적으로 말하자면, 성경에 기록된 말씀을 성령께서 조명(illumination)을 해주셔서, 그 말씀이 튀어나와 내 마음을 사로잡는다는 것이다. 그러면 내 마음은 구체적인 상황에서, 살아 계신 하나님이 나에게 그 말씀을 주신 것을 인식하고, 감동 받고, 깨닫게 되는 것이다. 그러므로 믿음은 하나님의 영의 계시를 통해서 이루어진다고 볼 수 있다.

많은 경우에, 나는 상담을 하러온 사람들에게 성경구절을 준다. 그리고 그들에게 암송하라고 권유한다. 그렇지만 입으로 고백하는 것을 마음으로는 믿지 않는 것을 나는 관찰한다. "사람이 마음으로 믿어 의에 이르고 입으로 시인하여 구원에 이르느니라"(로마서 10:10). 많은 경우에, 들은 말씀이 마음속으로 들어가지 않는다(히브리서 4:2). 나에게 상담을 하러 온 사람들 중에는 상담하러 오기 전 가졌던 것과 동일한 부정적인 신념들을 그대로 간직한 채 상담실을 떠나는 사람들도 있다. 성경을 읽는다고 해서 마음이 반드시 그 말씀으로 조명을 받는 것은 아니다. 종종 겉으로 말하는 것과 마음 깊숙이 진정으로 믿는 것이 다른 경우가 있다. 그러므로 우리의 마음을 변화시키는 것은 오직 우리의 마음에 말씀하시는 하나님의 계시이지, 앵무새 같이 하나님의 말씀을 모방하는 입술이 아니다.

하나님의 계시를 얼마나 정확하게 받을 수 있나?

엠마오로 가는 길에 제자들이 어떻게 계시를 받았는지 한번 기억해 보라.

> "그들이 서로 말하되 길에서 우리에게 말씀하시고 우리에게 성경을 풀어 주실 때에 우리 속에서 마음이 뜨겁지 아니하더냐 하고"
> (누가복음 24:32)

바로 그것이 우리들이 필요로 하는 것이다! 성령께서 우리의 마음과 정신에 성경을 열어 주셔야만 한다. 마음에 그 뜨겁고 불타는 느낌, 믿음이 타오르면서 "주여, 믿습니다. 이제야 제가 깨닫습니다. 맞습니다! 맞습니다! 이제야, 보아야 할 것을 보고 들어야할 것을 듣는 것 같습니다!"와 같은 감탄이 나오도록 하는 통찰력을 말한다.

성령님과 함께 하는 시간에는 신적인 계시가 임한다. 나는 보지 못하지만, 성령님은 보고 계신 것을, 나도 따라서 보게 해 달라고 성령님께 간구하면 보여 주시는 그러한 것들이다. 그러한 계시는 갑자기 성경의 구절을 이곳에서 다른 곳을 옮기게도 하시는 성령의 조명을 동반하기도 한다. 또는 하나님과 대화로 기도하는 중에 성령님께서 우리들의 마음속에 어떠한 말을 넣어주심으로 알게 되는 경우도 있다.

하나님의 음성을 어떻게 들을 것인가?

신적인 계시를 받는다는 것은 당연히 하나님의 음성을 듣고 환상을 보는 것을 포함한다. 물론 악신이 아닌 하나님으로부터 오는 것이어야 한다. 그러므로 계시를 받는 사람은 영을 통하여 하나님께로부터 받게 된다. 물론 그것도 영적인 능력의 정도에 따라서 다르고 사람마다 다르다. 그렇지만 훈련을 받으면 더욱더 쉬워지기도 한다.

우리들은 《《하나님과의 교통》》 그리고 《《하나님과의 대화》》라는 책을 통해서, 하나님의 음성 듣는 법에 대한 4가지의 열쇠를 제공했었다. 그 4개의 핵심은 1) 마음을 조용히 가라앉히기 2) 떠오르는 형상이나 환상을 보기 3) 자연스럽게 성령께 이끌리기 4) 성령님이 마음속에 흐르게 하시는 생각이나 형상을 적고 그리기. 이 4가지의 열쇠는 부록 A에 더 자세히 제시되어있다.

그에 덧붙여서, 우리는 성경적인 명상법(여호수아 1:8)을 부록 H에 제시하였다. 성경적인 묵상은 성경공부를 하는 그 이상의 것이다. 성경공부는 학문적인 연습에 지나지 않을 수도 있다. 그러나 성경적인 묵상은 마음과 머리, 둘 다를 사용하는 것이다. 뿐만 아니라 성령의 조명을 받아서, 성경의 말씀이 마음과 머릿속으로 침투하도록 만들어 준다(에베소서 1:17-18).

지금 당장에 기도하는 마음으로 부록 A와 H를 읽어보기를 바란다. 그리고 하나님께 계시의 영을 부어달라고 기도하라. 그러고 나서 기도하는 마음으로 부록 G인 "지성과 심성"을 읽어보라. 그리고 자신의 생각을 따라서 사는 것이 아니라, 어떻게 하면 성령께서 우리의 마음속에 흘러나게 하는 생명의 계시를 따라서, 순종하면서 살 수 있는지 기도해 보아라.

상담을 받는 사람이 하나님으로부터 계시를 받지 못하면 문제가 해결되지 아니한다. 왜냐하면 인간이 상담자가 아니라, 성령님이 놀라운 상담자이시기 때문이다. 그러므로 기독교 상담자의 임무는 상담을 받는 내담자가 성령님에게 연결이 되게 하는 것뿐이다. 그러면 성령님께서 성경말씀에 기름을 부어주시고, 그 상담자의 마음속에 긍정적인 믿음이 발생하도록 해 주실 것이다. 성경구절을 몇 개 읽거나, 암송한다고 해서 부정적인 기대가 바뀌지는 않는다. 오직 하나님으로 하여금 그 말씀을 마음속에 와 닿게 하시도록 허락하고, 하나님의 계시로 부정적인 기대를 태워버리고, 새로운 믿음이 싹틀 수 있는 자리가 마련이 되어야 한다. 머릿속으로 아무리 마음을 조종하려고 해도 잘 되지 않을 것이다. 오직 마음속에 내주하시는 성령님이 하나님의 계시로 그 부정적인 기대를 뒤집어엎을 때에만, 긍정적인 기대로 바뀌게 되어 있다.

성경을 묵상하면서 또한 기도하면서, 하나님의 음성을 듣는 법을 습득해야만 계시를 받을 수 있다. 그래야만 부정적인 기대가 긍정적인 믿음으로 바뀐다. 믿는 자들 안에 내주하시는 성령님의 조명에 의해서만 믿음이 생기기 때문이다. 오직 그 과정을 통해서만, 우리는 부정적인 예감들을 긍정적인 믿음으로 대치할 수 있다. 다시 한번 말하지만, 긍정적인 믿음들은 오직 우리 안에 내주하시는 성령님의 계시로부터만 온다.

하나님의 음성을 듣고 신적인 계시를 받는데 어려움을 겪는 경우는, ≪하나님과의 대화≫ 내지는 ≪하나님과의 교통≫이라는 우리들의 저서를 읽어보기 바란다. 내담자를 훈련시키는 경우라면, 내담자에게 영적인 일기(일지)를 기록하게 하고, 그것을 상담자와 함께 나누도록 한다. 그렇게 하다보면, 내담자에게도 하나님의 음성을 들을 수 있다는 확신이 생기게 될 것이다. 하나님의 계시가 없이는 인간의 마음 그 자체의 노력만으로는 치유가 임할 수 없다. 그러므로 내담자가 그의 마음속에 "놀라운 보혜사"이신 성령님과 그분의 인도하심, 그분의 계시를 받지 못한다면, 기독교 상담자는 헛수고만 하고 있는 격이 된다.

잘못된 과정이 부정적인 기대를 가져온다

나를 부정적인 기대(예상)로 들어가게 한 과정을 알아내기 위해서 나는 하나님의 조명이 필요하였다. 거의 분명하게, 내가 부정적인 기대로 들어가게 된 것은 비성경적인 믿음 때문이었다.

한때 하나님께서는 내가 사용하는 비성경적인 과정을 보여주셨다. 그래서 나는 하나님께 성경적인 과정을 보여 달라고 요청한 적이 있다. 물론, 성경적인 과정은 나를 치유의 길로 나아가게 하지만, 비성경적인 과정은 나를 죽음의 길로 내몰아 세운다.

나는 깊이 생각을 하면서, 어떠한 과정을 내가 지금 밟고 있으며, 또 어떠한 과정이 올바른 과정인지 알 수 있는 명확한 통찰력을 달라고 기도하고 있다. 만약에 그러한 통찰력을 가진 친구가 상담을 해 준다면 성령께서 기름 부으시는 역사가 나타날 것이다.

그릇된 과정 중에 하나는 나의 이성과 감각을 하나님의 놀라운 약속을 믿는 믿음보다 더 높이 평가하는 것이다. 하나님의 약속은 인생, 사역, 재정, 배우자, 자녀, 그리고 다른 모든 것에 관한 것이다. 성경은 "이는 우리가 믿음으로 행하고 보는 것으로 행하지 아니함이로라"(고린도후서 5:7) 말한다. 그러므로 영적인 원리보다 눈에 보이는 것을 더 강조하는 것은 생명이 아닌 죽음으로 들어가게 한다. 눈에 보이는 확실한 것을 강조하는 것은 잘못된 과정을 밟는 지름길이다!

성경적으로 올바른 과정은 믿음 안에 서 있어야 함을 그 기초로 한다. 오직 믿음과 인내로만 기업을 유업으로 받기 때문이다(히브리서 6:12). 모든 이해할 수 없는 현실의 상황에도 불구하고, 하나님이 성령을 통해서 나에게 말씀하신 약속을 믿어야한다. 하나님은 신실하시며, 그분의 목적은 반드시 이루어진다는 것을 믿어야 한다. 이스라엘과 같이 어려운 상황이 벌어지면 불평하고 불만을 토로한 것과 같은 행동을 하면 안 된다. 대신에 "하나님은 그분의 약속을 반드시 지키실 것이며, 하나님이 해결하실 것이다. 하나님에게만 영광이 돌려질 지어다!" 하는 고백이 필요하다.

이것은 많은 잘못된 과정 중에 하나의 예에 불과하다. 그렇게 잘못된 과정을 사용하면 신앙과 마음과 삶이 파괴된다.

요약: 부정적인 예감을 치유하는 길은 그에 관련된 부정적인 신념

을 회개하는 것으로부터 시작이 된다. 그 다음에는 부정적인 과정과 예감을 성령님이 지시해준 대로 하나님에 대한 믿음으로 바꾸는 것이다. 이 과정은 하나님의 음성듣기, 성경적인 묵상, 그리고 성령님이 제시하시는 대로 그대로 따라 가고자 하는 결단을 포함한다.

일단 하나님께서 치유에로의 올바른 과정을 보여주시면 잘못된 과정을 기술한 옆에 올바른 과정을 적어나가는 방식으로 해서 잘 정리해 놓는 것이 중요하다. 그래야만 매일 그릇된 과정을 반복하지 않고 올바른 과정으로 나아가는 지름길이 마련된다. 그렇게 하다보면, 자동적으로 올바른 과정이 정상적인 또한 자연적인 것이 되기 때문이다. 일단 습관이 형성되면 적은 노트는 치워버려도 된다.

4. 내적인 맹세(고집)를 포기하는 기도의 단계들

이 기도의 목적은 마음속에서 (대부분의 경우에 무의식적으로) 맹세한 것들을 포기하는 것이다. 그러면 내적인 맹세로 인해 전존재에 발생이 된 죄의 에너지를 단절시켜 버리게 된다. 일단 맹세(고집)가 선포되면, 온 존재는 그 명령에 복종한다. 그러므로 성령의 능력으로 자신의 칙령(내적 맹세)으로부터 해방이 되어야 한다.

부정적인 맹세(고집)들을 포기하기 위한 필요성을 발견하는 질문들

▷ 주님, 내가 하겠다고 결심한 내용들은 무엇입니까?
▷ 주님, 내가 절대로 안 하겠다고 결심한 바가 무엇입니까?
▷ 주님, 내가 내 자신에 대해서 한 약속이 무엇입니까?
▷ 주님, 나는 다른 사람에게 약속한 것이 있습니까?

    1. 나는 나의 내적인 맹세(고집)인 _____을 고백하고 회개합니다.

    2. 나는 나에게 이러한 종류의 내적인 맹세를 하게 하는 원인을 제공한 _____을(를) 용서합니다.

3. 이제부터는 성령이 주시는 _____한 목적을 따라서 살고자 합니다.

맹세에 관하여: "예"는 "예", "아니요"는 "아니요" 되게 하라

> 나는 너희에게 이르노니 도무지 맹세하지 말지니 하늘로도 하지 말라 이는 하나님의 보좌임이요 땅으로도 하지 말라 이는 하나님의 발등상임이요 예루살렘으로도 하지 말라 이는 큰 임금의 성임이요 네 머리로도 하지 말라 이는 네가 한 터럭도 희고 검게 할 수 없음이라 오직 너희 말은 옳다 옳다, 아니라 아니라 하라 이에서 지나는 것은 악으로부터 나느니라 (마태복음 5:34-37)

> 이 일이 있은 후에 바울이 마게도냐와 아가야를 거쳐 예루살렘에 가기로 작정하여 이르되 내가 거기 갔다가 후에 로마도 보아야 하리라 하고 (사도행전 19:21)

성경에 의하면 맹세하지 말라고 하였다. 우리는 미래를 알지 못하는 존재이기 때문이다. 우리가 한 맹세를 지킬 수 있는 자원을 미래에 마련할 수 있을지 아무도 알 길이 없기 때문이다. 그렇기 때문에, 부정적인 기대는 긍정적인 기대로 바꾸어 놓을 수 있지만, 부정적인 맹세는 긍정적인 맹세로 바꾸어 놓을 수 없다. 우리는 긍정적인 맹세 대신에 삶에 대한 긍정적인 목적을 설립해야한다. 그래서 믿는 자들은 "하나님의 목적을 내 삶에서 이루려 합니다."와 같은 기도를 드리는 것이다.

나는 어린 나이에 결단(판단)을 하나 내린 것이 있다. 성경에 나오는 사도 바울 같이 되겠다는 것이다. 나의 서약(맹세)은 바울이 한 일의 결과와 동일한 결과를 가져오게 하는 것이었다. 바울은 선교하러 들어가는 도시마다 부흥의 결과가 아니면 소동의 결과를 불러일으킨 사람이다. 나의 경우는, 내 삶에서 수차례의 "소동"을 경험한 후에, 회개하기 시작했다. 그리고는 결단(판단)의 종류를 바꾸었다. 즉, "'자녀들아, 서로 사랑하라' 고 한 사도 요한 같이 되고 싶다."로 바꾼 것이다. 그래서 나의 내적인 삶의 목적도 "하나님의 은혜로 어떠한 상황에서 어떠한 희생을 치르더라도 사랑하겠다"로 바뀌었다. 왜냐하면 나는 나의 삶에 야단법석이 일어나는 것이 지긋지긋했고 이제는 평화를 원했기 때문이다. 사실, 새로운 결단(판단)과 서약(맹세)은 내 삶의 소요를 잠식시켰고, 그 결과 장기간 지속되는 좋은 인간관계를 형성할 수 있었다.

당신도 자신을 잘 살펴보면, 당신의 삶이 수많은 판단들로 얼룩져 있는 것을 발견하게 될 것이다.

5. 하나님이 주시는 거룩한 영상/환상을 받는 기도의 단계들

이 기도 드림의 목적은 과거의 충격적인 사건에 연루된 부정적인 영상들을 제거하고자 함이다. 특히 과거의 장면을 회상하면서, 예수님은 그 당시 무엇을 하셨을까하는 질문을 던지고, 예수님의 사랑과 자비와 은혜가 그 영상 안에 나타나도록 함으로, 마음을 치유하고자 함이다. 마음속에 떠오르는 부정적인 영상이 있는 경우는, 반드시 이 기도를 드려야 한다. 물론, 우리가 마음대로 상상해서 영상과 장면들을 만들어내는 것은 아니다. 우리의 할 일은 성령님을 내 마음속의 영상으로 초대하고, 예수님이 하시는 일들을 보여 달라고 요청하는 것뿐이다. 그리고 나서 우리 안에 내주하시는 성령님의 흐르심(flow)에 민감하게 반응하면서, 전개되는 영상을 바라본다.

충격적인/부정적인 영상들을 치유하기 위한 필요성을 발견하는 질문들
▷ 주님, 제 마음속에 잠재한 부정적인 영상은 무엇입니까?

▷ 주님, 내가 애써 감추려는 충격적인 영상은 무엇입니까?
▷ 주님 내 꿈속에 나타나는 부정적인 영상은 무엇입니까?
1. 나는 모든 분노와 마음의 쓴 뿌리들을 고백하고 회개합니다. 나쁜 일들이 나의 삶에 발생하도록 허락한 하나님께 대한 불만도 모두 회개합니다. 나는 하나님께 용서를 빌고, 나를 용서해 주시는 하나님의 용서를 받아들입니다.
2. 주님, 이러한 사건 밑에 깔려 있는 나의 본심과 진짜 감정을 느낄 수 있도록 나를 인도해 주소서. (영상화를 통해서 그 장면을 떠올려라. 강간과 같이 지극히 끔찍한 장면이라면, 점차로 조금씩 떠올리는 것도 좋을 것이다.)
3. 주님, 그 장면에서 예수님은 어디에서 무엇을 하고 계셨는지 알게 하여 주시옵소서. (주님이 어디 계셨으며, 어디에 계시는지 보려고 하라.) 성령님, 이 장면을 나에게서 가져 가시고, 나에게 예수님이 그 당시 무엇을 하셨는지 가르쳐 주시는 환상을 보여 주시옵소서. (주님이 보여주시고 하시는 일들에 반응을 보여라.)

신적인 영상/환상을 보는 것으로부터 오는 변화시키는 힘

지옥과 같은 상황을 통과해서 나오면, 일반적으로는 마음이 더 강해지게 되어있다. 그러나 그 부정적인 상황에 대한 영상에 집착하게 되면, 우리의 마음은 파괴되기 시작한다. 그러나 영적인 나라의 영상을 바라보게 되면 치유가 시작된다.

> 우리가 잠시 받는 환난의 경한 것이 지극히 크고 영원한 영광의 중한 것을 우리에게 이루게 함이니 **우리가 주목하는 것은 보이는 것이 아니요 보이지 않는 것이니** 보이는 것은 잠깐이요 보이지 않는 것은 영원함이라 (고린도후서 4:17-18)

그러나 우리가 대단히 어려운 상황을 통과해 나아갈 때에, 어떻게 영적인 세계의 모습을 바라볼 수 있을까?

> 믿음의 주요 또 온전하게 하시는 이인 **예수를 바라보자** 그는 그 앞에 있는 기쁨을 위하여 십자가를 참으사 부끄러움을 개의치 아니하시더니 하나님 보좌 우편에 앉으셨느니라 (히브리서 12:2)

인생의 아주 어려운 상황에서, 우리의 눈을 예수님에게로 집중시키면 상처에 예수님이 어떻게 반응을 하시는지 보게 될 것이다. 예수님은 우리가 반응하시기를 기대하신다. 우리를 위해 일하시는 예수님의 환상을 보는 것만으로도 마음의 치유는 찾아온다. 그러므로 당신의 인생길을 걸어가면서 예수님이 동행하시는 모습을 보여주는 환상과 꿈을 지속시켜라(요한복음 5:19-20, 30). 예수님이 우리를 위하여 일하시는 장면을 한번 환상으로 보는 것이 수 천 마디의 위로의 말을 듣는 것보다 더 낫다.

당신이 상처받았을 때의 장면에 예수님이 등장하지 않는다면, (당신의 마음의 눈을 사용하여) 다시 한 번 그때 그 당시의 장면으로 돌아가야 한다. 그리고 예수님께 그 당시 그 상황에서 무엇을 하고 계셨는지 보여 달라고 요청하라. 하나님은 전지전능하시고 무소부재하신(없는 곳이 없으신) 하나님이시기에, 그때, 그곳, 그 상황에서 반드시 무엇인가를 하고 계셨을 것이다. 그러나 당신의 영적인 무지 때문에 그것을 볼 수 없었던 것뿐이다. 그러므로 당신을 영적인 소경으로 만든 눈가리개가 벗겨져 나가고, 영적인 세계에서 새어나오는 비밀들을 볼 수 있게 해 달라고 기도드려라. 그러면 당신도 예수님을 닮아 가는 사람이 될 것이다(요한복음 5:19-20, 30, 8:26, 38).

당신의 마음의 화랑에 저장된 그림들 중에서 예수님이 계시지 않는 그림들은 제거해 내고, 예수님이 계신 그림들로 채워 넣는 작업을 해야 한다. 그러나 그 작업은 하나님이 하시는 작업이다. (예수님께서 그의 자녀들을 지키시고 보호하시지 않는) 거짓말이 담긴 그림들은 없애 버리고, (예수님께서 그의 자녀들을 항상 지키시고 보호하시는) 진리의 그림들로 바꾸어 놓는 것이다.

당신의 마음에 떠오르는 부정적인 영상의 한가운데에 예수님께서 등장하시리라 상상할 수도 있다. 그리고 성령님께 그 그림의 흐름을 인도해 달라고 부탁드리면, 그 장면 안에서 예수님께서 놀라운 일을 하시는 것을 보게 될 것이다. 저자의 책인 《〈하나님의 강물 안으로 더 깊이 걸어가기〉》라는 책 제 4장에서 이러한 내용을 자세히 다루고 있다.

일단 성령님께서 그 장면을 조종하기 시작하면, 당신 마음의 그림들은 살아나고 자기 스스로 생생하게 살아 움직이며 성령의 생기를 따라 흐르게 되어 있다. 예수님께서는 인간 안에서 역사하시는 성령님의 활동을 묘사하실 때에 아래와 같은 표현을 사용하셨다.

> 나를 믿는 자는 성경에 이름과 같이 그 배에서 생수의 강이 흘러나오리라 하시니 이는 그를 믿는 자들이 받을 성령을 가리켜 말씀하신 것이라 (요한복음 7:38-39)

흐름(flow)이란 아주 단순하고도 어린애 같은 것이다. 모든 믿는 자들의 마음속에는 강 같은 것이 있고, 그 강은 흐르며, 그 흐름을 따라가는 데에는 성령님을 믿는 단순한 믿음만이 요구된다. 당신도 어린아이와 같은 단순한 믿음의 소유자가 되어서 치유 받기를 원하는가? 당신은 치유 받기 원할 것이다! 만약에 당신이 하나님은 더 이상 우리와 함께 하지 않으신다 거나, 아니면 적어도 나는 치유해 주지는 않으실 것이라는 부정적인 믿음을 가지고 있다면, 그러한 부정적인 신념체계를 포기하고 다음과 같은 성경적인 믿음으로 회복되기를 바란다.

> 하나님이 말씀하시기를 말세에 내가 내 영을 모든 육체에 부어 주리니 너희의 자녀들은 예언할 것이요 너희의 젊은이들은 환상을 보고 너희의 늙은이들은 꿈을 꾸리라 (사도행전 2:17)

주의! 경고! 억지로 영상을 만들어 내려고 하지 마라.

우리는 예수님을 조종할 수 없다. 그러므로 상상 속에서라도, 예수님은 반드시 이러한 것을 해야 한다는 식으로, 예수님께 강요할 수 없다. 우리 마음대로 심상을 만들어 내서도 안 되고, 그럴 필요도 없다. 단지, 우리가 해야만 하는 일은 성령님께 요청하는 것뿐이다. 즉, 성령께서 부정적인 영상을 거두어 가시고, 예수님이 나타나게 하셔서, 나를 위해 예수님이 무슨 일을 하셨는지를 보여 달라고 부탁하는 것뿐이다. 성령님은 반드시 역사 해 주실 것이다. 그러면, 마음과 영혼에 치유를 가져오는 거룩한 환상을 보게 될 것이다.

하나님의 영상을 받아들이는 본보기

강간을 당했던 피해자를 위해 내가 기도했을 때에 일어났던 일을 간증하고자 한다. 그 여인의 이름은 쌜리(가명임)였으며 집 지키며 애를 보던 아저씨에 의해 8살 때에 강간을 당하였다. 바로 그날 이후로 쌜리는 남자라면 무조건 미워하게 되었고 두려워하였다. 쌜리와 나는 강간을 당했던 바로 그 장면을 다시 떠올리면서 그대로 재현해 보려고 노력하였다. 그 남자가 침대의 모서리로 쌜리를 던졌을 때에, 쌜리는 몸을 움츠린 채로 발가벗겨져 있었다. 쌜리는 그 장면에서 성령님의 흐르심을 따라서 예수님을 등장을 기다렸다. 바로 그 때에 예수님이 나타나셨으며, 여기에 쌜리가 본 환상을 기록한다.

쌜리는 그녀의 마음/생각에 예수님이 문을 통해 들어오시는 장면을 목격했다. 예수님은 하얀 천을 가지고 오셔서 쌜리를 감싸시고 입혀주셨다. 예수님은 쌜리에게 손을 내미시고, 쌜리는 예수님의 손을 잡았다. 그리고 예수님은 쌜리를 문 밖으로 데리고 나가셨다. 예수님이 쌜리를 데리고 나가신 곳은 그네와 모래상자 놀이기구가 있는 뒤뜰이었다. 예수님은 쌜리와 모래상자 놀이를 하시고, 또 그네를 밀어 주셨다. 20분이 지난 후(상담실에서 실제로 경과한 시간은 2-3분임), 쌜리의 마음은 잠잠해졌고, 예수님은 쌜리에게 집 뒤의 오솔길을 따라서 산책할 것을 제안하셨다. 쌜리는 예수님과 함께 산책을 한 후에, 다시 집으로 돌아왔으며, 예수님은 쌜리와 함께 다시 집으로 들어가시기를 원하셨다.

(쌜리는 마음속의 장면들을 보면서 나에게 그녀가 보는 것을 계속 말하고 있었다. 쌜리는 자유 연상법으로 예수님이 하시는 일과 예수님이 말씀하시는 것이 마음에 자연스럽게 떠오르도록 허락하고 있었다. 나는 그냥 그녀의 곁에 앉아 있었다. 종종 나는 쌜리의 손을 잡아주었고, 그녀에게 예수님이 하시는 행동과 하시는 말씀에 초점을 맞추라고 계속 격려해 주었다. 그리고 그녀가 경험하는 것을 말로서 나와 함께 나누자고 제안했다. 쌜리는 말하기를 예수님이 다시 그 침실로 들어가자고 제안 하신다고 했을 때, 나는 갑자기 조심해야하겠다는 적신호(위험신호)를 보았고, 나도 따라 들어가야 하겠다는 느낌을 받았다. 왜냐하면 그 침실 안에는 아직도 나쁜 짓을 하는 범인이 있기 때문이다. 그러나 나는 하나님의 성령의 흐르심을 존중하는 법을 배워왔기에, 그녀에게 그냥 예수님을 따라서 다시 침실로 들어가 보라고 하였다. 만약에 일이 잘못되어서,

통제 불능의 상태로 들어가는 경우, 나는 쎌리에게 영상화 작업을 중단하자고 말할 준비를 하고 있었다.)

쎌리는 예수님의 손을 잡고 다시 그 집으로 들어갔다. 그 때 그녀는 소리 내어 말했다. "예수님이 나와함께 다시 침실로 들어가시기를 원하신대요. 그렇지만 내 마음에는 수많은 빨간 깃발들이 보입니다." 듣고 있던 나는 "그래도 예수님을 따라 들어갑시다."라고 말했다.

일단 집안으로 다시 들어갔을 때, 예수님은 쎌리를 침실로 데리고 가셨다. 그리고는 잠자고 있는 그 남자를 내려다보시면서, "보아라, 이 남자는 이제 더 이상 너를 해칠 수 없다."라고 말씀하셨다.

바로 그 말 한마디로, 예수님은 쎌리가 인생동안 간직하고 있었던 남자에 대한 두려움을 말끔히 씻어내셨다. 놀랍지 않은가! 내가 혼자서 예수님이 어떻게 하셨을까 상상했다면, 나는 천년이 지나도 그러한 치유방법을 생각해 내지 못했을 것이다. 그러나 예수님은 치유를 해내셨다!

6. 귀신을 축출하는 기도의 단계들

이 기도의 목표는 인간의 인격 안의 상처받은 부위에 침투해 들어와 거기에 달라붙은 악령으로부터 나오는 죄의 에너지를 제거하는 것이다. 그 과정은 앞에서 제시한 다섯 가지의 기도를 통하여 귀신의 집을 허물어 버리는 것으로부터 시작이 된다. 일단 집이 붕괴되면, 귀신을 내어 쫓기가 수월해진다. 그러나 한 번에 한 귀신씩 상대하라. 아니면 동류의 귀신들의 집단인 군집(cluster: 무리의 집합체)을 하나씩 다루어 나가도 된다. 떠나라고 명령을 해도 귀신이 나가지 않거나, 나간 뒤에 다시 돌아오는 경우는, 위에서 제시한 5가지 종류의 기도를 철저하게 드림으로 귀신의 발판을 붕괴시켜 버려야 한다. 그리고 나서, 귀신이 나가면, 성령의 기름 부으심으로 마음의

마음을 치유하는 기도들 103

문을 봉해 버려라.

귀신 축출의 필요성을 발견하는 질문들

▷ 하나님, 내 안에 들어있는 충동적인 중압감은 무엇입니까?
▷ 내가 이기지 못하는 죄는 무엇입니까?
▷ 주님 어떠한 똑같은 장애물이 거듭해서 나의 인생을 가로막고 있습니까?

1. 위에서 제시된 5가지의 기도방법을 통해 귀신의 집이 완전히 해체되고 그 지반이 붕괴된 것을 확인하라. 그러나 아직도 귀신이 나가지 아니하면, 위의 5가지기도를 처음부터 다시 드려라. 뭔가 빠뜨린 것이 있을 것이다. 하나님께 놓친 것이 무엇인지 알게 해 달라고 기도하고, 하나님이 응답하시는 흐름을 존중하라.
2. 우리 주 예수의 이름으로, 나는 모든 귀신(강한 자)의 활동들과 일치하는 _____, _____, _____은 부서뜨리고 포기한다.
3. _____을 주관하는 영인 귀신의 본거지를 장악하고, 나는 너를 묶는다. 예수그리스도의 이름으로 명하나니, 나를 떠나라.

귀신(사악한 영)은 사람의 문제를 더 복잡하게 만든다.

당신은 지금까지 수많은 문제들과 씨름해 온 자신을 발견했을 수도 있다. 1) 가계에 흐르는 저주와 죄들 2) 추잡한 영들과의 묶임 3) 부정적인 예상 4) 내적인 맹세 5) "현실"에 대한 충격적인 영상들 6) 귀신들의 복합체가 당신의 문제일 수도 있다. 그렇지만, 당신이 성경적으로 적합한 기도를 드리지 않고, 당신 자신의 힘만으로 그러한 것들을 분쇄하려고 노력한다면, 당신은 극복해 내지 못할 것이다.

이길 수가 없다는 말이다. 당신 스스로의 의지만 가지고 이 모든 죄의 에너지와 대항한다면, 당신은 패배자가 될 것이며 결국은 절망의 구렁텅이로 빠져들 것이다.

축사의 기도는 얼마나 효과가 있는가?

성경에 기록된 예수님의 41가지 치유를 위한 기도 중에서 12가지가 귀신을 내쫓는 기도이다. 그러므로 치유를 위한 기도 중에서 적어도 삼분의 일 이상은 축사의 기도라는 사실이다. 우리도 예수님을 본받아 그러한 균형을 유지해야 한다. 예수님의 균형 잡힌 신앙생활을 기독교인들이 따르지 않는다면 누가 따르겠는가?

7. 그리스도 안에서 성령의 생명의 능력을 체험하는 기도를 드리는 단계들

이 기도의 목표는 우리 안에 있는 죄와 육의 힘을 극복하고자 함이다. 그 방법은 우리의 초점을 율법과 자신의 노력으로부터 성령님과 하나님의 능력으로 향하게 함이다. 우리의 마음속에 있는 성령의 능력이 우리의 육안에 있는 죄의 능력을 파괴시킨다. 우리의 육은 육의 능력을 분쇄할 힘이 없다. 오직 내주하시는 성령님만이 그만한 능력을 소유하신다.

어떠한 종류의 죄라도 당신의 삶에 침범해 들어올 때면, 이 기도를 사용하라. 그러나 앞의 여섯 가지 기도들을 철저하게 드림으로, 죄가 다른 종류의 힘들에 의해서 배양되고 있지나 않은지 먼저 살펴보아라.

죄의 노예로부터 해방 받을 필요성을 발견하는 질문들

▷ 하나님, 나의 의지로 대항하려는 죄가 있습니까?
▷ 하나님, 어떠한 죄가 나를 계속해서 괴롭힙니까?

1. 하나님, 죄를 극복할 수 있는 능력은 내 안에 내주하시는 분, 즉 하나님에게 있는 줄로 믿습니다.
2. 내 스스로의 힘으로 죄를 극복해 보려는 시도를 중단합니다. 그리고 내 안에 흐르시는 성령님을 기꺼이 받아들입니다.
3. 예수님, 내 안으로 성령님의 능력을 흘려보냅니다. 그 능력으로 죄를 완전히 극복하게 하여 주시옵소서 (환상을 사용하여 무슨 일이 일어나는지 볼 수 있을 것이다.)

내주하시는 성령의 능력으로 죄를 극복해 내기

죄를 극복해 내는 두 가지의 다른 시도가 있다. 하나는 효과가 있고, 다른 하나는 효과가 없다. 효과가 없는 방법은 죄를 지적하고 공격하며 지배해 보려고 하는 것이다. 물론 우리 자신의 의지를 사용하여 잠시 동안 죄를 정복하고, 우리의 능력으로 잠시 동안 승리를 거둘 수도 있을 것이다. 그러나 그것은 성령의 능력에 의해서 이루어진 일이 아니기에 결국은 실패하게 되어있다.

> 너희가 육신대로 살면 반드시 죽을 것이로되 **영으로써** 몸의 행실을 죽이면 살리니 (로마서 8:13)

우리들은 스스로 죄를 극복해 보려고 노력할 수도 있고 내 안에 계시는 성령님께 의지할 수도 있다. 만약에 내가 스스로 하려고 한다면, 그것은 자기를 믿는 것이요 종교적인 도를 닦는 것(수행)이다. 그러나 내주하시는 성령님께 도움을 받는 것은 기독교적인 것이다.

그리스도 안에 있는 생명의 성령의 법

이는 그리스도 예수 안에 있는 생명의 성령의 법이 죄와 사망의 법

에서 너를 해방하였음이라 (로마서 8:2)

성령의 법을 다른 말로 표현하자면 다음과 같다.
우리가 우리 안에 계시는 성령의 능력을 바라보고 그 것에 이끌림을 당하면, 우리의 삶 속에 있는 죄의 능력은 성령의 능력에 의해 정복당할 것이다.

내 자신이 죄를 공격하고 내 능력으로 이겨보려고 하기보다는, 눈을 돌려 내 안에 계시는 성령님을 바라본다는 것이다. 그러면 성령님은 내 믿음을 통해서 그분의 능력을 내 안으로 방출하시고, 그 결과 나의 죄의 능력은 파괴된다. 그러므로 행동하는 것은 나 자신이 아니고 하나님이시다. 내가 하는 일은 육신의 일을 극복하고자 하나님의 능력에 접속하는 것뿐이다. 내 자신 스스로의 능력으로 죄와 싸우는 경우에 죄는 극복이 되지 않고, 발버둥치는 고투만이 일어난다. 우리들의 저서인 《자연적으로 초자연적인》이라는 책에서 이 주제를 깊이 있게 다루었다.

열렬한 회개

일곱 가지의 기도를 모두 다 드렸음에도 불구하고 계속 같은 죄를 반복하게 되는 경우에는 극단적인 회개를 드리는 방법을 택해야 한다. 그러한 회개는 의로운 일과 악한 일, 둘을 비교하면서 그 마지막 결과가 어떠하리라는 것을 상상하는 것을 포함한다.

다음의 질문들을 읽고, 그에 대한 대답을 종이나 컴퓨터에 작성해 보라. 그 상상이 눈에 보이는 것 같이 생생하고, 실질적이며, 적나라하면 할수록 그 효과는 더 커진다. 큰 열정과 힘이 마음속에서 솟아오를 것이다. 죄를 짓고자 하는 욕망이 일어나는 구체적인 분야에 대해서 집중적으로 생각해 보라.

열렬한 회개 연습지 (1 쪽)

_____ 죄가 몰고 올 파괴와 비참함에 관한 세부적인 그림들

"주님, 만약에 제가 _____ 죄를 저지를 경우에 저의 삶에 발생하게 될 파괴를 적나라하게 그려낼 수 있도록 도와주시옵소서."

적어 내려가면서 성령님의 흐름에 주파수를 맞춰라.
죄에 관한 성경적인 원리들을 적어보라.

죄가 사람의 마음에서 자라나는 과정을 상세히 적어보라.

죄가 나의 육체적인 건강에 미칠 영향을 상세히 적어보라.

죄가 나의 정신적인 건강에 미칠 영향을 상세히 적어보라.

죄가 나의 영적인 건강에 미칠 영향을 상세히 적어보라.

죄가 하나님과의 관계에 미칠 영향을 상세히 적어보라.

죄가 내가 잘 아는 주변 사람들에게 미칠 영향을 상세히 적어보라.

죄가 하나님과의 관계에 미칠 영향을 상세히 적어보라.

죄가 나의 배우자와의 관계에 미칠 영향을 상세히 적어보라.

죄가 나의 자녀들에게 미칠 영향을 상세히 적어보라.

죄가 나의 사역에 미칠 영향을 상세히 적어보라.

죄가 나의 재정/사업에 미칠 영향을 상세히 적어보라.

죄가 천국에서의 영원한 삶에 미칠 영향을 상세히 적어보라.

"이러한 묵상의 결과, 나는 _____ 할 것을 고백합니다. (이 내용을 소리 내어 반복하여 복창하라.)

열렬한 회개 연습지 (2 쪽)

_____한 의로운 행위가 몰고 올 축복에 관한 세부적인 그림들

"주님, 만약에 제가 _____한 의를 행할 경우에 저의 삶에 부어질 축복을 적나라하게 그려낼 수 있도록 도와주시옵소서."

적어 내려가면서 성령님의 흐름에 주파수를 맞춰라.

의에 관한 성경적인 원리들을 적어보라.

사람의 마음에서 자라나는 의의 과정을 상세히 적어보라.

나의 육체적인 건강에 미칠 의의 영향을 상세히 적어보라.

의가 나의 정신적인 건강에 미칠 영향을 상세히 적어보라.

의가 나의 영적인 건강에 미칠 영향을 상세히 적어보라.

의가 하나님과의 관계에 미칠 영향을 상세히 적어보라.

의가 내가 잘 아는 주변 사람들에게 미칠 영향을 상세히 적어보라.

의가 하나님과의 관계에 미칠 영향을 상세히 적어보라.

의가 나의 배우자와의 관계에 미칠 영향을 상세히 적어보라.

의가 나의 자녀들에게 미칠 영향을 상세히 적어보라.

의가 나의 사역에 미칠 영향을 상세히 적어보라.

의가 나의 재정/사업에 미칠 영향을 상세히 적어보라.

의가 천국에서의 영원한 삶에 미칠 영향을 상세히 적어보라.

"이러한 묵상의 결과, 나는 _____ 할 것을 고백합니다. (이 내용을 소리 내어 반복하여 복창하라.)

결론적인 가르침: "열렬한 회개 문제지"를 개인적인 경건의 시간에 2주 동안 묵상하라. 하나님께 이러한 진리들을 당신의 인생에서 더 깊고, 넓게 내면화 되도록 하게 해달라고 부탁하라. 그리고 소리를 내어서 당신이 적은 것들을 읽어 보라. 소리 내어 말하는 것도 묵상의 한 종류이며, 크게 소리 내어 읽는 것은 진리를 마음 깊숙이 박히게 해 준다.

색욕, 음란, 그리고 간음에 관한 주제라면, 부록 J에 제시된 본보기를 참조하라.

개인적인 적용

1. 일곱 가지의 기도 방법 중에 당신이 사용한 방법은 어떤 것인가? 당신이 사용하지 않는 것은 어떤 것인가? 현재의 단원에서 제시한 기도의 과정은 당신이 평소에 사용해 오던 기도의 과정과 동일한가 아니면 차이가 있는가? 만약에 다르다면, 어떻게 다른가?
2. 현재의 단원에서 제시한 기도의 방법 중에서 당신에게 유익을 주리라 생각되는 것은 어떤 것이며, 반드시 시도해 보아야 하겠다는 생각이 드는 것은 어떤 것들인가?
3. 이 책에 기록된 기도의 접근방법 이외에 다른 방법을 시도해 본 적이 있는가? 만약에 그러한 것들로부터 효과를 보았다면, 여기에 기술해보아라.
4. 너무나도 완강하고 고집이 센 죄를 다루어야하는 경우에는, "열렬한 회개"라는 문제지를 철저하게 사용해 보라. 그래도 안 될 경우라면, 죄를 교회의 장로들이나 믿을 만한 사람에게 고백하라.

집단을 위한 적용
1. 참가자들이 원한다면 개인적인 적용에서 다른 문제들에 대한 대답들을 서로 나눌 수 있다.
2. 필요하다면 서로를 위해 기도해 주라. 합당하다고 생각하면, 이 단원에서 제시된 기도들을 사용하여도 좋을 것이다.

제**5**장

7가지 마음의 기도를 사용하는 열쇠

7가지 마음의 기도를 사용하는 열쇠

그리스도 안에 있는 당신은 당신 자신과 타인을 해방시키는 기도를 드릴 권세를 부여받았다.

> 그러므로 아들이 너희를 자유롭게 하면 너희가 참으로 자유로우리라 (요한복음 8:36)

> 예수께서 나아와 말씀하여 이르시되 하늘과 땅의 모든 권세를 내게 주셨으니 그러므로 너희는 가서 모든 민족을 제자로 삼아 아버지와 아들과 성령의 이름으로 세례를 베풀고 (마태복음 28:18-19)

> 그 안에는 신성의 모든 충만이 육체로 거하시고 너희도 그 안에서 충만하여졌으니 그는 모든 통치자와 권세의 머리시라 (골로새서 2:9-10)

> 또 함께 일으키사 그리스도 예수 안에서 함께 하늘에 앉히시니 이는 그리스도 예수 안에서 우리에게 자비하심으로써 그 은혜의 지극히 풍성함을 오는 여러 세대에 나타내려 하심이라 (에베소서 2:6-7)

> 가면서 전파하여 말하되 천국이 가까이 왔다 하고 병든 자를 고치
> 며 죽은 자를 살리며 나병환자를 깨끗하게 하며 귀신을 쫓아내되
> 너희가 거저 받았으니 거저 주라 (마태복음 10:7-8)

> 내가 천국 열쇠를 네게 주리니 네가 땅에서 무엇이든지 매면 하늘
> 에서도 매일 것이요 네가 땅에서 무엇이든지 풀면 하늘에서도 풀리
> 리라 하시고 (마태복음 16:19)

하나님은 당신이 속박으로부터 풀려나는 기도를 드리기에 충분한 영적인 권위를 허락하셨다. 당신은 이러한 기도를, 자신 스스로를 위해서 드릴 수도 있고 또한 다른 사람을 위해서 드릴 수도 있다. 그렇지만, 이러한 종류의 기도에 숙련된 사람들이 있다면, 그들과 함께 기도하는 것이 당신에게 도움이 된다. 그들의 추가된 기도와 성령님으로부터 오는 통찰력은 치유의 과정을 신속하게 하며, 당신이 혼자서는 볼 수 없었던 것을 보게 하여주기 때문이다.

치유된 마음(심령)을 규정하기

치유된 마음은 믿음, 소망, 사랑으로 충만한 마음이다(고린도전서 13:13).

믿음, 소망, 사랑은 마음과 정신을 보호하려는 태도이다(데살로니가전서 5:8).

무엇이 하나님의 은혜의 보좌로 진입하도록 허락하는가? 그것은 깨끗한 양심, 참 마음, 그리고 온전한 믿음이다(히브리서 10:22).

경계(instruction: 교훈, 기독교 교육)의 목적은 무엇인가? 청결한 마음, 선한 양심, 거짓이 없는 믿음에서 나오는 사랑이다(디모데전서 1:5).

사도 바울은 성도들이 무엇 하기를 권하는가? 믿음, 소망, 사랑이다(에베소서 1:12, 15, 골로새서 1:4-5).

당신의 삶의 부분 중에서 믿음, 소망, 사랑을 제거거나 방해하는 영역이 있는가? 믿음, 소망 사랑을 가슴에 가득 안고 있으면서, 똑바로 직면할 수 없는 특정한 상황이 있는가? 그렇다면, 그 부분은 치유가 필요한 부분이다.

심성의 언어를 정의하기

영어를 유창하게 말하는 영국 사람이 불어를 말하는 사람에게 도움이 되겠는가? 왜 아닐까?

대답은 간단하다. 영어와 불어는 상이한 언어이기 때문이다. 심성(마음: heart)은 지성(mind)과는 다른 종류의 언어를 말한다. 지성의 언어는 논리적인 사고이다. 반면에 심성(마음)의 언어는 심상(picture), 감정(emotion), 흐름(flow), 그리고 믿음이다.

마음의 치유는 마음이라는 수준에서 발생한다. 그러므로 마음을 치유하기 위해서는 지성의 언어가 아니고 심성의 언어를 사용해야만 한다.

심성은 지성과는 다른 종류의 언어로 말한다.

분석적인 이성은 지성의 언어이다(마태복음 16:7).

사람이 이성적으로 사고하면 정신적인 분석이 이루어진다. 그러나 정신적인 분석은 믿음이나 성령으로부터 오는 계시와 일치하거나 합일하지 않는 경우가 많다(마태복음 16:5-12, 마가복음 2:5-12, 마가복음 8:15-18, 누가복음 5:21-22). 그렇기에 오직 이성만 사용하는 결과는 무의미와 허무뿐이다(전도서 12:8).

현대에는 분석적인 이성이 정신의 언어로 받아들여지는 시대이다. 그러나 인간의 분석적인 이성은 마음의 언어가 아닌 것이 명백하다.

"흐름"은 심성의 언어이다(요한복음 7:38-39).

우리들의 마음과 눈이 예수님에게 고정이 될 때(히브리서 12:1-2), 이 흐름은 마음을 향한 하나님의 순수한 계시가 된다(예언 - 고린도전서 12:10).

"상상력/심상"은 마음의 언어로 간주된다(역대상 29:18, 창세기 8:21, 시편 140:2, 잠언 6:18, 예레미야 7:24, 23:16).

하나님께서 우리 마음의 빈 공간을 상상력으로 가득 채우시면, 우리는 무엇을 받게 되는가(민수기 12:6, 사도행전 2:17, 요한복음 5:19-20, 30, 8:26, 38)? 하나님으로부터 영감을 받은 꿈과 환상을 보게 된다.

"감정"은 심성의 언어이다(창세기 6:6).

하나님께서 인간 심성의 정서를 가득 채우실 때, 우리는 무엇을 경험하는가(창세기 5:22)? 사랑, 희락, 화평, 인내….

"궁구(생각에 깊이 잠김)"는 마음의 언어로 간주된다(시편 77:6).

하나님께서 궁구할 수 있는 능력을 충만하게 하시면, 그것은 "기름 부으심을 받은 변론"이 된다(이사야서 1:8, 누가복음 1:1-3). 그 자세히 미루어 살피는 일에 성령님의 "흐르심"이 인도해 주면(요한복음 7:37-39), 변론은 경건한 묵상이 된다(시편 19:14). 그러면 마음의 눈이 밝아지는 조명(에베소서 1:17-18), 깨달음(시편 73:16-17), 그리고 계시(에베소서 1:17-18)의 사건이 발생한다.

상처받은 마음의 모양새는 어떠한가?

사람의 영혼이 상처받은 경우에 그 모양새는 다음과 같다.

번민함(창세기 41:7-8, 다니엘 2:1-3, 요한복음 13:21), 억눌리거나 슬픔(사무엘상 1:15), 화(전도서 10:3), 정신이 쇠약해지거나 용기를 잃음(이사야 19:3), 버림을 입어 마음에 근심 내지는 비통함이 생김(이사야 54:6), 분한 마음 내지는 격노(에스겔 3:14), 근심 내지는 스트레스가 쌓임(다니엘 7:15), 굳어짐(신명기 2:30), 의심(마가복음

11:23, 누가복음 24:23), 거만해짐(잠언 16:18), 더러워짐(고린도전서 7:1).

치유가 완료되기까지는 시간이 걸린다

앞의 단원에 있었던 기도의 유형들을 급속하게 해치워 버리면 안 된다. 매일 가지던 경건의 시간을 활용하여, 앞으로 몇 주 동안 (또는 몇 달 동안) 치유의 기도들을 충분하게 적용해 보라. 각 과정들을 적당히 하면서 지나가 버리면 이 책을 통해 얻을 수 있는 수많은 보화들을 놓쳐 버리고 만다. 그러므로 천천히 진행하면서 시간과 정성을 드려라. 다음 단원에서는, 당신의 삶의 영역 중에서 치유가 필요한 부분이 어디인지 발견할 수 있는 실마리를 제공해 줄 것이다.

알맞고 올바른 기도를 드려야만 할 필요성

이미 이야기했지만, 40년 동안 일 중독증에 빠져 살아왔지만, 그것이 문제인지조차 모르고 살아온 나의 인생을 한번 생각해 보라. 덧붙여서, 그 이외에도 수년 동안을 나는 의심, 불안, 두려움이라는 문제들 속에서 살아왔다.

나는 이렇게 속아서 살았다.

나는 추측하기를 사람이 지식을 얻으려면 항상 의심으로부터 출발해야한다고 생각했었다. 그리고 성숙한 인간은 항상 모든 것을 의심하는 사람이라는 생각도 했었다. 그러나 그것은 잘못된 생각이었다. (내가 새로이 발견한 진리는 이 책의 제 2단원과 부록의 "성경과 경험"에 제시되어 있다.)

나는 또 추측하기를 일 중독증은 나의 성격 탓이라고 생각했었다. 뿐만 아니라 일 중독을 통해 하나님을 열심히 섬긴다는데 누가 뭐라고 할 것인가 하는 생각까지 했었다. 그러나 그것도 잘못된 생각이었다. 그 문제에 관해서는, "부정적인 기대"와 "내적 맹세"를 포기하는 기도를 드려야만 했다. 그러고 나니 일 중독증이 말끔히 사라져 버렸다.

나는 두려움이 사단의 공격으로부터 오는 것이라는 사실을 이미 알고 있었다. 그래서 그 사단(마귀)을 묶고 떠나라고 명령하였다. 그러나 잠시 사라졌다가 두려움은 또다시 나를 공격해 들어오곤 하였다. 왜냐하면, 두려움은 의심의 영에 의해서 부추김을 받고 있었고, 의심의 영은 나의 잘못된 신념에 의해서 떠 받혀지고 있었기 때문이다. 결국 내가 인생의 경험이라는 것에 대한 모든 기본 신념들을 재검토하고, 새로운 믿음을 가지기 시작했을 때 모든 두려움과 의심의 귀신들이 떠나가 버렸다.

나는 나의 분노를 정의로운 의분이라고 합리화 시켰었다. 그리고 나는 분노의 문제에 관해서는 전혀 문제가 없는 사람이라고 자처했었다. 그러나 나는 점차로 더 많이 화가 났고, 나중에는 나 자신의 분노를 주체할 수 없는 지경에까지 이르렀다. 나는 모든 것에 대해서 화가 난 것이다.

나의 경우에 분노의 문제에 대한 해결은 그 분노의 원인이 나의 판단(비판)하는 습관이었다는 것을 발견하면서부터이다. 나는 다른 사람(또는 기관)이 잘못하는 것을 용서하지도 못하고, 참아내지도 못하는 비판정신을 통해 분노하고 있었다. 그래서 항상 불평과 불만의 도가니 속에서 살아야만 했다.

결국 나는 회개를 하였다. 그 회개는 사회의 다양한 기관들에 대한 나의 부정적인 판단으로부터 나온 부정적인 기대를 포기하는 것을 포함했다. 그 기관들은 알코올 중독(술을 만들어내는 회사들을 포함하여, 술을 권장하는 사회 풍습에 이르기까지), 정부, 율법주의, 자기의 의로움을 내세우는 인간들, 낙태를 시술하는 병원들 등등 끝이 없었다. 그러나 결국 불평, 불만만 하지 말고 모든 판단(비난)과 심판은 하나님께 맡기고, 나는 그러한 사회의 악습에 짓눌려 사는 사람들을 위해 일해야 하겠다는 결심을 하였다. 만약에 내 마음속에 사회에 대한 오직 부정적인 느낌만이 들어있다면, 그러한 사회 속에서 살아가는 사람들을 어떻게 긍정적으로 대할 수 있겠는가? 부정적인 악령이 나를 사로잡고 긍정적이고 효과적인 목회활동을 벌이지 못하게 한다는 사실을 감지한 나는, 내 마음속을 떠다니는 적대감정을 떨쳐버리기로 결심했다.

물론, 호주에서 기도를 받기 전에도 나는 여러 번 악령 추방의 기도를 드렸었다. 그러나 잠시 사라졌다가는 다시 나타나곤 하였다. 즉, 완전히 제거된 것이 아니라 잠시 나를 피하고 있었을 따름이다. 그러므로 우리의 마음을 치유하는 기도사역을 계속 더 감행할 것인가 아닌가 하는 것을 판가름하는 중요한 지표가 있다. 즉, 마음의 문제가 완전히 사라졌는가, 아니면 적당히 견딜만한 정도로 가라앉은 것인가 하는 문제이다.

호주에서 치유 받기 전에 나의 문제가 완전히 해결함을 받지 못한 이유 중에 하나는 내가 올바른 기도를 드리지 않았었다는 것에 기인한다. 즉, 나는 내가 존경하지 않는 사회의 관습에 대한 판단과 분노를 회개하지 않았었다는 것이다. 마음을 치유하는 기도가 성공을 거두려면 마음속에 문제를 일으키는 모든 요인을 전부 제거해 내야만 한다.

나는 선정적인 마음이 자꾸만 생기는 문제로 고민하는 사람을 위해 기도를 해준 적이 있다. 그러나 아무리 선정적인 악령을 묶고, 꾸짖고, 추방해도, 자꾸만 돌아와서 그 사람을 장악하는 것이었다. 그래서 아마도 나는 잘못된 기도를 드렸을 지도 모른다는 생각이 들었다. 그 사람의 가계에 흐르는 죄와 저주를 끊지도 않았고, 과거에 형성된 추잡한 영들과의 묶임을 풀어내지도 않았기 때문이다. 그 모든 것을 다 한 후에 귀신에게 나가라고 명령했더니 추방이 되었다. 그 사람은 결국 성적인 중압감에서 벗어날 수 있었다. 물론, 인간은 성적인 동물이다. 성욕 자체가 몽땅 다 사라져버리는 것은 바람직하지 못하다.

올바른 기도의 접근법을 사용하라!

　호주에서 충격적으로 깨달은 것은 그동안 내가 씨름하던 문제에 대해 올바르지 못한 접근법으로 기도를 드려 왔다는 것이다. 그렇기 때문에, 그 이전에는 온전한 치유를 받지 못했었다. 나는 힘껏 싸워 왔지만 그래도 문제는 여전히 남아 있었다. 마음속 내부의 전쟁은 영원히 싸울 필요는 없는 전쟁이다. 전쟁이 끝도 없이 계속 된다면, 아마도 잘못된 기도의 접근 방법으로 기도하는 것이 아닌지 알아보아야 한다. 당신이 지금까지 쓰던 방법을 중단하고, 주님의 임재 하에 기도하고 묵상하면서 주님께 물어보라. "주님, 어떠한 기도가 적합한 기도입니까? 제가 지금 당면한 문제에 알맞은 기도를 드리도록 인도하여 주시옵소서." 기도드린 후에, 성령님께서 인도하시는 대로 기도의 형태와 방법을 바꾸어 가면서 드려 보라. 그리고 그중에서 어떤 기도가 자유와 해방감을 맛보게 하는지 살펴보라. 만족할 만한 결과가 나오지 않으면 동일한 과정을 반복하되, 억눌림으로부터 자유를 얻을 때까지 하라.

　혼자서 기도함으로 자유를 얻지 못하는 경우는 기도 카운슬링 팀을 찾아가서 기도해 달라고 요청하라. 인생은 비참하게 살기에는 너무나도 짧다. 인생을 기쁘고 즐겁고 보람 있게 살려면 마음을 치유 받고 해방되어야 한다.

여러 종류의 기도들 - 모든 것을 다 적용하라

> 만일 우리가 우리 죄를 자백하면 그는 미쁘시고 의로우사 우리 죄를 사하시며 우리를 모든 불의에서 깨끗하게 하실 것이요 (요한1서

1:9)

"용서하라 그리하면 너희가 용서를 받을 것이요"(누가복음 6:37). 당신에게 나쁜 짓을 한 그 사람들을 당신이 용서하면, 하나님도 당신의 죄를 용서해 주실 것이다. 그러므로 치유로 들어가는 열쇠는 깊고 철저하게 그리고 완전히 용서하는 것이다. 그것 중에는 조상의 죄를 고백하는 것도 포함되어 있다(레위기 26:40, 다니엘 9:2-20). 그들이 당신에게 유산으로 물려준 모든 더러운 것들에 대해서 용서를 하는 것이다. 뿐만 아니라 당신에게 상처를 준 타인들도 용서하라. 동시에, 그 동안 죄 안에 거하면서 계속 죄를 지어왔던 당신 자신도 용서하라. 뿐만 아니라, 모든 나쁜 상황가운데에서 하나님을 원망하고 절망했던 당신 자신의 불신앙과 나쁜 태도들도 회개하라. 그리고 하나님께 용서해 달라고 기도하라. 심도 있고, 철저하며, 온전한 용서를 통하지 않고는 치유는 절대로 완결 될 수 없다.

그가 나에게 한 일에 대해서 내가 그를 증오하는데도 왜 나는 그를 용서해야만 하는가?

용서의 가치는 당신이 증오하는 사람의 노예가 되는 것에서 당신을 해방시켜준다는 점에 있다. 만약에 당신이 그 사람을 용서해 버리지 않는다면, 당신은 그 사람을 생각 할 때마다 그리고 그 사람이 저지른 일을 생각할 때마다, 당신의 마음은 분노와 격정에 사로잡히게 될 것이다. 그것을 다른 말로 하자면, 당신은 감정적으로 두들겨 맞고 있다는 뜻이기도 하다. 용서하지 않는다면, 어떤 경우는 이러한 감정적인 노예 됨이 몇 년 동안 지속되기도 하고, 심지어는 일생 죽을 때가지 계속되기도 한다. 당신에게 상처를 준 그 사람은 유유자적하게 인생을 즐기고 있을지도 모른다. 그러나 당신은 그 상처, 분노, 앙심, 원한, 쓸쓸함의 노예가 되어서 비참한 삶을 살고 있게 된다.

급기야는 분노, 앙심, 원한, 씁쓸함의 감정이 당신의 건강을 상하게 할 것이다. 결과적으로는 심리적인 상처로 고통을 당하는 것이 부족해서 몸까지 다 망가지고 소진해 버릴 것이다.

그러나 일단 용서를 하고 나면 당신은 육체적으로나 정신적으로나 억눌림에서 자유를 얻게 된다. 즉, 당신에게 상처를 준 그 사람이 다스리고 조종하는 것에서 빠져 나오게 되는 것이다. 물론 용서는 그 이상의 것이다. 당신이 타인을 용서하면, 하나님이 당신의 죄도 용서해 주신다. 그 다음에는 축복의 문이 열리고 성령의 기름 부으심이 임한다. 뿐만 아니라 악령들의 세계에 잘못된 메시지를 보내는 것을 금하게 되고, 별로 달갑지 않은 미래가 펼쳐지는 것을 막을 수 있게 된다.

죄들을 고백하는 것과 함께 해야만 하는 일들

담 쌓기: 구하라. "주님, 이 영역에서 계속 되는 유혹을 뿌리치기 위해서 제 둘레에 어떤 담(보호벽)을 쌓기를 원하십니까?"라고 성령님께 물어보아라. 그러한 보호벽들의 이름을 적고, 보호벽이 제대로 작동을 하는지 알아보아라. 하나님께서는 극한 유혹이 발생하는 특정한 상황을 피하라고 말씀해 주실 것이다. 예를 들자면, 하나님은 "청년의 정욕을 피하고 주를 깨끗한 마음으로 부르는 자들과 함께 의와 믿음과 사랑과 화평을 따르라"고 명령하신다(디모데후서 2:22). 이러한 하나님의 명령은 음탕한 색정을 불러일으키는 상황을 피하라는 말씀이다. 그러한 상황들을 나열하고, 구체적인 보호벽을 쌓는 작업을 할 수도 있을 것이다.

호세아는 제멋대로 놀아나는 아내인 고멜을 위하여, 악의 길로 나가지 못하도록 그녀의 둘레에 가시와 울타리가 쳐지도록 하나님께 기도를 올렸다(호세아 2:6-7).

손실을 보상하기: 주님은 특정한 사람을 찾아가서 용서를 빌거나 그들에게 손해배상을 하라고 당신에게 요구하실 지도 모른다.

> 그 지은 죄를 자복하고 그 죄 값을 온전히 갚되 오분의 일을 더하여
> 그가 죄를 지었던 그 사람에게 돌려줄 것이요 (민수기 5:7)

그래도 계속 죄로 다시 빠져든다면, 그때는 어떻게 할 것인가? 아마도….

1. 아직도 끊어내지 못한 악령의 힘에 얽매여 있을지도 모른다.
2. 죄를 극복하고 싶지 않을 지도 모른다 — 왜냐하면 죄짓는 것을 너무나도 즐기고 있기에
3. 친한 영적인 친구에게 나의 죄를 고백하고 그 사람의 도움을 받아야 할지도 모른다.

아직도 악령의 세력에 묶여있는 경우는, 이 책에 제시된 7가지의 기도를 전부다 상세하고 정확하게 적용할 필요가 있다. 만약에 내가 너무 죄를 짓는 것을 즐기고 있는 상태라면, 나의 회개에 열정을 더 하는 법을 발견해 내야한다. 예를 들자면 열렬한 회개 같은 것이다. 친한 친구에게 나의 문제를 고백하는 것도 좋은 방법이다. 일단 그렇게 하면 그 친구가 나를 감시하고 도와줄 것이기 때문이다.

열렬한 회개

어떠한 행동에 너무나 큰 고통이 따르면, 사람들은 일반적으로 포기해 버리는 경향성이 있다. 그러나 행동에 쾌락이 따르면, 사람들은 그것에 빠져든다.

고통과 쾌락은 감정적인 반응들이다. 그리고 감정은 영상을 본 결과로 생긴다. 그러므로 죄와 의의 결과에 대한 보다 상세한 그림을 그려 보면, 그 사람의 행동에 큰 변화가 생기게 되어 있다.

고통에 관한 상세한 그림을 그려보라. 당신의 삶에 발생하는 구체적인 죄에 대한 적대감을 형성시키려면, 그 죄가 현재와 영원에 이르기까지 미칠 각종 피해와 참담함, 그리고 파괴를 상상해 보는 방법이 있다. 신명기 28:14-68을 읽어보면서 그 고통의 그림을 한번 그려보아라. 원리: 더 상세하고 적나라하게 그리면 그릴수록 그 효과는 더 커진다.

축복에 관한 상세한 그림을 그려보라. 당신의 삶에 발생하는 구체적인 축복에 대한 호의를 형성시키려면, 그 의가 현재와 영원에 이르기까지 미칠 각종 기쁨, 행복, 그리고 풍성함을 상상해 보는 방법이 있다. 신명기 28:1-14을 읽어보면서 그 축복의 그림을 한번 그려보아라. 원리: 더 상세하고 적나라하게 그리면 그릴수록 그 효과는 더 커진다.

의롭게 살려는 열정을 상실한 아삽의 경우 (시편 73)

주님을 바라보지 않고 악한 일이 벌어지는 것에만 초점을 맞추었을 때, 아삽은 열정적인 마음을 상실하고 실족하게 되었다(시편 73:1-2). 그는 죄악이 가져다주는 쾌락을 생각해 보았다. 그래서 그는 교만한 자의 형통을 질투하게 되었고, 교만한 자들의 살찐 몸, 고통이 없는 삶, 그리고 하나님을 모독하는 것을 보고 시험에 들었다. 즉, 경건한 자로서 하나님을 섬기고 순수하게 살아가는 것이 허망한 것이라는 생각이 든 것이다(3-15절).

그러나 그는 하나님의 임재 속으로 다시 들어갔다. 그리고는 계시를 통해서, 악인이 마지막에 패망하는 꼴을 상세한 영상으로 보게 된다. 악인은 결국 미끄러져 추락할 것이며, 그들에게는 멸망과 갑작스러운 공포가 임하며, 하나님도 그들을 멸시하실 것을 보았다 (16-20절).

결론적으로 말하자면, 아삽의 첫 번째 그림은 그를 악한 길로 유혹하였다. 그러나 두 번째 그림을 그린 결과 그는 의로운 삶으로 돌아오게 되었다. 당신이 마음속에 그리는 영상에 유의하라. 그것이 당신을 죄로 유혹하는가, 아니면 의로 이끌어주는가?

당신은 육의 일을 생각하는가, 영의 일을 생각하는가?

> 육신을 따르는 자는 육신의 일을, 영을 따르는 자는 영의 일을 생각하나니 육신의 생각은 사망이요 영의 생각은 생명과 평안이니라 (로마서 8:5-6)

육은 육으로 이기지 못하고 반드시 영으로만 이겨야 한다

> 그러므로 형제들아 우리가 빚진 자로되 육신에게 져서 육신대로 살 것이 아니니라 너희가 육신대로 살면 반드시 죽을 것이로되 영으로써 몸의 행실을 죽이면 살리니 무릇 하나님의 영으로 인도함을 받는 사람은 곧 하나님의 아들이라 (로마서 8:12-14)

궁극적인 단계 - 가까운 영적인 친구에게 죄를 고백하고 그에게 경과를 설명한다

당신의 삶에 아주 고질적인 죄가 자리 잡고 있다면, 그것을 뿌리 뽑아버리는 방법 중에 하나는 가까운 친구나 영적인 상담자에게 그것을 고백하고 공동으로 책임을 지자고 제안하는 길이다.

회개는 물론 악의 권세를 끊어버리는 7가지의 기도를 드림으로 시작이 된다. 그러나 이직도 죄가 창궐한 경우는, 그 죄가 가져올 온갖 처참함과 파괴를 철저하게 상상함으로 거부감을 형성시킬 수도 있다. 동시에 그 죄를 끊었을 때에 하나님이 주시는 축복도 함께 상상해야 한다.

그러나 만약에 그 방법도 통하지 않는 경우는 친밀한 영적 친구에게 고백을 함으로 공동책임을 지는 수밖에는 없다.

> 너희 중에 병든 자가 있느냐 그는 교회의 장로들을 청할 것이요 그들은 주의 이름으로 기름을 바르며 그를 위하여 기도할지니라 믿음의 기도는 병든 자를 구원하리니 주께서 그를 일으키시리라 혹시 죄를 범하였을지라도 사하심을 받으리라 그러므로 너희 죄를 서로 고백하며 병이 낫기를 위하여 서로 기도하라 의인의 간구는 역사하는 힘이 큼이니라 (야고보서 5:14-16)

위의 죄를 서로 고백하고 서로를 위해서 기도하라는 말씀은 몸의 질병이 치유함을 받는 문맥 속에서 이해되어야 한다. 죄가 우리 안에서 계속 자라나게 그냥 놔두면, 결국은 질병이 찾아올 것이다. 바로 그것이 욥기 33:13-22의 말씀이다. 하나님은 우리의 삶에 무슨 일이 발생하기 전에 먼저 꿈을 통해 말씀하시는 경우가 많다는 것이다.

> 하나님은 한 번 말씀하시고 다시 말씀하시되 사람은 관심이 없도다 사람이 침상에서 졸며 깊이 잠들 때에나 꿈에나 밤에 환상을 볼 때에 그가 사람의 귀를 여시고 경고로써 두렵게 하시니 (욥기 33:14-16)

하나님께서 그러한 경고를 미리 주시는 이유는 다음과 같이 설명이 되어 있다.

> 이는 사람에게 그의 행실을 버리게 하려 하심이며 사람의 교만을
> 막으려 하심이라 그는 사람의 혼을 구덩이에 빠지지 않게 하시며
> 그 생명을 칼에 맞아 멸망하지 않게 하시느니라 (욥 33:17-18)

하나님은 꿈을 통해서 우리로 하여금 죄에서 멀어지도록 마음을 휘저으시는 것이다. 하나님은 먼저 경고를 하신다. 그러나 우리들이 합당한 회개를 하지 않고 행동을 변화시키지 않으면, 그 다음의 조처가 취해진다. 그것은 고통과 질병인 것이다.

> 혹은 사람이 병상의 고통과 뼈가 늘 쑤심의 징계를 받나니 그의 생
> 명은 음식을 싫어하고 그의 마음은 별미를 싫어하며 그의 살은 파
> 리하여 보이지 아니하고 보이지 않던 뼈가 드러나서 (욥 33:19-21)

하나님은 얼마나 자주 이러한 과정을 연출하시는가?

> 실로 하나님이 사람에게 이 모든 일을 재삼 행하심은 (욥기 33:29)

하나님의 궁극적인 목표는 무엇인가?

> 그들의 영혼을 구덩이에서 이끌어 생명의 빛을 그들에게 비추려 하
> 심이니라 (욥기33:30)

중요한 몇 가지 사실을 지적하고자 한다. 하나님은 밤에 꿈을 통해서 우리에게 경고를 먼저 해 주신다. 그러나 하나님의 경고를 무시해 버리는 경우에, 몸의 질병을 통해서 계속 경고하신다. "죄로부

터 돌아서라!"

이제 야고보서 5:14-16로 돌아가자. 죄가 고질적이며, 끝이 없이 반복되는 성질의 것이라면, 그리고 몸의 질병까지 유발시키는 결과를 가져오는 것이라면, 이제는 그 죄를 교회의 장로들에게 고백을 하고, 안수와 성령의 기름 부으심을 받고 기도를 받으면 죄와 질병이 사라져 버릴 것이다.

나의 관찰은 다음과 같다

1. 절친한 영적인 친구에게 나의 모든 죄를 다 고백할 필요는 없을 것이다. 오직 가장 고질적이고 심각한 것 내지는 마음의 고통과 육신의 질병까지 가져온 그러한 죄들만 고백하면 된다. 만약에 우리가 짓는 모든 죄를 전부 다른 사람에게 고백을 해야만 한다면, 다른 사람의 죄짓는 이야기만 듣다가 하루가 다 가버리는 경우가 발생할 것이고 그것은 전혀 사기를 북돋는데 도움이 안된다.

   한 가지 덧붙이고 싶은 것이 있다. 왜 우리는 우리의 건강이 무너져 내릴 때까지 기다렸다가 죄를 고백하는 것일까? 아직도 건강한 상태에 있을 때, 왜 죄의 문제를 다루지 않는가? 만약에 나에게 심각하고 끈덕진 죄가 있다면, 그리고 이 책에 기록된 7가지의 기도 방법으로도 그 죄의 문제가 해결되지 않는다면, 뿐만 아니라 열렬한 회개를 드렸는데도 계속 동일한 죄를 짓는 것을 반복하고 있다면, 가까운 영적 친구에게 죄를 고백하고 도움을 요청하는 것이 합당한 일이 아닐까?

2. 다른 사람 앞에서 나의 죄를 고백하는 것은 아래와 같은 유익이 있다. a) 어두움을 빛 아래로 가지고 오면, 어두움의 세력이 약해진다. 즉, 나의 죄를 영적인 친구에게로 가지고 나오면, 그 죄악의 강도가 약해지다가 결국은 사라지게 되어 있다. b) 친구

가 죄를 제거할 수 있는 효과적인 방법에 대해서 좋은 조언을 줄 수도 있다. c) 두세 사람이 함께 합심하여 기도하면 죄를 극복할 능력이 증가한다. 한 사람의 힘이 천이라면, 두 사람의 합한 힘은 만이 되는 것이다. "세 겹줄은 쉽게 끊어지지 아니하느니라."(전도서 4:12)

3. 공동으로 영적인 책임을 지기 위하여 당신의 죄를 고백할 친구를 제대로 선정할 수 있도록 하나님께 기도하라. 영적인 친구들은 개인의 사사로운 정보를 다른 사람들에게 누설하지도 않고 공개적으로 발표하지도 않을 만한 인격을 가진 사람이어야 한다. 동시에 개인의 기밀 정보를 가지고 그것을 이용하여 공격무기로 삼지 않을 만한 인물이어야 한다. 만약에 그들이 상대방을 비판(비난, 정죄)하는 바리새인들과 같은 기질을 가진 사람들이라면, 그들은 당신이 필요할 때에 용기와 위로 그리고 힘을 제공해 주는 대신에, 반드시 상대방의 약점을 잡아서 공격해 올 것이다.

내가 최근에 들어본 이야기 중에서 가장 끔찍한 이야기 중에 하나는 다음과 같은 이야기이다. 어떤 남자가 자신의 성적인 부도덕을 교회의 담임목사에게 고백을 하고, 자신의 여자관계를 정리해 버렸다. 그런데, 바로 그 주일에 주일 설교시간에 자신의 이야기가 예화로 등장하는 것을 발견하였다. 뿐만 아니라 그 목사는 교회의 지도자회의를 소집해서 그 남자를 출교시켜 버렸다.

내가 말하려는 '영적인 지지' 라는 것은 그러한 종류의 도움을 말하는 것이 아니다! 아마도 그 목사는 바리새인적인 기질을 가진 사람으로 율법주의자였음에 틀림이 없다.

그러므로 하나님께 기도함으로 인도함을 받아야한다. 그래서 제대로 된 영적인 친구, 선배, 목회자, 장로, 교회 지도자, 상담자, 배우자, 기도 파트너, 위로자, 힘과 용기를 주는 사람을 선택해내야 한다. 하나님은 당신에게 그 사람이 누구인지 보여주실 것이다. 그리고 그 사람에게 접근하여 야고보서 5:14-16에 기록된 그러한 기도를 드려줄 수 있느냐고 물어보라. 만약에 그들이 허락하면 그렇게 하라.

4. 서로 믿을 만한 관계와 공동의 책임이 중요하다. 친밀한 영적 친구에게 죄를 고백하고 기도를 받는 것 이외에, 그 사람에게 신앙의 동반자가 될 것을 요청할 수도 있을 것이다. 다시 말하자면, 기도 파트너란, 상대방의 영적인 웰빙을 생각하면서 이따금씩 정기적으로 영적인 상태를 점검해 주는 사람을 말한다. 기도 파트너가 물어오면, 언제나 진실을 말해야 한다. 그렇게 함으로 우리들을 우리 자신을 죄의 세력으로부터 보호할 수 있다.

가장 고질적인 죄와 완강하게 저항하는 귀신이라도 아래와 같은 방법을 사용하면 물리칠 수 있음을 나는 확신한다.

   1) 7가지의 기본적인 기도를 드리기 시작하라.
   2) 필요하다면, 죄와 의로움에 대한 저주와 축복을 생각하면서 열렬한 회개를 하라.
   3) 그래도 죄가 지속된다면, 믿을만한 영적 친구에게 고백하라. 그렇게 함으로 합심으로 기도를 드리고, 공동으로 책임을 지도록 하라.

   범죄하는 그 영혼은 죽으리라 (에스겔 18:4)

개인적인 적용

1. 머리의 언어는 무엇인가? 가슴의 언어는 무엇인가? 당신은 마음의 문제를 해결하기 위해 머리의 언어를 사용하지 않

앉는가? 아니면 가슴의 언어를 사용하였는가? 당신의 경험을 적어 보라.
2. 아무리 기도를 해도 별로 반응이 없는 고질적인 문제가 있는가? 하나님은 어떠한 접근방법으로 그 문제를 치유하시기를 원하시는 것 같은가? 하나님이 권면하시는 방법을 사용해보고 그 결과를 적어보라.
3. 꼼짝도 않는 완강한 죄가 있다면, "열렬한 회개"를 사용해 보라. 필요하다면, 장로님들이나 그 이외에 믿을 만한 사람들에게 죄를 고백하고 공동으로 책임을 지려는 노력을 경주해 보라.

집단을 위한 적용
1. 그룹의 구성원들로 하여금 자유로운 분위기 가운데에서 위의 질문들에 대답을 서로 나누게 하라.
2. 필요를 따라서 서로 기도해주고, 이 책에 제시된 기도들을 하나씩 적용해 보라.

제6장
치유 단계를 보여주는 견본들

치유 단계를 보여주는 견본들

기도사역이 필요하다는 7가지의 조짐들
1. 미결된 문제로 인해 야기된 중압감이 사라지지 않고 계속 마음속에 머물러 있을 때
2. 사라졌다가는 다시 나타나곤 하는 상습적인 문제
3. 습관성 내지는 고질적인 죄의 패턴
4. 만성적인 연약함 – 정신적, 감정적, 영적, 육체적
5. 화평, 믿음, 소망, 사랑에 반대되는 모든 것
6. 사단의 행위와 들어맞는 모든 것
7. 중독증과 통제가 불가능한 행위들

마음의 상처를 치유하는 7단계
1. "내 마음속에는 무엇이 들어 있는가?"라는 문제지를 사용하여 마음의 욕구를 발견해 내라.
2. 일곱 가지의 치유기도가 필요할지도 모른다는 가정을 하라.
3. "문제의 요소"라는 문제지를 사용하여 문제의 근원을 캐내라.
4. "마음을 치유하는 기도"를 사용하여 기도하라.
5. "새로운 진리의 성경 묵상"을 사용하여 진리로 봉하라.

6. 회상과 간증을 위한 "기념비"를 만들라.

7. 인생의 순환을 완성하라: 죽음으로부터 생명에 이르는 목회.

이러한 7가지 단계들은 아래와 같이 확대되어 자세히 설명되어 있다.

각각에 상응하는 문제지들이 (빈 문제지와 완결된 견본으로) 이 단원의 하반부에 배치되어 있다. 아래의 7가지 단계에 관한 설명을 읽으면서 동시에 문제지들을 참조해서 대조해 보라.

1. "내 마음속에는 무엇이 들어 있는가?"라는 문제지를 사용하여 마음의 기본 욕구를 발견해 내라.

당신의 마음속에 내주하시는 성령님께, "내 마음속에는 무엇이 있습니까?"라는 간단한 질문을 해 보라. 그리고 성령님의 흐르심에 주파수를 맞추고, 자유 연상으로 들어가서, 자연적으로 의식에 떠오르는 생각, 감정, 영상을 잡아내라(요한복음 7:37-39).

"내 마음속에는 무엇이 들어 있는가?" 문제지를 사용하여 제시된 질문에 대한 단어, 구절, 영상, 감정 등의 목록을 만들어라. 적어가면서, 성령님의 흐름, 환상, 그리고 감정에 집중하라. 부록 A에 제시된 하나님의 음성을 듣는 법을 활용해 보라.

당신의 마음속에 쏟아져 내리는 성령님의 흐름은 아마도 개념의 범주(category)로 임할 것이다. (예를 들자면, 분노, 증오, 악독 내지는 두려움, 의심, 불신앙 등 같은 종류의 단어들이 무리를 지어서 나타난다.) 문제지는 그러한 그룹이 형성되는 것을 보게 만들려고 제작되었다. 일단 몇 개만 적고, 성령님이 인도하시면 나중에 같은 군집에 속한 단어를 추가해도 된다.

이러한 목록의 작성은 하루 만에 끝내도 되지만, 한 주간 동안 숙고하면서 하나님께서 당신 안에 있는 모든 것을 전부 드러내시도록 허락해도 좋을 것이다. 원래 마음의 치유라는 것은 여러 겹으로 쌓인 것이 층층이 벗겨지면서 이루어지기 때문에, 기도하다 보면 점차로 다른 종류의 단어들이 쏟아져 나오는 것을 경험하게 될 것이다. 물론 "내 마음속에는 무엇이 들어 있는가?" 문제지는 필요하다면 언제든지 다시 작성될 수 있다.

이 문제지는 2가지의 목적을 가지고 있다. 첫째는 당신의 마음속에 있는 고질적인 문제들이 무엇인지 들추어내는 길잡이가 된다. 둘째는 (개인적인 상담을 마친 후에) 이러한 목록을 다시 한 번 더 작성해 보면, 마음의 어떠한 영역이 다루어졌는지 한 눈에 개관을 할 수 있게 되고, 동시에 하나님께서 행하신 치유의 범위를 정리하는 요약이 될 수 있다. 그러한 경우, 작성된 문제지는 당신을 향하신 하나님의 은혜를 증거하는 기록이 되기도 하고, 미래에 더 깊이 청소해 내고자하는 영역들의 목록이 되기도 한다.

2. 일곱 가지의 기도 접근방법이 모두 다 필요하리라 가정하라.

나는 문제의 근원을 캐낼 때, "주님, 저는 이 문제의 근본 원인을 알고 싶습니다."라고 기도드린다. 그리고 나서 문제점의 목록 옆에, 그 문제를 발생시킨 근본 뿌리를 적어 놓는다. 나는 그러한 작업을 통해서 성령님의 흐름에 집중한다. 그렇게 하다 보면, 모든 마음의 문제에는 내가 제시한 7가지의 요소들이 전부 다 관련되어 있는 것을 발견한다. 그렇기 때문에, 당신 자신에게 필요한 기도는 7가지 중에서 무엇인지 밝혀 낼 필요도 없이, 그냥 모든 사람에게는 7가지 종류의 기도가 전부 다 필요하다고 가정하면 된다. 다음에 제시될 문제지는 그러한 가정 하에서 만들어졌다.

3. 문제의 원인이 되는 요소를 발견하는 문제지를 풀어라.

분별의 은사를 활용하여 당신의 마음에 문제를 발생시킨 합당한 원인을 찾아내라. 그것이 (1) 가계에 흐르는 죄와 저주 (2) 추잡한 영들과의 묶임 (3) 부정적인 예상/ 그릇된 판단 (4) 그에 상응하는 내적 맹세 (5) 불경한 영상 (6) 그에 달라붙은 귀신 (7) 하나님을 믿지 않고 자신을 믿고 있음 중에서 어디에 기인한 것인지 밝혀내면, 더욱 효과적으로 기도할 수 있다. 그 결과, 마음속에서 작동하는 귀신들의 죄의 에너지와 힘들을 소멸시킬 수 있다.

"내 마음속에는 무엇이 들어 있는가?" 문제지에서 발견된 각각의 중요한 죄/마음의 문제에 관하여 "문제의 원인이 되는 요소를 발견하는 문제지"를 사용하여 문제의 근원을 캐내라. 한 가지의 문제(또는 집합체)에 관하여 "문제의 원인이 되는 요소를 발견하는 문제지"를 한 개씩 사용한다. 역시 이 문제지를 풀면서 성령님의 흐름, 영상, 그리고 감정에 주의하라.

"주요 원인"이란?: "내 마음속에는 무엇이 들어 있는가?"라는 문제지에서 여러 가지의 단어들이 모여서 이루어진 집합체(cluster: 군집)를 발견한 경우에, 그 중에서도 가장 중요한 것이 있을 것이다. 예를 들어서, 분노, 악의, 판단, 증오라는 단어들이 떠올랐다면, 그 중에서 마음속에 가장 강력하게 작용하는 것 하나를 골라낼 수 있을 것이다. 그 다음에는 그 가장 강력한 것이 마음속에 계속 머무르도록 부추기는 작용을 하는 이차적인 지류(secondary feeder)를 찾아내면 된다. 일반적으로는 모든 단어에 대해서 한 장씩의 "문제의 원인이 되는 요소를 발견하는 문제지"를 작성할 필요는 없고, 한 집합체에 관해서 하나의 "문제의 원인이 되는 요소를 발견하는 문제지"를 하나만 작성하면 된다.

4. "마음을 치유하는 기도"를 드려라.

문제의 원인이 되는 요소들이 발견되면, "마음을 치유하는 기도 개관 카드"를 사용하여 관련된 모든 원인에 관해서 기도를 드려라.

"문제의 원인이 되는 요소를 발견하는 문제지"를 참조하여 보다 구체적인 기도를 드릴 영역을 발견해 낸 것을 기억하라. 《〈상한 마음을 치유하는 기도 노트북〉》을 작성하면 아주 좋다. 그 노트북에 당신의 마음이 치유되는 과정을 상세히 기록해 놓는 것이다.

기도가 당신의 머릿속에서 나오지 않고 마음속에서 우러나와야 한다는 것에 유의하라. 우리는 머리를 치료하려는 것이 아니고 마음을 치료하려는 것이기 때문이다. 환상을 사용하여, 성령님의 흐르심과 감정에 유의하다 보면, 마음에서 기도가 우러나오게 되어 있다. 만약에 "감정"이라는 단어가 듣기에 거슬리면, 다시 한 번 우리의 목표는 지적인 문제를 치유하는 것이 아님을 상기하기 바란다. 당신의 마음은 이미 까다로운 감정들을 느끼고 싶지 않다고 소리를 지르고 있을 것이다. 그러나 아무리 그렇게 생각해도 까다로운 감정들은 사라지지 않는다.

당신의 내적 자아가 입술의 말을 여러 번 듣고 싶다는 신호를 보내면, 동일한 기도를 소리 내어서 여러 번 반복해도 좋다. 말은 소리 내어서 할 때마다, 마음속으로 더 깊이 파고 들어가게 되어 있다. 반복은 진리의 집의 터가 깊이 파이게 한다. 내적인 자아가 당신이 드리는 기도를 받아들이기까지 반복해서 기도를 드리는 것에 대해서 이상하게 생각하지 말라. 왜냐하면 우리들의 목표는 상한 마음을 치유하는 것이지, 머릿속에 들어있는 잘못된 신학을 고치려는 것이 아니기 때문이다.

아래에 제시된 3가지의 단계(5, 6, 7 단계)를 거친 이후에는, "내 마음속에는 무엇이 들어 있는가?" 문제지에서 발견된 또 다른 문제를 가지고, 처음부터 동일한 과정을 반복하라.

5. "새로운 진리의 성경 묵상"으로 진리를 밀봉하라.

며칠 동안 내지는 몇 주 동안 당신의 경건의 시간을 "새로운 진리

성경묵상"을 하는 시간으로 할애하라. 그러면 이러한 모든 작업을 통해서 얻은 새로운 영적인 진리들이 마음속 깊이 심어지게 될 것이다.

성경 묵상은 당신이 지금까지 믿어왔던 거짓된 신념들이나 오류를 새로운 진리로 대치하는데 도움이 된다. 하나님의 진리를 보다 더 깊이 인식함으로, 사단이 다른 지반을 마련하여 당신의 마음속으로 침투해 들어오는 가능성을 줄일 수 있다. 사단은 항상 절반의 진리와 거짓말로 사람을 현혹시키기 때문이다.

예를 들자면, 분노와 불평 대신에 용서와 사랑, 내지는 판단 대신에 자비, 또는 의심 대신에 믿음이라는 주제를 다룰 수 있겠다.

"새로운 진리 성경묵상"이라는 주제를 종이의 맨 위쪽에 적어라. 그 다음에는 다음과 같은 단계로 작성해 나갈 수 있을 것이다.

1. 성경 용어 색인(concordance)을 사용하여 다루는 주제의 단어가 성경에서 사용된 예들을 살펴보는 것을 추천한다. 가능하다면, 관련된 모든 성경구절들을 살펴보고, 기도하면서 묵상하고, 하나님께 계시의 영(에베소서 1:17-18)을 부어 달라고 부탁한 다음에, 마음속에 떠오르는 통찰력을 종이에 적어가라. 당신이 발견한 진리를 보충해 주는 성경의 이야기나 성경적인 원리들도 찾아내라. 묵상하면서 "주님 제가 고민하는 문제에 대한 치유를 원합니다. 꼭 필요한 성경구절을 발견하고 영적인 진리를 깨닫게 인도해 주시옵소서. 영안이 열려서 볼 것을 반드시 보게 하여 주시옵소서"와 같은 기도를 끊임없이 드려라.

2. 마음에 깊이 와 닿는 구절들은 암송하라. 그러면 나중에라도 필요할 때에 당장에 머릿속에서 끄집어내어 사용할 수 있기 때문이다.

3. 그러한 진리들이 아주 깊이 이해될 수 있는 경험, 통찰력, 그리고 하나님이 정하신 영들과의 만남이 생기도록 기도하라.

4. 기독교인 친구들에게 당신이 발견한 진리를 나누고, 그들에게 관련된 성경의 이야기나 성경적인 원리로 보충할 것이 있는지 물어보아라.
5. 관련된 주제에 관한 서적들을 한두 권 읽어보는 것도 도움이 될 것이다. 그러한 분야에 관해서 지식이 있는 사람들에게 좋은 책을 소개해 달라고 부탁할 수도 있을 것이다.
6. 당신이 현재 깨닫고 있는 것들이 당신의 마음속에서 영적인 기본 질서와 영적인 기본 원리로 확립되도록 기도하라. 그 결과 당신의 마음속에 하나님이 영감을 주시는 믿음과 순수한 마음이 탄생하도록 기도하라.
7. 주제 다루기를 마친 다음에는 배운 바를 요약하라. 그리고 그 요약을 기반으로 간단한 기도문을 작성하라.

이러한 요약들은 다음에 논의할 "기념비"에 적어 넣으면 된다. 성경을 "공부하는 것"과 "묵상하는 것"의 차이점에 관하여서는 부록 H를 참조하기 바란다. 부록 C와 부록 D에는 "새로운 진리 성경묵상"의 본보기가 제시되어 있다.

6. 회고나 간증을 위하여 "기념비"를 세우라.

하나님께서는 초자연적인 능력으로 승리를 거둔 중요한 사건이 있을 때마다, 이스라엘에게 종종 축하 의식을 거행할 기념물을 세우라고 명령하셨다.

> 그들에게 이르되 요단 가운데로 들어가 너희 하나님 여호와의 궤 앞으로 가서 이스라엘 자손들의 지파 수대로 각기 돌 한 개씩 가져다가 어깨에 메라 이것이 너희 중에 표징이 되리라 후일에 너희의 자손들이 물어 이르되 이 돌들은 무슨 뜻이냐 하거든 그들에게 이르기를 요단 물이 여호와의 언약궤 앞에서 끊어졌나니 곧 언약궤가

요단을 건널 때에 요단 물이 끊어졌으므로 이 돌들이 이스라엘 자손에게 영원히 기념이 되리라 하라 하니라 (여호수아 4:5-7)

당신의 마음을 치유하는 기도 노트북은 수년 동안 하나님께서 당신의 마음을 치유하셨다는 증거와 신앙의 여행담이 될 것이다. 그 노트북에는 당신의 삶을 속박하고 당신을 짓누르던 고질적인 문제들로부터 승리를 거둔 기록이 담긴 "기념 축하 문제지"가 포함되어 있을 것이다. 고질적인 문제(strongholds: 부정적인 신념의 본거지, 거점, 요새)라는 것은 삶 속으로 들어온 (사악한 영의) 부정적인 에너지의 군집(cluster: 집합체, 무리)을 말한다. 하나님께서 당신의 삶 속에 들어있던 고질적인 문제를 해결해 주심을 축하하면서, "기념 축하 문제지"를 작성해 보라.

(위 성경구절에서 이스라엘 사람들이 했던 것과 마찬가지로) 당신도 축하를 하면서 물리적인 상징물을 만들어 낼 수 있을 것이다. 상징은 지성뿐만 아니라 심성(마음)에도 그 의미하는 바가 크다. 예를 들어서, 기념비를 세워놓으면, 하나님께서 당신의 삶에 행하신 놀라운 일을 계속 상기시켜줄 뿐만 아니라 앞으로도 계속되는 치유의 근원이 될 수도 있다.

7. 인생의 순환을 마감하라: 죽음으로부터 생명에 이르는 사역

그런즉 사망은 우리 안에서 역사하고 생명은 너희 안에서 역사하느니라 (고린도후서 4:12)

내가 치유함을 받고 기름 부으심을 받았는지 어떻게 알 수 있을까? 그것은 나의 고통과 상처를 통해서 하나님이 어떠한 은사를 주셨으며, 그 은사를 사용해서 다른 사람을 치유하는 기적이 일어날 때에, 비로소 다른 존재가 아닌 살아계신 하나님이 나를 치유하셨다는 사실이 증명된다.

위에서 제시된 대로, 철저하게 그리고 완결이 되도록 당신이 치유의 과정을 밟아왔다면, 하나님의 치유에 대한 간증을 할 수 있을 정도로 놀라운 치유가 이루어졌을 것이다. 그러면 그러한 치유의 사실을 다른 사람과도 나눌 수 있다. 그러면 당신의 간증을 듣는 사람들은 하나님의 자비하심과 그 은혜에 감동을 받을 것이고, 그들의 마음도 믿음으로 자극을 받고 하나님의 은혜가 그들의 삶 속에서 활기를 띠게 될 것이다.

그러므로 치유의 과정을 끝까지 다 마치도록 하는 것이 중요하다. 기념비를 세우고, 간증을 작성함으로 말미암아 자녀들과 후손들의 마음을 감동시킬 위대한 이야기들을 만들어내라.

생명을 잃고 얻는 원리

7번째의 과정과 관련된 성경구절은 다음과 같다.

> 자기 목숨을 얻는 자는 잃을 것이요 나를 위하여 자기 목숨을 잃는 자는 얻으리라(마태복음 10:39)

내가 깨달은 것은 다른 사람들의 욕구와 필요를 채우려고 노력하는 경우보다 내가 나 자신의 욕구에만 집중할 때에 영적으로나 심리적으로 더욱 더 나빠지는 것을 발견하였다. 그러나 하나님의 은혜를 다른 사람들에게 전달하면서 그들을 하나님 안에서 세워주는 경우, 나 자신도 주님 안에서 덩달아 세워지는 것을 발견한다. 내가 생각하기에는, 다른 사람을 치유하시는 하나님의 사랑과 생명의 능력이 나를 통해서 다른 사람들에게 흘러 들어가는 이유로 내가 먼저 치유되는 것 같다.

나의 경우에는, 다른 사람에게 하나님의 은혜를 전달하는 과정 중에, 나 자신이 가장 많이 치유되는 것을 경험한다. 그러나 나 자신에게만 초점을 돌릴 때는 나 자신의 삶에 금이 가는 것을 경험한다. 그러므로 진정으로 행복하고 기쁨이 넘치는 삶을 살기 원한다면, 자신을 버리고 다른 사람을 위한 삶을 사는 길이 지름길일 것이다. 반드시 기억해야 할 일은 우리가 자신을 내어주는 일을 하지 않는다면 치유는 우리를 비껴나가 버린다는 것이다.

개인적인 적용

1. 모든 문제지들을 하나도 남김없이 완성하라. 당신의 마음 구석에 치유가 필요한 문제가 아직도 남아 있다면, 주님께 반드시 아뢰어라. 문제지들을 풀어 가는 과정 중에 하나님께서 치유해 주시기를 부탁드려라. 모든 것을 잘 마치려면 아마도 몇 주일 내지는 몇 달이 걸릴지도 모른다. 그렇지만 시간이 많이 걸려도 상관없다. 느긋하게 시간을 가지면서 치유가 완결되도록 노력하라. 매일 같이 가지는 경건의 시간마다 치유를 경험하는 것이 바람직하다.

집단을 위한 적용

1. 치유 받은 경험을 그룹의 구성원들이 서로 나누면 좋다.
2. 치유 과정에 대해서 가지는 의문점을 서로 토론하라.
3. 치유기도를 원하는 자원자를 위해서 그룹으로 기도하라. 이 단원과 이전의 2단원에서 제시된 과정들을 사용하라. 문제지를 작성해 가면서 치유의 과정이 진행이 되면, 누군가 책임을 지고 전체의 과정을 기록하도록 하라. 뿐만 아니라, 치유 팀과 전체의 치유과정을 진행할 사람을 임명하라. 주님께서 치유의 과정을 인도하시는 중에, 좋은 의견

이 생각나면 누구든지 발표하도록 허락하라. 이러한 접근 방법은 일종의 기본 틀이다. 그룹의 성격과 상황에 따라서 변형시킬 수도 있을 것이다.

자신들의 마음의 문제를 치유 받은 경험이 있는 두 사람의 기도자를 격려해서 특별한 도움이 필요한 사람들을 도와주고 팀의 사기를 북돋아 주도록 하라. 그러한 격려는 그리스도의 몸을 세우는 일에 큰 도움이 되고, 서로에게 축복을 안겨주는 일이 될 것이다. 모든 교회는 이러한 치유 팀을 필요로 한다. 교회마다 이러한 치유 팀을 만들면 참으로 바람직 할 것이다. 당신의 교회도 이러한 치유 팀을 신설할 생각이 없는가? 일반적으로는 좌측의 뇌가 발달한 사람들이 팀을 조직하고 우측의 뇌가 발달한 사람이 예언과 환상을 보는 일을 담당하는 것이 바람직하다(사도행전 13:1). 서로 받은 은사들을 자연스럽게 합하여 사용하면, 대단히 효과적인 사역이 진행될 것이다.

4. 몇 주 동안 이 책에 제시된 기도방법을 사용하여 그룹의 구성원들을 위해 기도해 주면 좋을 것이다. 한 그룹은 분기(13주) 또는 더 오래(2분기-26주, 3분기-39주) 서로를 위해 기도해 주면서, 자신들의 문제를 위해서 기도하다가 받은 꿈, 영상, 환상을 함께 나누면 매우 효과적이다.

문제지는 아래와 같다.

이제 제시되는 자료는 공백의 문제지와 완결된 문제지의 견본들이다. 완결된 견본들을 통해서, 사람들이 당면하는 대표적인 문제들과 그에 대한 전형적인 문제 해결 방안을 보여주는 본보기가 제시되어 있다. 보다 더 구체적이고 실질적인 이해를 돕기 위해서 견본을 제시한 것이다. 아무쪼록 당신 자신의 마음의 문제에 관한 것을 다루면서 스스로 "문제지"를 풀어보는데 여기에서 제시하는 견본들이 도움이 되기를 바란다.

이 문제지들은 현재 책의 사이즈가 아니라 레터 용지 (215.9*279.4mm)의 치수를 가진 종이에 복사하는 것이 더 낫다. 실제 상담을 하는 동안에 가장 많이 사용하는 종이는 "문제의 원인이 되는 요소를 발견하는 문제지"이다. 그러므로 "문제의 원인이 되는 요소를 발견하는 문제지"의 경우에는 11*17 인치의 더 큰 종이에 복사를 해서 사용하면 좋을 것이다. 영어로 작성된 공란의 문제지들은 http://www.cwgministries.org를 통해 무료로 다운로드 받을 수 있다. 아니면 《《문제의 원인이 되는 요소를 발견하는 소책자》》는 Communion With God Ministry(하나님과의 교통 사역)를 통해 주문할 수도 있다.

"내 마음속에는 무엇이 들어 있는가?" 문제지

이름 _____

구하라: "주님, 내 마음속에는 무엇이 들어 있습니까?"라고 성령님께 물어 보아라. 마음속에 내재하시는 성령님의 흐름, 느낌, 그리고 떠오르는 영상에 귀 기울여라. 그리고 마음속에 나타나는 것을 아래에 적어라. 떠오르는 단어들을 같은 부류(cluster: 동아리, 군집, 집합체)로 묶어보아라. 예를 들자면, 두려움, 의심, 불신앙이 한 부류가 될 것이고, 거절당함, 열등감, 버림받음이 다른 종류의 동아리로 묶일 것이다. 한 집합체 안에서 가장 강력하게 작용하는 것 뒤에 〈가장 강력함〉이라고 써넣고, 그러한 문제가 떠나가지 않게 부추기는

요소에 대해서는 〈주로 부추기는 것〉이라는 말을 붙인다. "내 마음 속에는 무엇이 들어 있는가?" 문제지를 가지고 매주 실행하여, 몇 주 동안 계속하다 보면, 마음속에 잠재한 모든 문제들이 거의 다 드러나게 되어 있다. 그러면, 새로운 집합체가 등장하기도 하고, 아니면 이미 적어 놓은 집합체 안에 새로운 문제들을 추가하게 되는 경우도 발생할 것이다. 그러다 보면 결국은 악령이 발생시키는 모든 고질적인 문제들(strongholds)을 한눈에 볼 수 있는 마음의 지도가 만들어질 것이다. 일단 문제가 밝혀지면, 그때부터는 구체적인 치유로 들어갈 수 있게 된다.

집합체 1 (가장 강력한 것과 부추기는 것들을 명시하라)

1.		6.	
2.		7.	
3.		8.	
4.		9.	
5.		10.	

집합체 2 (가장 강력한 것과 부추기는 것들을 명시하라)

1.		6.	
2.		7.	
3.		8.	
4.		9.	
5.		10.	

집합체 3 (가장 강력한 것과 부추기는 것들을 명시하라)

1.		6.	
2.		7.	
3.		8.	
4.		9.	
5.		10.	

집합체 4 (가장 강력한 것과 부추기는 것들을 명시하라)

1.		6.	
2.		7.	
3.		8.	
4.		9.	
5.		10.	

집합체 5 (가장 강력한 것과 부추기는 것들을 명시하라)

1.		6.	
2.		7.	
3.		8.	
4.		9.	
5.		10.	

"내 마음속에는 무엇이 들어 있는가?" 문제지

이름 <u>조 크리스천</u> (완결된 견본)

구하라: "주님, 내 마음속에는 무엇이 들어있습니까?"라고 성령님께 물어 보아라. 마음속에 내재하시는 성령님의 흐름, 느낌, 그리고 떠오르는 영상에 귀 기울여라. 그리고 마음속에 나타나는 것을 아래에 적어라. 떠오르는 단어들을 같은 부류(cluster: 동아리, 군집, 집합체)로 묶어보아라. 예를 들자면, 두려움, 의심, 불신앙이 한 부류가 될 것이고, 거절당함, 열등감, 버림받음이 다른 종류의 동아리로 묶일 것이다. 한 집합체 안에서 가장 강력하게 작용하는 것 뒤에 〈가장 강력함〉이라고 써넣고, 그러한 문제가 떠나가지 않게 부추기는 요소에 대해서는 〈주로 부추기는 것〉이라는 말을 붙인다. "내 마음속에는 무엇이 들어 있는가?" 문제지를 가지고 매주 마다 실행하여, 몇 주 동안 계속 하다보면, 마음속에 잠재한 모든 문제들이 거의 다 드러나게 되어있다. 그러면, 새로운 집합체가 등장하기도하고, 아니면 이미 적어 놓은 집합체 안에 새로운 문제들을 추가하게 되는 경우도 발생할 것이다. 그러다 보면 결국은 악령이 발생시키는 모든 고질적인 문제들(strongholds)을 한눈에 볼 수 있는 마음의 지도가 만들어 질 것이다. 일단 문제가 밝혀지면, 그때부터는 구체적인 치유로 들어갈 수 있게 된다.

집합체 1 (가장 강력한 것과 부추기는 것들을 명시하라)

1.	화 (가장 강력함)	6.	살인
2.	증오	7.	성질부림
3.	앙심, 원한	8.	복수

| 4. | 남을 판단함 (주로 부추기는 것) | 9. | 양갚음 |
| 5. | 폭력 | 10. | 용서하지 않음, 신랄 |

집합체 2 (가장 강력한 것과 부추기는 것들을 명시하라)

1.	두려움 (가장 강력함)	6.	서두르는 영
2.	권위 있는 사람들을 두려워함	7.	거짓된 책임감의 영
3.	남자들을 두려워함	8.	우려, 불안, 걱정
4.	의심 (주로 부추기는 것)	9.	암(cancer)에 대한 두려움
5.	믿지 못함	10.	용서하지 않음, 신랄

집합체 3 (가장 강력한 것과 부추기는 것들을 명시하라)

1.	재정적인 부족 (가장 강력함)	6.	탐심 (주로 부추기는 것)
2.	가난함을 신봉함	7.	빚
3.	십일조를 드리지 않음으로 하나님의 것을 도적질함	8.	솔직하지 않음
4.	언약의 약속을 믿지 못함	9.	재물이 우상
5.	탐욕	10.	실패

집합체 4 (가장 강력한 것과 부추기는 것들을 명시하라)

1.	색정 (가장 강력함)	6.	외도/간음
2.	색욕 + 공상 (주로 부추기는 것)	7.	귀신과의 성적인 교접
3.	음란물	8.	강간
4.	혼전성교	9.	가학/피학성 음란
5.	성적인 학대	10.	근친상간

집합체 5 (가장 강력한 것과 부추기는 것들을 명시하라)

1.	우울증 (가장 강력함)	6.	비애
2.	거절당함/ 버림받음	7.	자기연민 (주로 부추기는 것)
3.	자포자기	8.	나서지 못하고 뒤로 물러섬
4.	무기력	9.	자살
5.	절망	10.	

집합체 6 (가장 강력한 것과 부추기는 것들을 명시하라)

1.	비통 (가장 강력함)	6.	비탄
2.	자포자기	7.	고뇌
3.	애끓는 마음	8.	느낌
4.	상실 (주로 부추기는 것)	9.	고민
5.	고통	10.	감정의 격분

집합체 7 (가장 강력한 것과 부추기는 것들을 명시하라)

1.	수치심 (가장 강력함)	6.	죄책감 (주로 부추기는 것)
2.	분노	7.	증오
3.	비난과 책망	8.	자기혐오
4.	망신	9.	자기연민
5.	난처함	10.	열등감

집합체 8 (가장 강력한 것과 부추기는 것들을 명시하라)

1.	버림받음 (가장 강력함)	6.	무시
2.	도망감	7.	거절
3.	이혼	8.	자기연민
4.	고립 (주로 부추기는 것)	9.	희생당함
5.	고독	10.	친밀감 형성이 안 됨

집합체 9 (가장 강력한 것과 부추기는 것들을 명시하라)

1.	속임 (가장 강력함)	6.	거짓말
2.	사기	7.	비밀
3.	혼동	8.	교활/농간
4.	부인, 아니라고 함	9.	신뢰할 수 없음
5.	배신	10.	스스로를 속임

집합체 10 (가장 강력한 것과 부추기는 것들을 명시하라)

1.	정서불안 (가장 강력함)	6.	광기
2.	미침	7.	망상
3.	충동	8.	정신분열
4.	혼미/당황	9.	
5.	발작	10.	

문제의 원인이 되는 요소를 발견하는 문제지 – 제 1쪽
믿음, 소망, 사랑을 회복하기

마음을 치유하는 기도
1. 기계에 흐르는 죄와 저주를 끊어라
2. 추잡한 영들과의 묶임을 풀어라
3. 부정적인 신념을 대치하라
4. 내적인 맹세를 포기하라
5. 하나님의 환상을 받아라
6. 귀신을 축출하라
7. 그리스도 안에 있는 생명의 성령을 체험하라

* * * *

아래의 질문에 대답을 하면서,
마음의 흐름, 떠오르는 영상, 감정에 주파수를 맞춰라

* * * *

사악한 영의 집을 철거해내기

- 정신적인 큰 충격
- 영상들
- 자기 노력
- 부정적인 기대들
- 귀신의 집 (누가복음 11:24)
- 불경건한 영향들
- 영혼의 묶임들
- 가계에 흐르는 죄들
- 가계에 흐르는 저주들

성령님의 임재와 인도하심을 환영하면서
시작해 보라!

이름 _____   날짜 _____

탐구할 마음의 문제 _____

제 1단계. 주님, 나의 마음의 문제인 _____에 대해서 조상의 탓인 것들이 있습니까? 주해: 조상을 비난하려는 것이 목적이 아니고, 부정적인 에너지의 근원을 찾아내려는 노력일 뿐이다.

제 2단계. 주님, 나의 마음의 문제인 _____을 발생시킨 원인이 추잡한 영들과의 묶임(친밀한 관계)에서 비롯된 것은 아닙니까? (부모, 권위 있는 인물, 선생, 목회자, 친한 친구, 배우자를 검토하라)

부정적인 기대와 그에 상응하는 내적인 맹세 (고집) – 제 2쪽

제 3과 4 단계: 직전에 기록한 마음의 문제에 대해서, 그 원인이 나의 부정적인 기대에서 비롯된 것이 아닌지 살펴보아라. 아래의 빈칸에 왼쪽에는 부정적인 신념들의 목록을 적고, 오른쪽에는 그에 상응하는 내적인 맹세를 적어라. 그리고 다음 페이지로 넘어가서, 하나님의 계시를 따라서, 각 항목에 대조되는 신앙적인 믿음과 성령님의 목적을 기록하라. 최종적으로, 부정적인 신념과 내적인 맹세(고집)를 포기하는 회개의 기도를 드려라. 하나님이 지시하신 새로운 믿음으로 기도하고, 성령님이 주시는 목적대로 살 것을 고백하라. 모든 부정적인 신념들이 노출되고, 경건한 믿음으로 대치될 때까지 이러한 과정을 반복하라.

"주님 어떠한 부정적인 신념이 마음의 문제인 _____ 을 야기 시켰습니까?"

"주님 어떠한 내적인 맹세가 제 마음의 문제에 관련이 되어있습니까?"

나는 …을 예상한다.

그러므로 …하기로 맹세한다.

a.	a.

b.	b.

c.	c.

d.	d.

e.	e.

f.	f.

g.	g.

h.	h.

대조되는 긍정적인 믿음과
성령이 능력을 부여하시는 목적들 - 제 3쪽

제 3과 4 단계 – 연속. 어떤 특정한 부정적인 신념의 목록을 적으면서, 특별히 마음이 산란하고 불안해 지면 지극히 부정적인 영상이 밑바닥에 깔려있다는 증거이다. 그러한 경우는 먼저 내적 치유의 기도를 통해서 그 영상들을 처리해 내라. 그러한 내적 치유의 과정을 4, 5쪽에 기록하라. 그런 다음에, 다시 현재의 면으로 돌아와서, 신앙적인 믿음과 성령님의 목적들을 기록하라. 신앙적인 믿음들은 성령의 계시에 의해서 심도 있게 기술이 되어야 한다. 이러한 과정은 "성경적인 묵상 문제지"에 의해서 촉진될 수도 있다.

하나님은…라고 말씀하신다	그래서 성령 안에 있는 나의 인생의 목적은 …이다
a.	a.
b.	b.
c.	c.

d.	d.

e.	e.

f.	f.

g.	g.

h.	h.

하나님으로부터 거룩한 영상을 받음으로부터 오는
내적 치유 - 제 4쪽

제 5단계. "주님, 어떤 사람들이나 어떤 경험에 관한 영상을 제가 마음에 간직하고 있기에, 저의 마음의 문제인 _____이 발생하였습니까?

    문제에 관련된 첫 장면을 치유하는 것은 내적 치유의 기반을 마련하는 것이다. 그러나 그 장면이 너무나도 강력하여서 도저히 마음에 떠올릴 수 없을 정도로 몸서리 쳐 진다면, 성령님께 당신을 다른 장면으로 먼저 인도하시고, 덜 고통스러운 장면부터 먼저 치유해 주시기를 부탁드려라. 성령님의 흐르심(flow)에 초점을 맞춰라. 각각의 장면에 신앙적인 의미를 첨부하라. "주님, 그 고통스러운 장면이 발생할 때에, 주님이 그 자리에 계셨음을 믿습니다. 주님, 더 구체적으로 주님은 무슨 일을 하고 계셨는지 저에게 보여 주시옵소서."라는 기도를 드려라. 그리고 마음에 나타나는 영상 속에 예수님을 끌어들이고, 그 분이 무슨 행동을 하시고 무슨 말씀을 하는지 주목해보아라. 기록하면서 성령님의 흐르심과 그 분이 주는 환상에 주파수를 맞춰라. 당신 스스로 영상을 억지로 만들어 내려고 하지 마라. 단지, 예수님의 인도하심만 따르라. 의문의 장면들은 성경의 환상들과 비교하고, 영적인 상담자들에게 문의해서 진짜로 하나님께로부터 온 환상인지 확인하라.

진실이 아니거나 치유 받지 못한 장면들 예수님의 임재가 빠진 장면들	진리와 치유된 장면들 예수님이 함께하시는 장면들
a.	a.

b.	b.

c.	c.

d.	d.

e.	e.

f.	f.

g.	g.

귀신을 축출하고 생명의 성령의 능력을 체험하기
- 제 5쪽

제 6단계. "나의 마음의 문제를 발생시킨 _____ 귀신 이외에, 나를 괴롭히는 다른 사악한 영들의 군집(cluster: 무리의 집합체)이 더 있습니까?" 마음의 감정이나 죄를 살펴보면서, 사악한 영들의 이름을 적어 보아라.

    축사를 위한 기도를 드리기 위해서는 모든 종류의 부정적인 신념과 불경건한 죄들, 그리고 내적인 맹세(고집)를 고백하고 버려야 한다. 그리고 긍정적인 믿음을 진술하고 그러한 믿음을 가지고 하나님께 헌신하라. 성령 안에서 설립된 새로운 인생의 목적을 다시 확인하라. 그러면 귀신이 세워 놓은 거짓말의 기반이 무너져 내리기에, 귀신은 설 땅이 없어진다.

    만약에 귀신이 아직도 떠나가기를 거부하고 저항하면, "귀신이 어디에 달라 붙어있을까?" 하는 질문을 던져보아라. 상담자와 내담자는 함께 성령님의 흐르심을 통하여 해답을 들을 수 있을 것이다. 그러고 나서, 적합한 기도방법을 사용하여 그 귀신의 기반을 무너뜨려 버려라. 그러면 귀신은 떠날 것이다. 일단 귀신이 떠나가면, 마음을 신앙적인 믿음으로 채워야 한다(마태복음 12:43-45).

제 7 단계. (자기 집으로 돌아가서 혼자 숙제로 하라) "주님, 저는 하나님의 능력을 의지하지 않고 제 자신의 힘으로 문제를 해결하려고 한 적은 없습니까? 그러한 부분은 어떤 것인지 알게 하여 주시옵소서." _____ 죄에 대해서 나 혼자의 힘으로 극복해 보려고 노력하였다. 이제는 성령님의 도우심을 받아 _____ 문제를 해결해 보고자 한다.

중요한 추가적인 치유법: 식사를 잘하고(창세기 1:29), 적당한 운동을 하며, 충분히 휴식을 취하고, (물리적, 환경, 영적, 감정적인) 스트레스를 감소시키면서, 자연적인 치유방법들을 도입하라. 마크와 패티 버클러가 저술한 《〈자연으로 돌아가자〉》와 《〈건강을 회복시키는 목회〉》를 참조하기 바란다.

문제의 원인이 되는 요소를 발견하는 문제지 - 제 1쪽
믿음, 소망, 사랑을 회복하기
(완결된 견본)

마음을 치유하는 기도

1. 기계에 흐르는 죄와 저주를 끊어라.
2. 추잡한 영들과의 묶임을 풀어라.
3. 부정적인 신념을 대치하라.
4. 내적인 맹세를 포기하라.
5. 하나님의 환상을 받아라.
6. 귀신을 축출하라.
7. 그리스도 안에 있는 생명의 성령을 체험하라.

* * * *

아래의 질문에 대답하면서
마음의 흐름, 떠오르는 영상, 감정에 주파수를 맞춰라.

* * * *

사악한 영의 집을 철거해내기

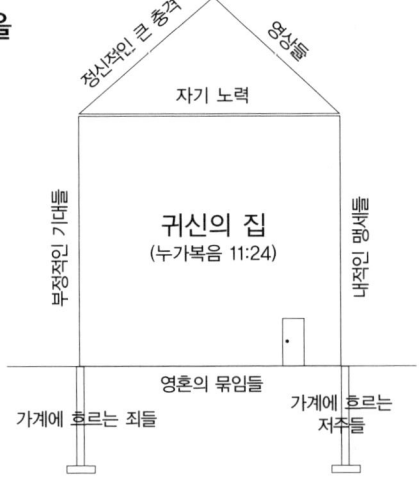

성령님의 임재와 인도하심을 환영하면서
시작해 보라!

이름 <u>조 크리스천</u>　　　날짜 <u>2000년 1월 1일</u>

탐구되어질 마음의 문제 <u>분노/ 타인을 판단함</u>

제 1단계. 주님, 나의 마음의 문제인 <u>분노/ 타인을 판단함</u>에 대해서 조상의 탓인 것들이 있습니까? 주해: 조상을 비난하려는 것이 목적이 아니고, 부정적인 에너지의 근원을 찾아내려는 노력일 뿐이다.

<u>나의 조상의 삶 속에 분노/ 타인을 판단함이 있었다. 그것들은 ……</u>

제 2단계. 주님, 나의 마음의 문제인 분노/ 타인을 판단함을 발생시킨 원인이 추잡한 영들과의 묶임(친밀한 관계)에서 비롯된 것은 아닙니까? (부모, 권위 있는 인물, 선생, 목회자, 친한 친구, 배우자를 검토하라)

<u>내가 어렸을 적에 나는 다른 기독교인들을 판단하는 근본주의적인 교회에 출석했었다. 나는 젊었을 때에 남을 비판하는 근본주의적인 성경교사의 가르침을 라디오방송으로 들었다.
그리고 그러한 교수로부터 사사 받았고… 지나치게 독단적인 상담학의 책에 영향을 받았다.</u>

치유 단계를 보여주는 견본들　165

부정적인 기대와 그에 상응하는 내적인 맹세 (고집)
- 제 2쪽
(완결된 견본)

제3과 4단계: 직전에 기록한 마음의 문제에 대해서, 그 원인이 나의 부정적인 기대에서 비롯된 것이 아닌지 살펴보아라. 아래의 빈칸에 왼쪽에는 부정적인 신념들의 목록을 적고, 오른쪽에는 그에 상응하는 내적인 맹세를 적어라. 그리고 다음 페이지로 넘어가서, 하나님의 계시를 따라서, 각 항목에 대조되는 신앙적인 믿음과 성령님의 목적을 기록하라. 최종적으로, 부정적인 신념과 내적인 맹세(고집)를 포기하는 회개의 기도를 드려라. 하나님이 지시하신 새로운 믿음으로 기도하고, 성령님이 주시는 목적대로 살 것을 고백하라. 모든 부정적인 신념들이 노출되고, 경건한 믿음으로 대치될 때까지 이러한 과정을 반복하라.

"주님 어떠한 부정적인 신념이 마음의 문제인 <u>분노</u>를 야기 시켰습니까?"

"주님 어떠한 내적인 맹세가 제 마음의 문제인 <u>분노</u>와 관련이 되어 있습니까?"

나는 …을 예상한다	그러므로 …하기로 맹세한다
a. 나의 삶은 완벽해야한다.	a. 나와 남을 철저하게 조종하라
b. 바보 같은 짓을 해서는 안 된다.	b. 내가 만나는 모든 사람들을 철저하게 교육을 시켜야한다.

c. 정부가 부도덕하고 통제 불능이다.	c. 정부를 신뢰하지 마라.
d. 위선자들이 교회를 오염시키다.	d. 위선자들을 공격하고 교회에서 몰아내라.
e. 악한 인간들은 죽어 마땅하다.	e. 악한 인간들을 쓸어버려라.
f. 자금이 부족하면 목회가 제한을 받는다.	f. 자금을 있는 대로 모두 끌어들여라.
g. 인생에 그렇게도 많은 문제가 있어서야 되겠는가?	g. 계속 내 인생에 많은 문제가 발생한다면, 하나님을 의심하라.
h. 모든 사람이 모두 나를 좋아해야한다.	h. 나를 공격하는 사람을 공략하라.

대조되는 긍정적인 믿음과 성령이 능력을 부여하시는 목적들 – 제 3쪽

(완결된 견본)

제 3과 4 단계 – 연속. 어떤 특정한 부정적인 신념의 목록을 적으면서, 특별히 마음이 산란하고 불안해 지면 지극히 부정적인 영상이 밑바닥에 깔려있다는 증거이다. 그러한 경우는 먼저 내적 치유의 기도를 통해서 그 영상들을 처리해 내라. 그러한 내적 치유의 과정을

4, 5쪽에 기록하라. 그런 다음, 다시 현재 페이지로 돌아와서 신앙적인 믿음과 성령님의 목적들을 기록하라. 신앙적인 믿음들은 성령의 계시에 의해서 심도 있게 기술이 되어야 한다. 이러한 과정은 "성경적인 묵상 문제지"에 의해서 촉진될 수도 있다.

하나님은 …라고 말씀하신다.	그래서 성령 안에 있는 나의 인생의 목적은 …이다.
a. 인생에는 항상 환난과 시험이 있을 것이다 (요 16:33)	a. 환난 중에도 즐거워하자 (롬 5:3)
b. 어떤 사람들은 멍청한 삶을 선택한다	b. 어리석은 자들을 나무라지 말자. 그들이 나를 증오할 것이다 (잠 9:8)
c. 하나님은 부도덕한 정부라도 사용하신다. 하나님께서 나에게 부도덕한 정부를 바로잡고 도와주는 일에 무엇하기를 원하시는지 분별하게 하여주시옵소서	c. 성령에 기름 부으심을 받은 지도자를 양성하여 미래의 정부 지도자로 내세우라
d. 성령을 거슬리는 자들은 항상 있을 것이다 (갈 4:29)	d. 추수가 되기 전 까지는 알곡과 쭉정이가 항상 함께 자라난다는 것을 받아들여라 (마 13:30)
e. 주님이 말씀하시기를 "심판은 나에게 속한 것이니, 내가 직접 갚으리라"라고 하신다 (롬 12:19)	e. 다른 사람들은 하나님이 알아서 처리하시도록 맡기고, 나는 나에게 맡겨진 일에만 신경을 써야하겠다 (롬 12:19)

f. 내가 씨를 뿌리면, 하나님이 거두게 하여 주실 것이다 (눅 6:38)	f. 믿음으로 씨를 뿌리자 (말 3:10)
g. 시험과 환난은 인생의 일부분이다. 그러나 하나님에게 신뢰를 두는 자들을 하나님은 건져주신다 (시 34:19)	g. 시험과 환난으로부터 나를 건져주시는 하나님을 믿자 (시 18:2)
h. 의로운 일을 하다가 핍박을 받을 때는 즐거워해야 한다 (마 5:10-11)	h. 정의를 위해 일하다가 고생할 때에라도 즐거워하자 (마 5:10-11)

하나님으로부터 거룩한 영상을 받음으로부터 오는 내적 치유 – 제 4쪽

(완결된 견본)

제 5단계. "주님, 어떤 사람들이나 어떤 경험에 관한 영상을 제가 마음에 간직하고 있기에, 저의 마음의 문제인 <u>분노/ 타인을 판단함</u>이 발생하였습니까?

문제에 관련된 첫 장면을 치유하는 것은 내적 치유의 기반을 마련하는 것이다. 그러나 그 장면이 너무나도 강력하여서 도저히 마음에 떠올릴 수 없을 정도로 몸서리 쳐 진다면, 성령님께 당신을 다른 장면으로 먼저 인도하시고, 덜 고통스러운 장면부터 먼저 치유해 주시기를 부탁드려라. 성령님의 흐르심(flow)에 초점을 맞춰라. 각각의 장면에 신앙적인 의미를 첨부하라. "주님, 그 고통스러운 장면이 발생할 때에, 주님이 그 자리에 계셨음을 믿습니다. 주님, 더 구체적으로 주님은 무슨 일을 하고 계셨는지 저에게 보여 주시옵소서."라는 기도를 드려라. 그리고 마음에 나타나는 영상 속에 예수님을 끌어들이고, 그 분이 무슨 행동을 하시고 무슨 말씀을 하시는지 주목해보아라. 기록하면서 성령님의 흐르심과 그 분이 주는 환상에 주파수를 맞춰라. 당신 스스로 영상을 억지로 만들어 내려고 하지 마라. 단지, 예수님의 인도하심만 따르라. 의문의 장면들은 성경의 환상들과 비교하고, 영적인 상담자들에게 문의해서 진짜로 하나님께로부터 온 환상인지 확인하라.

진실이 아니거나 치유 받지 못한 장면들 예수님의 임재가 빠진 장면들	진리와 치유된 장면들 예수님이 함께 하시는 장면들
a. 모든 제도화된 기관들의 후진성	a. 제도들은 현재의 상태를 유지시켜 주는 역할을 담당한다. 그러나 혁신은 제도에 도전을 주고, 새로운 제도가 설립될 정보를 제공한다. 그러면 제도도 바뀌게 되어있다.
b. 바리새주의가 교회를 퇴보시킴	b. 반대되는 색깔이 있어야 더 잘 보인다. 사람들은 유유상종한다. 그래서 바리새주의는 그 사람의 신앙의 색깔이 분명히 드러나게 해준다.
c. 부모들의 완벽주의 (적어도 내가 어렸을 적에는 그렇다고 생각했었다)	c. 나는 최선을 다해서 살고, 거기에 만족하는 비결을 배우겠다.

d.	d.
치유기도가 때때로 실패를 한다.	나는 치유기도의 원리를 깊이 연구해 보아야 하겠다.

e.	e.
나는 내가 좋아했던 교회에서 쫓겨났다.	하나님께서 하시는 일에 대해서는 후회를 하지 않기로 했다.

f.	f.
여러 목양지에서 배척받았다.	나는 다양한 배경을 가진 교회들을 안다. 그러므로 다양한 배경을 가진 교회들을 돌아다니며 복음을 전하기가 더 쉽다.

g.	g.
한 교회에서 사역을 갑자기 중지 당했다.	더 많은 사람들에게 넓은 사역을 펼칠 기회가 열렸다.

귀신을 축출하고 생명의 성령의 능력을 체험하기
- 제 5쪽
(완결된 견본)

제 6단계. "나의 마음의 문제를 발생시킨 분노의 귀신 이외에, 나를 괴롭히는 다른 사악한 영들의 군집(cluster: 무리의 집합체)이 더 있습니까?" 마음의 감정이나 죄를 살펴보면서, 사악한 영들의 이름을 적어 보아라.

비판주의, 율법주의, 바리새주의, 좁은 소견, 원한

축사를 위한 기도를 드리기 위해서는, 모든 종류의 부정적인 신념과 불경건한 죄들, 그리고 내적인 맹세를 고백하고 버려야한다. 그리고 긍정적인 믿음을 진술하고 그러한 믿음으로 하나님께 헌신하라. 성령 안에서 설립된 새로운 인생의 목적을 다시 확인하라. 그러면 귀신이 세워 놓은 거짓말의 기반이 무너져 내리기에, 귀신은 설 땅이 없어진다.

만약에 귀신이 아직도 떠나가기를 거부하고 저항하면, "귀신이 어디에 달라 붙어있을까?" 하는 질문을 던져 보아라. 상담자와 내담자는 함께 성령님의 흐르심을 통하여 해답을 들을 수 있을 것이다. 그러고 나서, 적합한 기도방법을 사용하여, 그 귀신의 기반을 무너뜨려 버려라. 그러면 귀신은 떠날 것이다. 일단 귀신이 떠나가면, 마음을 신앙적인 믿음으로 채워야 한다(마태복음 12:43-45).

제 7 단계. (자기 집으로 돌아가서 혼자 숙제로 하라) "주님, 저는 하나님의 능력을 의지하지 않고 제 자신의 힘으로 문제를 해결하려고 한 적은 없습니까? 그러한 부분은 어떤 것인지 알게 하여 주시옵소서." 분노/ 타인을 판단함의 죄에 대해서 나 혼자의 힘으로 극복해 보려고 노력하였다. 이제는 성령님의 도우심을 받아 분노/ 타인을 판단함의 문제를 해결해 보고자 한다.

영적 계시를 받은 일지: "너는 네 자신이 얄팍한 지혜를 가지고 있다는 사실을 간과하였다. 동시에 내가 네 안에 살고 있다는 사실도 간과하였다. 너는 마음속으로 들어오는 것을 등한시하였고, 너의 상황을 처리하기 위해서 나의 성령의 능력을 요청하지도 않았다. 대신에, 너는 네 자신의 의지로 문제를 해결해 보려고 갖은 애를 썼다. 나의 힘을 의지하기보다는 네 자신의 능으로 하려고 분투하였다. 내가 네 안에 거함으로 마음속으로 들어오라. 네가 나를 부르면 내가 너를 만나주리라. 나를 부르라 내가 너의 힘

이 되어 주리라. 혼자 걷지 말라. 혼자의 힘으로 하려고 하지 말라. 네 안에 계신 성령께 의지하라, 나의 자녀야."

중요한 추가적인 치유법: 식사를 잘하고(창세기 1:29), 적당한 운동을 하며, 충분히 휴식을 취하고, (물리적, 환경, 영적, 감정적인) 스트레스를 감소시키면서, 자연적인 치유방법들을 도입하라. 마크와 패티 버클러가 저술한 《《자연으로 돌아가자》》와 《《건강을 회복시키는 목회》》를 참조하기 바란다.

7가지 기도의 모형 – 제 6쪽
(인생을 짓밟는 문제들에 대해서 7 가지의 기도를 모두 적용하라)

* * *

마음을 치유하기 위해서는 마음의 언어를 사용해야 한다. 지성의 언어를 사용하지 마라! 지성의 언어는 분석적인 논리이다(마태복음 16:7). 그러나 마음(심성)의 언어는 흐름(요한복음 7:37-39), 상상 (창세기 8:21), 꿈과 환상(사도행전 2:17), 감정(창세기 6:6), 그리고 성찰(마태복음 5:8)이다. 그러므로 마음의 흐름(자유연상), 떠오르는 영상, 환상, 정서의 상태, 그리고 내적으로 심사숙고하면서 곰곰이 생각하는 것에 집중하라. 당신이 그러한 것들을 소홀히 하면, 당신의 기도는 머리로 드리는 기도가 될 뿐, 당신의 가슴은 치유가 되지 않을 것이다.

계속 성령님의 인도하심에 의존하라. 성령님이 어디로 흐르시는지, 집중하면서, 치유 과정을 통해서 인도해 달라고 부탁하라. 성령님은 당신의 요구에 응하실 수 있고 또한 응하실 것이다. 앞의 과정의 제 1-5 쪽까지에서 발견된 문제들을 가지고, 아래의 기도를 모범으로 사용하여, 진실한 마음으로 기도를 드려라.

* * * *

매번 기도의 단계는:
고백 – 용서 – 정화

만일 우리가 우리 죄를 자백하면 그는 미쁘시고 의로우사 우리 죄를 사하시며 우리를 모든 불의에서 깨끗하게 하실 것이요 (요한 1서 1:9)

1. 가계에 흐르는 죄와 저주를 부서뜨리기 위한 기도

1. 나는 우리 조상과 나의 부모, 그리고 내 자신 안에 흐르는 _____죄를 고백하고 회개합니다. 그리고 이러한 일들이 나에게 일어나게 허락했다는 이유로 내가 분노와 불평에 사로잡힌 것도 포함해서 모두 회개합니다.

2. 이러한 죄로 인해서 나에게 _____한 저주를 물려준 우리 조상들을 용서하고 해방시켜 주고 싶습니다 (구체적으로 지적하라). 주님이 저를 용서해 주시면, 제가 하나님의 용서를 받아들이겠습니다. 이러한 죄에 가담해 왔던 제 자신도 용서합니다.

3. 나 자신과 내 조상 사이에 주님의 십자가를 끼워 놓습니다. 내가 예수님의 이름으로 명하노니, _____ 죄와 그에 관련된 모든 저주는 예수님의 십자가에서 멈추어 질지어다. 그래서 자유와 해방이 어린 아기로 존재했던 내 자신에게로 그리스도의 십자가를 통하여 흘러들어 갈지어다.

2. 추잡한 영들과의 묶임을 끊기 위한 기도

1. 하나님, 저는 _____와 영혼의 묶임이 있음을

고백합니다. 그리고 이렇게 불행한 일이 나의 인생에 발생하도록 한 하나님을 향한 분노와 불만도 있음을 고백합니다.

2. 하나님, 저는 이러한 죄에 관련이 된 _____를 용서합니다. 하나님 저도 용서받기를 원합니다. 용서하여 주시옵소서. 하나님의 용서를 받아들입니다. 그리고 이러한 종류의 죄에 관련이 되었던 나 자신도 용서합니다.

3. 주님, _____와 나 사이에 형성이 된 영혼의 묶임을 끊어 주시옵소서. 그래서 부서지고 무너진 나의 영혼을 다시 회복시켜 주시옵소서. 주님, 이 영혼의 묶임을 통해 내 안에 들어와 있는 모든 악한 것들을 파기시켜 주시옵소서. 주님, 그들이 훔쳐간 모든 경건하고 거룩한 것들이 나에게로 다시 돌아오게 하여 주시옵소서.

3. 부정적인 기대(예상)를 긍정적인 것으로 바꾸기 위한 기도

1. _____한 거짓말을 믿고 있음을 이 시간 고백하고 회개합니다. 그리고 그러한 부정적인 판단을 통해서 타인과 기관을 정죄한 것도 고백하고 회개합니다.

2. 나로 하여금 부정적인 기대(예상)를 하게 만든 _____을 용서합니다. 하나님, 나를 용서해 주시옵소서. 하나님의 용서를 받아들입니다. 그리고 그러한 거짓말을 믿었던 나 자신을 용서합니다.

3. 주님, 그와는 정 반대되는 하나님의 진리인 _____을 믿음을 이 시간 고백합니다.

4. 내적인 맹세(고집)를 포기하는 기도

1. 나는 나의 내적인 맹세인 _____을 고백하고 회

개합니다.
2. 나는 나에게 이러한 종류의 내적인 맹세를 하게 하는 원인을 제공한 _____을 용서합니다.
3. 이제부터는 성령이 주시는 _____한 목적을 따라서 살고자 합니다.

5. 하나님이 주시는 거룩한 영상/환상을 받는 기도

1. 나는 모든 분노와 마음의 쓴 뿌리들을 고백하고 회개합니다. 나쁜 일들이 나의 삶에 발생하도록 허락한 하나님께 대한 불만도 모두 회개합니다. 나는 하나님께 용서를 빌고, 나를 용서해 주시는 하나님의 용서를 받아들입니다.
2. 주님, 이러한 사건 밑에 깔려있는 나의 본심과 진짜 감정을 느낄 수 있도록 나를 인도해 주소서. (영상화를 통해서 그 장면을 떠올려라. 강간과 같이 지극히 끔찍한 장면이라면, 점차로 조금씩 떠올리는 것도 좋을 것이다.)
3. 주님, 그 장면에서 예수님은 어디에서 무엇을 하고 계셨는지 알게 하여 주시옵소서. (주님이 어디 계셨으며, 어디에 계시는지 보려고 하라.) 성령님, 이 장면을 나에게서 가져가시고, 나에게 예수님이 그 당시 무엇을 하셨는지 가르쳐 주시는 환상을 보여 주시옵소서. (주님이 보여주시고 하시는 일들에 반응을 보여라.)

6. 귀신을 축출하는 기도

1. 위에서 제시된 5가지의 기도방법을 통해 귀신의 집이 완전히 해체되고 그 지반이 붕괴된 것을 확인하라. 그러나 아직도 귀신이 나가지 아니하면, 위의 5가지 기도를 처음부터 다시 드려라. 뭔가 **빠뜨린** 것이 있을 것이다. 하나님께 놓친

것이 무엇인지 알게 해 달라고 기도하고, 하나님이 응답하시는 흐름을 존중하라.
2. 우리 주 예수의 이름으로, 나는 모든 귀신(강한 자)의 활동들과 일치하는 _____, _____, _____은 부서뜨리고 포기한다.
3. _____을 주관하는 영인 귀신의 본거지를 장악하고, 나는 너를 묶는다. 예수그리스도의 이름으로 명하나니, 나를 떠나라.

7. 그리스도 안에서 성령의 생명의 능력을 체험하는 기도

1. 하나님, _____죄를 극복할 수 있는 능력은, 내 안에 내주하시는 분, 즉 하나님에게 있는 줄로 믿습니다.
2. 내 스스로 죄를 극복해 보려는 시도를 중단합니다. 그리고 내 안에서 흐르시는 성령님을 기꺼이 받아들입니다.
3. 예수님, 내 안으로 성령님의 능력을 흘려보냅니다. 그 능력으로 _____죄를 완전히 극복하게 하여 주시옵소서 (환상을 사용하여, 무슨 일이 일어나는 볼 수 있을 것이다.)

크레딧: 이 책의 저자들은 여러 다른 사역들로부터 7가지의 기도를 배우게 되었음을 감사드리며 인정한다. 대부분의 사역 과정과 이 책에 제시된 기도의 단계들은 플로리다의 Santa Rosa Beach에 소재한 Proclaiming His Word 출판사의 《《기반을 회복하기 위한 목회의 도구들》》라는 책에서 인용된 것임을 밝힌다. 그러나 모든 기도의 단계들은 원저자의 허락을 받아서 이 책에 게재하였다.

집에서 하는 숙제와 추가적인 유의사항

의심, 두려움, 그리고 불신앙을 극복하는 "새로운 진리 성경묵상"

의 본보기에 대해서는 부록 C의 "성경과 경험"을 참조하라. 성경과 인간의 경험이 어떻게 상호작용을 하는지에 관한 불분명한 이해로 인하여 "마음의 문제"가 발생할 수도 있다. 일단 사람이 인생의 경험에 어떻게 반응하거나 반응하지 말아야 할지 이해하게 되면, 인생에서 의심이 사라지는 경우도 있다.

"판단"에 관한 간단한 성경 묵상이 부록 D에 제공되어 있다.

모든 문제지의 자료들은 Communion With God Ministry, 1431 Bullis Rd., Elma, N.Y. 14059. 전화 716-652-6990, 팩스 716-652-6961, 전자메일 cwg@cwgministries.org에 저작권이 등록되어 있다. 그러나 연락을 취하여 허락(permission)을 받는 경우에는 자유롭게 복사하여 사용할 수 있는 권한이 무료로 주어진다.

기존에 만들어져서 상업적으로 판매가 되는 문제지들도 있지만, www.cwgministries.org라는 웹사이트 안의 "Free Books"(무료 책자)라는 구획에서 무료로 다운로드 받을 수 있다.

기념비를 세우고 축하하는 문제지

* * * *

기록하면서 성령님의 흐름, 환상, 그리고 감정에 유의하라

* * * *

하나님은 나를 _____속박의 굴레에서 해방시키셨다.

나를 해방시킨 성경적인 기본 진리들은:

나를 해방시킨 예수님으로부터 온 근본 계시는:

이 치유를 기념하기 위해서 내가 만들어낸 물리적인 상징은:

이러한 영역에 대해서 나 자신을 보호하기 위해서 하나님께서 나에게 세우라고 지시하시는 울타리(방어벽)는:

나는 오늘 나의 주 예수 그리스도의 도움으로
_____ 의 속박의 굴레로부터 온전히 자유케 됨을 선언하노라.

         서명 _____ 날짜 _____

기념비를 세우고 축하하는 문제지
(완결된 견본)
* * * *

기록하면서 성령님의 흐름, 환상, 그리고 감정에 유의하라.
* * * *

하나님은 나로 하여금 <u>판단/ 분노</u>라는 속박의 굴레에서 해방시키셨다.

나를 해방시킨 성경적인 기본 진리들은:

하나님은 비판주의와 분노의 영의 근원지인 나의 조상들에게 묶여있던 묶임을 풀어내셨다.
이제야 깨닫게 되는 것은, 하나님께서는 내 마음속에 진정으로 믿음이 들어있는지 시험해 보시려고 부정적인 경험들을 사용하신 다는 사실이다.
하나님은 종국에는 나를 죽음의 순간까지 몰고 가실 것이다. 그리고 그 순간에도 나로 하여금 믿음을 고백하기를 기대하실 것이다.
내가 의의 씨앗을 뿌린 다음에는, 인내로 기다려야만 한다. 아마 몇 년 동안 기다려야할지도 모른다. 그러면 결국 거두어드리는 시간이 나에게도 돌아올 것이다.
나는 타인을 판단하는 횟수를 줄여야하겠다. 하나님께서 판단하라고 명령하시기 전에는 내 마음대로 판단해서는 안 되겠다.

나를 해방시킨 예수님으로부터 온 근본 계시는:

하나님께서 나의 마음속에 종종 판단할 수 있는 허락을 주시는 것은 합당하지만, 내 마음속에 그 판단의 결과로 분노를 오래 품고 있는 것은 합당하지 못하다. 잠자리에 들어가기 전에 모든 종류의 화를 풀어 버려라. 매일 모든 분노를 하나님께 맡겨 버려라.

교회기관에 대해서 판단하고 분노하는 것은 죄악이다.
교회기관을 판단하기보다는 그곳에서 생동감을 느껴라. 그들은 하나님의 제시를 유지해주는 역할을 담당하는 곳이다.
하나님께서는 나의 인생의 스트레스들을 사용하셔서 현재의 나와 나의 사역이 되게 하셨다. 그러므로 나는 스트레스, 시험, 환난에 대해서 감사하고 축하해야 하겠다. 그리고 그러한 어려움을 통해서 하나님은 나에게 귀한 은사를 허락해 주셨다. 온갖 스트레스는 나로 하여금 하나님의 음성, 하나님의 치유, 하나님의 지식, 하나님의 웰빙, 하나님의 재정적인 축복을 갈구하게 해주었다. 그리고 스트레스의 결과로 더욱 더 나은 사람이 되었다. 그리고 나를 통해서 목회적인 돌봄을 받은 사람들은 보다 더 나은 인간들이 되었다.

이 치유를 기념하기 위해서 내가 만들어낸 물리적인 상징은:

내 사무실 창문 밖에 있는 폭포수이다. 이는 인생이 모퉁이가 뾰족한 상자같이 규격에 들어맞는 것이 아니라, 흐르는 물과 같은 흐름(flow)이라는 것을 상징한다. 인생이 흘러갈 때에, 나는 인생의 경험들을 받아들이고 축하하는 법을 배우겠다. 하나님께서 내 인생 속으로 흐르게 하시는 모든 것들을 기쁘게 받아들일 것이며, 그 기쁨이 다른 사람에게까지 넘쳐흘러 나가게 할 것이다.

이러한 영역에 대해서 나 자신을 보호하기 위해서 하나님께서 나에게 세우라고 지시하시는 울타리(방어벽)는:

하나님과의 대화 시간 이외에는 절대로 남을 판단하지 말자. 분노가 마음 속에서 일어나면 즉시로 하나님께로 가져가고 하나님이 주시는 제시를 받아 적어라.

나는 오늘 나의 주 예수 그리스도의 도움으로 <u>분노/ 비판주의</u>의 속박의 굴레로부터 온전히 자유케 됨을 선언하노라.

서명 <u>조 크리스천</u>   날짜 <u>1999년 9월 9일</u>

제 **7** 장

기도사역 상담자에게 주는 조언

기도사역 상담자에게 주는 조언

주 여호와의 영이 내게 내리셨으니 이는 여호와께서 내게 기름을 부으사 가난한 자에게 아름다운 소식을 전하게 하려 하심이라 나를 보내사 마음이 상한 자를 고치며 포로된 자에게 자유를, 갇힌 자에게 놓임을 선포하며 (이사야 61:1)

지금까지 기술한 기도사역 카운슬링 방법은 치유하는 효력을 나타낸다. 이미 나의 마음이 치유되었고, 내가 기도를 드려준 수많은 사람들이 치유함을 받았다. 나는 내가 거주하는 도시의 기독교 상담자들과 함께 일을 하였고, 그들은 3시간의 상담을 통해서 많은 사람들을 치유하였다(물론 3시간의 상담시간 동안에 이 책에 제시한 과정을 철저하게 밟은 것을 전제로 한다). 나는 전 세계의 여러 곳에 산재한 교회의 지도자과 목회자들을 위해 기도했으며, 나의 기도 카운슬링 접근 방법을 통해 많은 사람들이 억눌림으로부터 자유를 얻었다. 이 책을 읽은 수많은 사람들이 전 세계에서 나에게 전자메일을 보내왔으며, 7가지의 기도로 몇 주간 기도를 드렸더니 기적이 일어났다고 말했다.

이 책에 제시된 기도사역 방법을 따르면, 당신의 마음도 치유가 될 것이다. 동시에 이 책은 마음의 고통을 당하는 다른 사람들을 치유하는 지침서로도 유용하게 사용이 될 것이다. 그렇기에, 다시 한 번 전체적인 과정을 개관하고, 성령님이 기름 부으시는 영적인 카운슬링의 기법을 자세히 관찰해 보자.

"기도사역 카운슬링 모델"의 독특한 특징

1. 다양한 기도 방법을 통합하고 있다.
2. 단 하나의 마음의 문제에 대해서도 한번 갖는 3시간 동안의 기도사역 카운슬링 시간을 통하여 여러 가지 종류의 기도 접근방법을 한꺼번에 사용할 수 있다.
3. 대부분의 상담시간은 기도를 하는데 할애된다.

1. 다양한 기도 방법을 통합하고 있다.

지난 30년 동안 하나님은 각처에서 기도 카운슬링이라는 영역에서 통찰력을 나타내는 수많은 하나님의 사람들을 키워오셨다.

나는 25년 전에 데릭 프린스(Derek Prince)와 프랭크 하몬드(Frank Hammond)로부터 귀신 축출에 관한 사역을 배우기 시작했다. 그리고 몇 년이 지난 후에는 리따 베넷을 만났고, 내적 치유사역을 배웠다. 그렇지만, 나는 영적 상담을 하는 분들의 이론이 너무나 어렵고 까다로워서 잘 이해를 할 수 없는 부분이 많다는 것을 발견하였다. 그 모든 것들을 간단하게 잘 설명을 할 사람이 필요했기에, 하나님은 나를 택하셔서 가르치는 사역으로 들어가게 하셨다. 물론 지난 20년 동안 나도 상담자로 일한 것은 사실이다.

그 동안 내가 존과 폴라 샌드포드(John and Paula Sandford)의 책에 심취한 것은 사실이지만, 그래도 그들의 훌륭한 이론들을 어떻게 손쉽게 적용할 수 있는지에 관해서는 감이 잡히지를 않았었다. 그렇기에 나와 아내는 엘리야의 집(Elijah House)에 가서 마크 샌드포드로부터 일주일의 교육을 받곤 했지만, 그들의 상담 테크닉을 나 자신이나 다른 사람들을 위해서 제대로 활용할 수 없었다. 물론 샌드포드 부부가 마음의 쓴 뿌리들, 내적인 맹세, 그리고 심고 거두어들이는 원리 등에 관한 이해에 많은 도움을 준 것은 사실이다.

그럼에도 불구하고, 1999년이 되기 전까지는 가계에 흐르는 저주와 죄의 사슬을 끊거나 부정한 혼들과의 묶임을 풀어내는 목회 기술에 대해 나는 무지하였다.

내가 이 책을 통해서 이루려 하는 것은 바로 그러한 여러 종류의 기도 카운슬링 기술들을 한곳으로 통합해 보려는 것이다. 즉, 다양한 종류의 기도 상담 기술들을 일관성 있게 하나로 묶으려는 시도인 것이다.

2. 단 하나의 마음의 문제에 대해서도 한번 하는 3시간 동안의 기도 카운슬링 시간을 통해서, 여러 가지 종류의 기도 접근방법을 한꺼번에 사용할 수 있다.

바로 이것이 본 기도 카운슬링 사역의 핵심이다. 가계에 흐르는 죄와 저주를 끊는 것을 한 주간동안 하고, 그 다음 주에는 추잡한 혼들과의 묶임을 풀어내고, 그 다음 주에는 내적인 맹세와 부정적인 예감을 포기하게 하고, 마지막 주에는 귀신을 축출하고 하는 것이 아니라 그 모든 접근 방법을 한데 모아서 한번의 3시간짜리 기도 카운슬링 시간에 집약해 버리는 것이다.

우리는 내담자(counselee: 상담을 받는 사람)의 마음속에 있는 문제를 일으키는 정서들(emotions: 감정들)을 확인해 내고, 한 특정한 문제에 대하여 6가지의 다른 종류의 기도를 연속적으로 적용한다. (현 기도 카운슬링이 효과적인 이유는 한가지의 문제에 대하여 6가지의 다른 종류의 기도를 드리기 때문이다, 역자주)

가계에 흐르는 죄와 저주들: 모든 문제에 대한 해결은 그 문제가 발생한 근원지로부터 시작이 되어야한다. 그것은 다름 아닌 조상들이다.

(축복이든지 저주든지 간에) 많은 것들이 4대 내지는 심지어 천대에까지 걸쳐서 전수되는 것이라면, 모든 인간의 문제의 뿌리는 조상들로부터 물려받은 그 어떤 것과 관련이 되지 않을 수가 없다. 평균적으로 4대는 30명의 조상들, 10대는 2,046의 조상들의 숫자를 전제로 한다. 그러므로 마음의 문제는 30명의 선조들의 문제 내지는, 특별히 성적인 문제에 대해서는 2,046명의 사람들의 문제를 대변하는 것이다.

불경한 혼들과의 묶임: 두 번째의 복잡한 원인으로 넘어가자. 그것은 개인의 인생에 있어서 친밀한 인간관계로부터 받은 영향을 대변한다. 부정한 혼들과의 묶임은 사실은 가계에 흐르는 저주로부터 발생한 자연스러운 결과이다. 왜냐하면 부정적인 에너지는 한 사람에게서 다른 사람으로 전달이 되고 또한 영적인 세계로 방출이 되기 때문이다. 부정적인 영에 사로잡혔던 사람으로부터 받은 영향은, 태어나면서부터 마음속에 내재되어있을 뿐만 아니라, 그 부정적인 에너지를 세상으로 (그리고 영적인 영역으로) 연속해서 방출하게 되어 있다.

예를 들어, 거절(거부 또는 버림받음)의 영이 그 가계에 흐른다면, 그 혈통에서 태어난 사람은 "나를 거부하라."라는 메시지를 아기였을 때부터 영적인 영역으로 방출하게 되어 있다. 그러므로 그 사람은 결국 그 사람을 거부(거절)하는 사람과 혼의 묶임을 형성시키게 되어 있다. 내담자의 영이 방출하는 영적인 메시지를 받은 내담자의 친구의 혼은 "이것 봐라. 여기에 버림받기를 갈망하는 영이 있다."라는 것을 감지한다. 그래서 "나를 거부하라"라는 씨를 심은 내담자는, 수많은 사람들로부터 거부(거절, 버림받음)를 당하는 열매를 거두게 된다. 물론, 이러한 것들은 영적인 영역에서 발생하는 것들이고, 서구사회는 영혼의 일에 대해서는 무지하기 때문에, 대부분의 일들은 개인의 무의식적인 수준에서 발생한다. 즉, 의식적으로 느끼지 못한다는 것이다.

위와 같은 경우에 연속적으로 거부를 당하는 사람에게 발생하는 비극적인 사건들은 다른 사람들을 거부하도록 만들어진 혼들과의 묶임에 기인한 것이다.

부정적인 예상과 내적인 맹세들: 이제는, 친구들이 한 명, 두 명, 연달아서 내담자를 버림으로, 거절당할 예상이 적중된 것이 현실의 경험에 의해서 확인이 된다. 그 결과 내담자는 마음속에 "사람들은 나를 거부할 것이다."라는 철저한 신념을 형성하게 된다. 그리고 당연하게도, 내담자는 그러한 부정적인 신념에 기반을 둔 내적인 맹세를 할 것이다. "나는 죽어도 사람들에게 가까이 가지 않을 것이며, 절대적으로 혼자서 지낼 것이다."

충격적인 영상들: 절친한 친구들에게 배신을 당하거나 거부를 당하는 것을 머릿속에 떠올리면, 그 장면은 참으로 충격적일 것이다. 그러한 충격적인 영상들이 마음속에 작용하여, "나는 앞으로도 계속 거부당할 것이다."라는 신념을 바꾸지 않도록 부추긴다.

귀신 축출: 그러한 모든 마음의 작업이 끝나면 귀신이 들어와서 기거할 수 있는 멋진 집이 지어진 셈이 된다. 귀신들은 몸이 없기 때문에 계속해서 머무를 장소를 찾고 있다. 그러다가 이러한 내담자의 마음의 상태와 같은 곳을 찾으면, 그 사람의 마음 한 구석에 자리를 잡는다. 그 집은 귀신을 위하여 훌륭하게 지어진 집이다. 그 집의 기반(가계에 흐르는 죄와 저주들)은 튼튼하고, 마루(불경한 혼들과의 묶임)는 잘 깔려 있고, 벽(부정적인 기대와 내적인 맹세)도 잘 세워져 있으며, 지붕(마음을 조종하는 충격적인 영상들)도 제대로 완성이 되어 있다. 이렇게 모든 것이 완벽하게 잘 갖추어져 있는데, 귀신들이 왜 넘보지 않겠는가? 그러나 일단 귀신이 들어오면, 이리저리 뒤얽히게 하면서 내담자의 문제들을 대단히 복잡하게 만들어 버린다.

자기의지를 숭배함: 물론 기독교인들은 하나님께서 무조건적으로 받

아주셨으므로, 절대로 버림받았다(거부당했다)는 느낌을 갖지 말고 살아야 한다. 그럼에도 불구하고 마음속에 거절당함을 느낄 때는 죄의식을 가진다. 그래서 마음의 문제를 자기혼자 해결해 보려고 노력하는 것이다. 그러므로 자기의지가 바로 귀신이 사는 집의 천장이다. 물론, 자기의지로는 문제를 해결할 수도 없고 귀신을 내어 쫓을 수도 없다. 왜냐하면 마음은 인간의 의지대로 움직이지 않기 때문이다. 죄로 인해 형성된 부정적인 에너지는 오직 기도에 의해서만 치유될 수 있다.

추가적으로, 인간은 자신의 의지와 능력으로 죄의 권세를 이겨낼 수 없다. 우리의 의지는 단지 내주하시는 하나님의 성령님에게로 우리 자신을 향하도록 하는 일을 할 수 있을 뿐이다. 그러면 우리 스스로 할 수 없는 일을 하시는 성령님의 능력으로 승리하는 삶을 살 수 있게 된다!

요약: 기도 카운슬링 사역에서는 귀신의 집을 조직적으로(순차적으로) 허물어 내고 나서, 귀신을 내어 쫓는 것을 그 과정으로 한다. 그러면 내담자는 사단의 억눌림을 통해서 일생 고생하던 것으로부터 자유함을 누리게 된다(사도행전 10:38). 일단 제일 먼저 하는 일은 지반을 붕괴시키는 작업이다. 그 다음에는 마루를 뜯어내고, 벽을 허물어 버리며, 나중에 지붕을 거두어버린다. 최종적으로, 귀신에게 나가라고

사악한 영의 집을 철거해내기

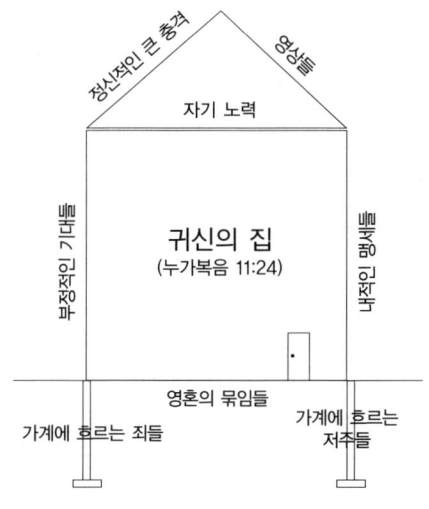

명령을 하면, 귀신은 나가지 않을 수 없게 된다. 왜냐하면 더 이상 기생하면서 붙어살 수 있는 집이 없어졌기 때문이다.

3. 대부분의 상담시간은 기도를 하는데 할애된다.

내가 지금의 기도 카운슬링 방법을 좋아하는 이유 중에 하나가 바로 이 때문이다. 상담을 받으러 온 사람(counselee)이, 상담시간 내내 자신의 인생살이의 전반적인 문제와 상황에 관하여 나에게 하염없이 이야기의 보따리를 풀어놓는 대신에, 우리들은 기도사역에 전념하는 것이다.

내담자에게 그의 불행한 운명과 인생의 고통을 말하라고 하면서 상담을 시작하는 대신에, 나는 "성령님, 내담자의 마음속에 무엇이 들어 있는지 알게 하여 주시옵소서."라고 기도를 드린다. 아니면 상담을 받는 사람에게, "마음속에 어떠한 부정적인 감정이 들어있는지 성령님께 물어보세요."라고 부탁을 한다.

그러면 "분노입니다."라고 대답할 수도 있다.

그러면 나는 기도 상담 시 가장 많이 사용되는 질문지인 "문제의 원인이 되는 요소를 발견하는 문제지"의 맨 위에 분노라고 적어 넣는다. 그리고는 그 다음의 질문으로 옮겨간다.

가계에 흐르는 죄와 저주들: "가계(혈통) 중에서 화를 잘 냈던 사람은 누구입니까?"라고 내가 물어 보았을 때, 내담자는 사람들의 이름을 나에게 불러준다. 그리고 그들의 이름을 종이에 적은 후에, 우리는 즉시로 기도하기 시작한다. 나는 내담자(이 순간만은 내담자는 어머니의 자궁 속에 들어 있는 태아로 영상화된다)와 그 분노에 휩싸였던 사람들 사이에 십자가를 놓는 기도를 드린다. 상담시간이 시작된 지 5분도 안되어서 우리는 벌써부터 치유하는 기도로 들어가는 것이다. 내담자와 그의 조상 사이에 십자가를 놓는 기도를 드리면서, 나는 곧바로 혼들과의 묶임을 푸는 기도로 들어간다. 왜냐하면 조상으로부터 내려오는 죄와 저주의 에너지들만 끊을 것이 아니라, 내담자와 그의 부모들 사이에 형성된 혼의 묶임도 풀어내야만 하기 때문이다. 그래서 부모와의 관계에서 지저분하게 얽히고설킨 것들이 풀어지게 해달라고 기도를 드린다.

나는 나의 손을 내담자의 가슴에 얹고 기도를 드릴 수도 있다. 그러한 기도는 조상으로부터 내려오는 분노의 에너지를 막아버리고, 부모를 통해 형성된 불경한 영혼의 묶임을 풀어냄으로, 그리스도께서 주시는 자유와 해방감을 맛보도록 하는 것이다.

주의해야 할 사항: 남성이 여성을 위해 기도하는 경우, 남성은 여성에게 가슴에 손을 얹으라고 한 다음에, 남성의 손을 여성의 손위에 올려놓는 것이 바람직하다. 그러므로 안수기도를 할 때는, 합당하지 못한 접촉이나 감정을 상하게 하는 행동이 발생하지 않게 유의해야 한다. "당신의 마음에 손을 얹고 기도해 드리겠습니다."라는 말을 할 때는 위와 같은 점에 주의하기 바란다.

자궁 안의 태아와 그 아기의 조상들 사이에 십자가를 놓는 이유는?

물론, 그리스도의 십자가의 능력을 아는 성인은 자신과 조상들 사이에 십자가를 끼워 넣음으로 죄와 저주를 끊는 기도를 드릴 수 있다. 그러나 그것은 머리로만 되는 것이지, 마음속 깊숙이까지 파고 들어가기는 어렵다. 마음의 영역에서 깊이 있게 치유가 일어나려면, 문제의 근원으로 들어가야 한다. 모든 상처는 그 상처를 받은 그 당시의 상황으로 돌아가서 예수님으로 하여금 그 상황에 나타나시게 하고, 예수님으로 하여금 치유하시게 하는 방법이 최고이다. 그렇게 하면 치유는 보다 더 효과적으로, 완전하게, 그리고 강력하게 나타난다. 물론 영상은 마음의 언어이다. 그래서 영상을 보는 순간에는 우리는 마음과 직통으로 대화를 나누고 있는 셈이 된다.

부정한 혼들과의 묶임: 그리고 나는 다음과 같은 질문을 던진다. "살아오면서 가까이 지냈던 사람들 중에 대단히 화를 많이 내던 사람들을 만난 적이 있습니까? 그 사람들이 당신 안에 쉽게 분노를 나타내는 성격이 형성되는데 영향을 주었나요? 마음의 흐름에 주의하세요. 어떠한 영상이 보이나요? 당신의 마음과 생각에 어떤 사람들의 얼굴과 이름이 떠오릅니까?"

그러면 내담자는 나에게 사람들의 이름을 제공해 주고, 나는 그 이름들을 받아 적는다. 그리고 나서, 우리는 각각의 사람들에 대해서 부정한 혼의 묶임이 있으면 끊어 달라고 성령님께 아뢴다. 내가 기도해 주기도 하고, 내담자에게 문제지를 주고서 스스로 기도하도록 하기도 한다. 그 결정은 성령님이 그 시간에 지시해 주시는 대로 따라간다. 내담자가 확신이 없거나 주저하는 경우는 내가 기도를 드린다. 내담자가 성숙한 신앙인이고 영적인 능력이 있으면, 끊어버리고 풀어버리는 기도를 그 사람으로 하여금 스스로 드리도록 권유할 것이다. 그러므로 우리들은 다시 기도를 드리고 있는 것이다. 나는 "상한 마음을 치유하는 기도 개요 카드"를 내담자에게 선사할 수도 있다. 아니면 그 "기도 카드"를 복사해서 나의 무릎에 놓고 참조로 사용할 수도 있다. 그렇게 함으로 중요한 부분이 간과되는 것을 방지하려는 의도이다.

다시 내담자의 가슴에 손을 올려놓고 기도함으로 그의 마음이 회복되는 것을 도와줄 수도 있을 것이다.

부정적인 예상과 내적인 맹세들: 이제는 내담자에게 마음의 흐름을 관찰하면서, 그 동안 그의 분노를 부추긴 부정적인 기대(예상, 예감)가 무엇인지 발견해 내라고 요구할 때이다.

내담자는 나에게 첫 번째 부정적인 기대를 알려준다. 그러면 나는 받아 적고 이렇게 질문을 던진다. "_____라는 신념을 가졌기에, 당신이 마음속에 스스로 다짐한 맹세(약속, 언약)가 있습니까?"라고 물어본다. 내담자가 말을 하면 나는 받아 적는다. 그리고 나서

"성령님의 흐르심에 민감하세요. 그리고 성령님께, '주님, 저의 부정적인 예상에 반대되는 성경적인 진리가 무엇인지 알게 해 주세요.' 라고 기도해보세요."라고 말한다. 그러면 내담자는 마음 중심에서 하나님의 진리에 기반을 둔 긍정적인 믿음이 싹트는 것을 느낄 것이다. 그러면, 내담자가 나에게 말을 하고, 나는 받아 적는다. 받아 적으면서 나는 "성령님께서 능력을 부어주신다면, 하나님께서 지금 알게 해주신 진리에 따라서, 당신은 지금부터 어떤 목적을 가지고 살기를 원하십니까?"라고 묻는다. 그러면 내담자는 나에게 대답을 하고, 나는 또 받아 적는다.

만약에 내담자가 자신의 부정적인 신념과 내적인 맹세에 반대되는 성경적인 진리나 긍정적인 믿음을 발견해내기 힘들어하는 경우는, 그의 상황에 들어맞는 진리들을 몇 가지 제안해 줄 수도 있을 것이다. 그러나 내가 일방적으로 주는 해답이 그 내담자의 마음에도 와 닿는 대답들일까? 만약에 그러한 질문에 대한 대답이 내담자의 입장에서 긍정적이라면, 받아 적는다. 그러나 강요하지는 않는다. 상담자와 내담자 사이는 항상 열려져있고, 솔직한 감정이 오고 가야만 한다. 그러므로 아닌 경우는 내담자가 반드시 "아니요, 저한테는 안 맞는 것 같아요."라고 말하도록 한다.

이제는 다시 함께 기도해야할 시간이다. 내담자는 자신의 부정적인 기대들을 회개하고 후회하며, 자신의 내적인 맹세를 포기하는(고집을 버리는) 기도를 드린다. 그리고 하나님이 보여주신 새로운 진리를 믿으며, 성령님이 제시하시는 목적을 향한 삶으로 헌신한다.

놀라운 일이다. 불경한 신뢰가 무너지고, 거룩한 믿음으로 대치되는 것이다.

"분노를 유발하는 다른 종류의 부정적인 신념들이 또 있습니까?"라는 질문에 대하여, 내담자가 다른 것을 지적하는 경우, 위의 과정은 처음부터 다시 되풀이될 수 있다.

내담자의 삶에 분노를 자아내는 부정적인 기대의 목록이 더 이상 나오지 않을 때까지 이러한 작업은 반복해서 행해져야 한다.

하나님의 거룩한 영상들을 받는 것: 불경한 신념들을 조사해나가는 동안, 그 중에서 아주 충격적인 사건에 관련된 영상이 그 배후에 자리 잡고 있다는 것이 감지되면, 그 점을 꼬집어서 지적해 낸다. 내담자가 말할 때 그의 음성, 표정, 태도 등을 살펴보면, 대충 부정적인 신념의 강도를 알 수 있다. 강한 감정이 나타나는 경우는 내적 치유 기도로 깊이 들어가서, 부정적인 영상을 거룩한 영상으로 바꾸어야 할 시점이다. 내담자의 무의식 속에는 예수님이 없는 무시무시한 장면이 흐르고 있을 것이다.

이제 다시 기도로 들어갈 시간이다. 내담자는 하나님께 구하고, 듣고, 보면서, 나와 그 모든 것을 함께 나눈다. 나는 그에게 보는 모든 것을 믿음으로 받아들이고, 그의 눈을 예수님께 고정시키며, 예수님께서 어떻게 하시는지 잘 관찰하고, 예수님께서 인도하시는 대로 따라가면서, 그 모든 영상으로 보이는 것들을 나에게 말하라고 부탁한다. 나는 거듭 반복해서 성령님의 흐르심에 주파수를 맞추고, 예수님에게서 눈을 떼지 말며, 예수님이 하시는 것에 반응을 보이라고 반복해서 제시한다. 예수님께서 멋진 일을 해내시는 이 시간을 통해서, 내담자는 놀라운 치유를 받게 된다.

물론 나는 그 모든 과정을 감독하는 일에 대해서 책임이 있다. 그러므로 내담자가 엉뚱한 길로 가면, 나는 그를 다시 제 궤도로 돌아오게 해야 한다. 내가 상담했던 한 내담자는 어두운 방으로 예수님이 그녀를 데리고 들어가려고 하였을 때, 예수님의 손목을 붙잡고 예수님을 그곳에서 밖으로 끌어내는 상상을 하려고 하였다. 그래서 나는 이렇게 부드럽게 덧붙였다. "예수님을 내 마음대로 조종하려고 하지 맙시다. 예수님의 인도하심을 따라갑시다. 예수님은 가장 좋은 것이 무엇인지 아십니다. 예수님은 당신의 마음을 치유하는 법을 가장 잘 아시는 분이십니다. 예수님을 따라가세요." 그래서 그녀는 내 말대로 하였다. 그들은 그 어두침침한 방안으로 함께 들어갔다. 그리고 예수님의 환한 빛이 그 방안을 가득 채웠고, 그녀는 과거에 그 방과 그 안에서 벌어졌던 사건에 대한 두려움에서 벗어나게 되었다. 그녀는 치유함을 받은 것이다!

다른 내담자는 과거에 그녀를 학대하였던 그 사람을 예수님이 때려눕히고 싶어 하시는 것 같다고 하였다. 그때에 나는 "아니요, 아닙니다. 눈을 오직 예수님에게만 고정시키세요. 당신이 예수님에게 바라는 것을 생각하지 말고, 그냥 예수님이 실제로 하시는 것만 바라보세요."라고 조언을 해 주었다.

항상 명심하라. 우리가 예수님을 인도하거나, 예수님을 조종하는 것이 아니다. 마음속에 떠오르는 영상은 우리 마음대로 만들어내는 것이어서는 안 된다. 대신에, 우리는 눈을 들어 예수님을 바라볼 뿐이다. 그리고 그 상황에서 오직 예수님은 무엇을 하시는지 계시로 보여 달라고 성령님께 간구하라.

만약에 내적인 치유를 거치지 않은 불경한 신념이 있다면, 다시 돌아가서 부정적인 기대와 마음의 맹세에 대한 내적 치유의 기도를 드리던지, 아니면 거룩한 영상을 받아야 한다. 특히, 나는 내담자에게 어릴 때의 기억을 더듬으라고 제안한다. 지금의 분노의 감정을 유발시킨 고통스러운 기억이 있는가 살펴보라는 것이다. 만약에 고통스러운 기억이 발견되면, 상상력을 발동하여 다시 그곳으로 돌아가 내적 치유의 기도를 드려야 한다.

그러면 내담자가 예수님께서 하시는 일을 보는 광경을 기술하는 대로 나는 받아 적는다.

귀신 축출: 이제는 귀신을 축출해 버릴 시점이 되었다. 그러면 나는 내담자에게 분노와 비슷한 감정들 중에 마음속에 들어있는 것이 있느냐고 물어본다. 그러면 내담자는 증오, 분통, 질투, 악독, 원한, 살

인 등등 그와 비슷한 것들 중에 어떤 것을 이야기한다. 그러면 나는 받아 적으면서 분노라는 동아리에 속한 다른 귀신의 무리들의 이름을 종이에 첨가한다.

분노의 귀신을 축출할 때, 나는 같은 군집에 속한 다른 악령들의 이름이 생각나도록 성령님께 마음을 연다. 사악한 영의 이름이 하나씩 불릴 때마다 나는 내담자에게도 그러한 악령과의 관계를 끊는 기도를 하라고 부탁하고, 그 다음에 그 귀신들을 축출한다.

물론 우리는 내담자가 분노의 죄를 회개하고, 분노의 영과의 관계를 끊기로 결심하고, 그의 의지를 그 악령들과 반대하는 방향으로 설립하는 것을 시초로 축사를 시작한다. 그럴 때에 다른 상담자와 나는 그 귀신에게 나오라고 명령한다. 귀신에게 나오라고 명령했을 때에, 그의 몸에 어떠한 변화가 오는지 자세히 관찰한다. 귀신이 나가는 것 같은 느낌을 받으면 내담자에게 자유함을 받은 홀가분한 느낌이 들어오는지 물어본다. 만약에 그렇다고 하면, 우리는 계속해서 성령님께 기도하면서 성령님께서 오셔서 충만하게 채우시고 지배하시도록 요청한다. 그러나 몇 분 동안이나 명령을 했는데도 귀신이 나가는 것을 목격하지 못하는 경우는, 나는 내담자에게 무엇을 느끼는지 물어본다. 그리고 그가 말하는 것에 따라서 조치를 취한다. 만약에, 내담자가 귀신이 나가는 것을 느꼈다고 하면 성령님께 충만하게 채우시기를 기도드린다. 만약에, 그가 귀신 축출이 이루어지지 않은 것 같다고 하면, 우리는 다음과 같은 질문을 한다. "이 귀신이 어디에 달라붙어있는 것 같나요? 귀신이 어디에 발판을 두고 있는 것 같으세요?" 그 다음에 내담자와 상담자는 성령님의 흐르심에 집중을 하면서, 마음에 떠오르는 영상이나 아이디어를 얻어낸다. 그리고 그 결과를 사용하여 합당한 조치를 취한다. 분노의 집합체 안에 들어있는 각양각색의 악령들을 축출하는 기도를 하나씩 계속해서 드린다.

요약: 이것이 전체적인 과정이다. 전체를 다 마치려면 적어도 3시간

의 카운슬링 시간을 가져야한다. 그러나 카운슬링에 들어가기 전에 내담자로 하여금 미리 이 책을 읽게 하고, "문제의 원인이 되는 요소를 발견하는 문제지"의 대부분을 미리 작성해오도록 하면 카운슬링의 시간은 한 시간으로 단축될 수도 있다.

아니면, 내담자와 일차적인 접촉을 하고, 집에 가서 숙제로 "문제의 원인이 되는 요소를 발견하는 문제지"의 대부분을 작성해보도록 할 수도 있다. 특히 숙제를 하는 과정에서는 이 책의 제 5단원이 도움이 될 것이다.

일단 한 번의 카운슬링을 거친 사람이 두 번째로 방문한 경우는, 다른 종류의 부정적인 감정에 대해서 전체적인 과정을 또다시 반복할 수 있다. 그러나 나머지 남아있는 모든 사악한 영들의 무리를 한꺼번에 쓸어버리기를 바란다면, 장시간의 축사사역을 감행할 수도 있다. 예를 들자면, 분노의 영에 붙어있는 증오, 악독함, 불평, 분통, 용서하지 못함, 원한, 살인들의 영들을 한꺼번에 다루어 버리는 것이다. 그러나 한가지의 영을 내어 쫓았다 할지라도, 부정적인 신념이 아직도 마음속에 자리 잡고 있으면, 그 길을 따라서 나갔던 귀신이 다시 들어올 수도 있다. 그러한 경우는 부정적인 신념이 처리된 후에 축사의 기도를 다시 드려야 한다.

물론 내담자 자신이 경건의 시간에 숙제를 하면서 스스로 축사사역을 감행할 수도 있다. 나의 경우에는, 남아있는 귀신들의 잔재를 쓸어버리기 위해서 집합체(cluster: 무리)에 속한 영들을 하나하나 일일이 모두 처리해 나갈 필요는 없다고 생각하기도 한다. 왜냐하면 일반적으로는 하나를 내쫓으면 다른 것들은 지극히 약해지게 되어 있기 때문이다. 그럼에도 불구하고, 고질적인 귀신을 만나는 경우가 있다. 아무리 나가라고 해도 나가지 않고 버티고 있는 경우는 귀신이 들러붙어 있는 죄를 발견해내야 한다. 그래서 그 죄를 회개하고, 포기하고, 제거하고 나면, 귀신은 자연적으로 떨어져나가게 되어 있다. 또는 귀신이 닻을 내리고 있는 것들이 이 책에서 제시한 7가지의 문제점들 중에 처음 5가지일 가능성도 높다.

꿈의 보조적인 역할: 문제의 핵심을 발견하지 못하거나, 귀신이 발판을 내리고 있는 닻이 발견되지 않는 경우는, 내담자에게 하나님께 꿈을 사용하게 해 달라고 기도하라고 하면 된다. 특히 밤에 꿈을 통해서 문제의 뿌리가 무엇인지 하나님이 보여주시도록 기도하게 한다. 내담자로 하여금 잠자리에 들어가기 전에, 침대 곁에 일기장을 놔두게 한다. 그리고 잠자리로 들어가면서 하나님께서 꿈을 통해서 문제의 근원을 발견해서 처리해내게 해달라고 기도를 드리고는 잠을 청한다. 그러면 하나님은 그렇게 하실 수 있고, 또한 그렇게 역사 하실 것이다. 내담자는 잠에서 깨어나자 마자, 방금 전에 꾼 꿈의 개요를 즉시로 일기장에 적는다. 그리고는 성령님의 흐름에 집중하면서, 꿈을 해석할 수 있는 지혜를 달라고 기도를 드린다. 내담자는 생각나는 것들을 일기장에 적고, 다음 카운슬링 시간에 자료로 가지고 간다.

지금까지 기도 카운슬링 시간에 어떻게 기도가 중심적인 역할을 담당하는지 살펴보았다.

내담자들의 필요조건:

1. 삶을 예수님께 드리고, 예수님을 구원자와 주님(주인)으로 모셔 들여야 한다.
2. 주님 안에서 성장할 것을 부지런하게 그리고 신실하게 추구해야한다.
3. 하나님의 음성을 듣고 하나님의 환상을 보는 법을 터득해야한다. "내 양은 내 음성을 들으며"(요한복음 10:27). "내가 너희에게 이른 말이(헬라어로 "레마"라는 말은 "입으로 말해진 말씀"을 뜻한다) 영이요 생명이라"(요한복음 6:63). 목자인 예수님의 입에서 나오는 말씀을 듣지 못하는 사람

은, 예수님의 양이라고 말할 수 없고, 또한 치유 받을 가능성이 거의 없다. 왜냐하면 사단이 계속해서 효과적으로 그 사람과 교통을 하고 있기 때문이다. 결론적으로, 사람이 사단(마귀)의 음성은 들으면서, 주와 구세주 되신 하나님의 음성은 듣지(감지하지) 못한다면, 그 사람의 인생은 엉망진창이 될 것이 분명하다.

4. 내담자가 이 책을 읽으면 치유가 급속하게 이루어질 것이다. 왜냐하면, 원리와 과정을 이해할 수 있으므로 지적으로 헌신하면서 정성어린 마음으로 상담에 응하는 적극적인 참여자가 될 수 있기 때문이다.
5. 내담자가 자신의 인간적인 노력이 아닌, 성령님의 도우심으로 육의 능력을 극복해 보기를 원한다면, 마크와 패티 버클러의 저서인 〈〈자연적으로 초자연적인〉〉을 정독해 보기 바란다.

상담자들의 필요조건:

1. 삶을 예수님께 드리고, 예수님을 구원자와 주님(주인)으로 모셔 들여야 한다.
2. 주님 안에서 성장할 것을, 부지런하게 그리고 신실하게 추구해야 한다.
3. 하나님의 음성을 듣고 하나님의 환상을 보는 법을 터득해야 한다. (기도 카운슬링 상담자는 마크와 패티 버클러의 저서인 〈〈하나님과의 교통〉〉을 반드시 읽고, 그곳에 제시된 원리를 숙지하고 실습해 볼 것을 권한다.)
4. 꿈을 해석하는 능력을 배양시켜야 한다. (특히 헤르만 리플의 〈〈꿈: 내재한 지혜〉〉와 마크와 패티 버클러의 저서인 〈〈꿈과 환상에 관한 성경적인 연구〉〉라는 책을 강력하게

추천한다.)

5. 성령님의 기름 부으심을 받으면서 기도사역을 하는 것에 대한 이해가 있어야 하며, 이 책에 지시된 기도의 접근방법에 관한 상당한 경험과 배경을 가지고 있어야 한다. 이 책에 제시된 참고문헌 중에서 많은 책들을 읽기를 추천한다. 특히 이러한 분야에서 기도사역을 담당한 경험자들 밑에서 개인적으로 사사 받기를 강력하게 권한다.

6. 상담자 자신도 자신의 마음의 문제들을, 이 책에서 제시한 패턴을 따라 문제지들을 사용하면서, 상세하게 다루고 있어야 한다.

7. 자신과는 상이한 영적인 은사를 가진 사람과 팀으로 사역하는 것을 권장한다. 예를 들자면, 좌측 뇌가 발달한 사람들은 가르치기를 잘한다. 그는 팀을 조직하는 일을 담당하는 것이 바람직하다. 그리고 그 사람은 우측 뇌가 발달한 사람과 한 팀을 이루어야한다. 왜냐하면, 우측 뇌가 발달한 사람에게는 예언적인 은사가 강하게 나타나기 때문이다. 이렇게 서로 다른 은사를 가진 사람들이 한 팀이 되면, 서로 부족한 점을 메워주면서 더 균형 잡히고 온전한 사역을 내담자들에게 제공해 줄 수 있다.

8. 중요한 요점: 기도 카운슬링의 상담자는 하나님의 말씀에 관한 계시적인 지식이 있어야함은 물론이거니와, 내담자가 들고 오는 문제에 대하여 성경적으로 판단할 수 있는 충분한 성경지식을 가지고 있어야 한다. 모든 것은 성경의 진리에 입각해서만 세워져야 하기 때문이다.

9. 인간적인 노력이 아닌, 성령의 능력으로 육신의 정욕을 어떻게 극복해 낼 것인지 구체적으로 아는 사람이어야 한다. 이 문제에 관하여서는, 마크와 패티 버클러의 저서인 《《자

연적으로 초자연적인〉〉을 참조하기 바란다.

기도사역 카운슬링 (Prayer Ministry Counseling) 과정에 관한 개요

1. **전 과정을 통해서 하나님의 음성과 보여주시는 환상에 의존하라.** 성령님의 흐르심에 발맞추어 나가면서, 떠오르는 생각의 흐름과 영상들이 성령님이 지시하시는 방향으로 흘러가도록 주의하라. 제대로 된 방향을 잡는 길은 바로 성령님의 흐름을 따라가는 길밖에는 없다! 성령님께서는 당신을 인도해주시며, 축출해 내야할 귀신들의 이름을 알게 해주실 것이다. 만약에 중간에 막혀서 이리도 저리도 가지 못하고 있는 경우에라도, 성령님으로부터 들어오는 흐르는 생각들과 그에 따르는 영상들이, 막힌 부분이 어디이며 어떻게 하면 막힌 부분을 뚫고 지나갈 수 있는지를 발견하게 인도해 줄 것이다.

그러므로 예수께서 그들에게 이르시되 내가 진실로 진실로 너희에게 이르노니 아들이 아버지께서 하시는 일을 보지 않고는 아무 것도 스스로 할 수 없나니 아버지께 서 행하시는 그것을 아들도 그와 같이 행하느니라 내가 아무 것도 스스로 할 수 없노라 듣는 대로 심판하노니 나는 나의 뜻대로 하려 하지 않고 나를 보내신 이의 뜻대로 하려 하므로 내 심판은 의로우니라 (요한복음 5:19, 30)

- 예수님도 성령의 인도하심이 없이는 아무 일도 하실 수 없었다면, 우리도 역시 할 수 없을 것이다.
- 성령이 기름 부으시는 카운슬링은 예수님께서 오늘도 살아 계시고, 믿는 자들의 마음속에 직접적으로 말씀하시며, 믿는 자들이 치유 받기를 원하면서 예수님께서 지시하는 대

로 따르기로 결심한다면 예수님께서 직접 치유를 해 주신 다는 전제에 그 기반을 두고 있다.

2. **내담자의 꿈과 그에 대한 해석을 활용하라.** 꿈은 마음속에 다루어져야 할 문제가 무엇인지 드러내 주는 역할을 담당한다. 즉, "내 마음속에는 무엇이 들어 있나?"라는 질문에 대한 정답을 제공해 준다는 것이다.

나를 훈계하신 여호와를 송축할지라 밤마다 내 양심이 나를 교훈하도다 (시편 16:7)

3. **균형 잡히고 능력 있는 사역이 되려면, 두 사람의 상담자로 구성된 상담 팀을 구성하라.** 우측 뇌가 발달이 된 예언자와 좌측 뇌가 발달된 교사(사도행전 13:1)로 구성된 팀이라면 환상적인 팀이 될 것이다. 예수님도 제자들에게 둘씩 짝을 지어 사역하라고 지시하셨다(누가복음 10:1). 두 사람 이상이 합심하여 기도하면, 무엇을 구하든지 받게 되어 있다(마태복음 18:19). 모든 상담의 밑바탕에는 propriety(예의 바름, 예의범절, 타당함, 적절함)가 깔려 있음을 항상 기억하라. 사단에게 발목을 붙잡히지 않으려면, 모든 상담의 상황에서 상담자는 자신의 마음을 잘 지켜야 한다 (잠언 4:23). 만약에 원한다면, 제 3의 인물이 함께 참여하여, 상담내역을 기록한다든지, 트레이닝을 받는다든지, 아니면 조용히 기도하고 있어도 좋을 것이다.

4. **내담자에게 심각한 헌신을 요구하라.** 온전히 치유 받고 자유로워지려면 완전한 헌신을 해야 한다. 아직도 마음의 준비가 되지 않은 사람에게 수많은 정력과 시간이 들어가는 목회적인 활동을 하는 것은 시간낭비이다. 그러므로 상담

자는 치유에 100% 관심이 없는 내담자는 피하는 것이 좋다. 소중한 시간과 엄청난 노력은 오직 진정 치유함을 받고자 원하는 사람들에게 쏟아 부어져야 한다.

어떤 사람들은 치유 받을 시기가 될 정도로 무르익은 경우가 있다. 또 다른 사람들의 경우는 그렇지 못한 경우도 있다. 사람들은 자신의 고통과 어려움을 쏟아놓을 사람들을 찾고 있으며, 일단 찾으면 똑 같은 이야기를 한도 끝도 없이 반복해서 늘어놓음으로 자신들을 불쌍히 여겨주고 동조해 줄 사람을 찾고 있다는 사실을 항상 명심하라. 물론 경청해 주고 감정을 이입해서 공감대를 형성시키는 것은 모든 세속적인 상담의 기본이다.

그렇기 때문에, 내담자들이 말을 늘어놓게 하는 대신에, 내담자들에게 매주일 숙제를 내주는 것이 더 바람직한 방법이다. 그 숙제에는 문제지, 암송해야할 성경구절, 하나님과의 매일의 대화를 기록한 일지, 꿈들의 요약과 가능한 해석들이 포함된다. 이 모든 숙제는 다음 상담시간이 되기 전까지 전부 다 마치도록 한다. 운동, 건강식으로 식사, 그리고 금식 등이 요구된다.

5. **인생의 고질적인 문제에 관해서는, 한번에 3시간씩 하는 기도 카운슬링 시간을 석달에 걸쳐서 실행할 것을 제시해 보라.** 그러나 우리들의 경우는 일반적으로 2주에 한 번씩 가지는 상담 시간을 계획한다. 그 중에는 2시간씩 하는 상담시간을 6주간에 걸쳐서 실행하도록 권장한다. 그리고 중간 중간에 45분씩 하는 상담을 한 달에 한 번씩 넣어서 총 12번의 상담이 될 때까지 끌고 간다.

첫 상담시간에는(아마도 한 3시간쯤은 걸릴 것이다), 오직 한 가지 마음의 문제에 관하여 "문제의 원인을 제공하는 요소"라는 문제지를 완성할 수 있을 것이다. 그러고 나서 내담자와 함께 7가지의 기도를 사용하여 그 특정한 마음의 문제를 처리해 내라.

그 다음 모임을 위하여 숙제를 내어주어라. 이미 다룬 문제에 관하여, "새로운 진리 성경 묵상 문제지"를 작성하도록 하면 좋을 것이다.

내담자는 숙제를 가지고 다음 상담에 오면 된다(45분 정도 걸릴 것이다). 상담자는 내담자의 숙제를 검사하고, 혹시라도 빠진 것이 있으면 지적해 주고 도와준다. 상담자는 내담자와 함께 기도를 하고, 그 자리에서 마음속에 들어있는 다음의 문제를 끄집어낸다. 그리고 또 다른 "문제의 원인을 제공하는 요소"라는 문제지를 숙제로 완성하도록 요구한다. 내담자는 일주일 동안 철저하게 숙제를 해내도록 노력한다.

내담자는 숙제한 "문제의 원인을 제공하는 요소"라는 문제지를 다음 상담시간에 지참한다. 그리고 완결된 문제지를 가지고 2시간 정도의 시간을 가진다. 내담자와 함께 숙제를 검토하면서, 상담자는 성령님께서 인도하시는 대로 대답들을 확장시키고 더 깊이 있게 끌어 내려간다. 그러고 나서 내담자와 7가지의 기도를 다시 드린다. 그리고 내담자가 "문제의 원인을 제공하는 요소"라는 문제지를 완결하면, 7가지의 기도 중에서 앞부분의 4가지 기도를 스스로 하도록 격려한다. 상담시간을 마치면서 내담자가 드리지 않은 기도들을 드리고, 특히 내적인 치유와 귀신 축사에 관련된 기도들을 드린다.

이렇게 두 번의 상담이 한 벌이 되는 상담시간(한번은 2시간짜리, 그 다음은 45분짜리)을 6차례 더 가져서 전체 12주

동안에 12번의 상담시간을 가지도록 계획한다. 그리고 이 상담이 마쳐질 때쯤 되면, 상담자와 내담자는, 완결은 아니더라도, 상당히 치유가 진행될 것을 기대해도 좋을 것이다.

마음의 언어에 관한 재 관찰

1. 심성(마음)은 지성(지력)과는 다른 종류의 언어를 사용한다.

- 지적인 언어는 인식(cognitive), 분석, 그리고 이성적인 사고이다.
- 마음의 언어는 자발적인(spontaneous: 자기도 모르게 갑자기 떠오르는, 무의식적인) 아이디어, 영상, 감정, 그리고 곰곰이 생각하는 것들(마음속 깊숙이 틀어박혀서 나오지 않고 계속 그 안에서만 맴도는 것들) 이다.
- 심성, 지성, 흐름, 성령에 관하여 더 자세히 알고 싶으면, 본 저자들의 책인 《하나님과의 교통》, 《하나님과의 대화》, 《위대한 신비》, 《당신의 영을 분별하라》, 《하나님의 강으로 더 깊이 걸어 들어가기》 등의 저서를 참조하라. 물론 성령님은 지성과 심성 둘 다에 기름을 부으신다(기름부음을 받은 이성: 누가복음 1:1-3, 꿈, 환상, 예언으로 기름 부음을 받음: 사도행전 2:17).
- 게리 스몰리의 저서인 《사랑의 언어》를 참조하기 바란다. 그는 배우자와 효과적인 대화를 나누는 수단(매개체)으로 그림을 그리듯 생생하게 말하는 은유(metaphor)를 사용할 것을 권장한다.
- 예수님께서 비유(그림으로 그리듯이 이야기함)가 아니면 가르치지 않으셨다는 말씀을 기억하라(마태복음 13:34). 예수님은 항상 사람들의 상한 마음을 치유해 주신 분이다.

2. 마음은 흐름이라는 언어를 사용한다.

나를 믿는 자는 성경에 이름과 같이 그 배에서 생수의 강이 흘러나오리라 하시니 이는 그를 믿는 자들이 받을 성령을 가리켜 말씀하신 것이라 (요한복음 7:38-39)

- 지성은 이성적인 사고를 잘 조종하지만, 마음은 (무의식 속에) "흐르는" 생각들, 영상, 그리고 감정에 반응한다. 그러므로 마음을 치유하려면, 우리들은 분석하고, 명령하고, 조종하려는 이성의 지배로부터 잠시 벗어나서 우리들의 마음은 잠잠하게 하고 무의식적인 흐름 속으로 들어가야 한다(시편 46:10, 요한복음 7:38).
- 상담자는 (무의식적인) 흐름이 감지될 때까지 기다린다. 내담자도 역시 (무의식적인) 흐름이 감지될 때까지 기다린다. 흐름(flow)을 존중하고 따르라. 그것이 바로 우리가 "내 마음 안에는 무엇이 들어 있는가?"라는 질문을 던지는 이유이다. 일단 우리가 마음을 진정시키고, 흐름에 집중하면, 마음은 다루려는 문제에 대해서 반응을 보이기 시작한다. (갑자기 드는 생각, 영상, 감정을 통해서) 그러면 생각이라는 이성을 통하지 않고 마음과의 직접적인 대화에 성공하게 되는 것이다. 지성을 매개체로 사용하면 마음의 치유는 잘 이루어지지 않는다. 마음을 치유하려면 마음과 직통하는 것이 가장 효과적이다. 그렇지 않으면 모든 노력은 허사가 되어버리고 만다.

3. 마음은 감정을 통해서 말을 한다.

- "내 마음속에는 무엇이 들어 있나?"라는 질문을 던질 때에, 마음은 어떠한 감정의 변화를 보이면서 반응한다. 성격의 특징으

로 반응을 보이는 경우도 있다. 그리고 그러한 변화나 반응은 감지될 수 있다. 마음은 겹겹이 쌓여진 층으로 이루어져있으므로, 제일 먼저 치유를 받아야하는 심각한 문제가 가장 먼저 떠오르게 되어있다. 아래에 제시한 감정들은 치유함을 받지 못한 감정들이다. 주로 성경에 제시된 감정들로서 인간의 영혼 속에 내재한다.

- 번민(창세기 41:7-8, 다니엘 2:1-3, 요한복음 13:21), 억눌리거나 슬픔(사무엘상 1:15), 화(전도서 10:3), 정신이 쇠약해지거나 용기를 잃음(이사야 19:3), 버림받아 마음에 근심이 있거나 비통함(이사야 54:6), 분한 마음 내지는 격노(에스겔 3:14), 근심 내지는 스트레스가 쌓임(다니엘 7:15), 굳어짐(신명기 2:30), 의심(마가복음 11:23, 누가복음 24:23), 거만해짐(잠언 16:18), 더러워짐(고린도전서 7:1).
- 두말할 것도 없이, 치유된 마음은 갈라디아서 5:22-23에 언급된 긍정적인 감정인 사랑, 희락, 화평 등으로 충만하다.

4. 마음은 꿈과 환상이라는 언어를 사용한다.

- 꿈, 환상, 영상, 그리고 상상력은, 성경이 말하는 마음이라는 영역에서 일어나는 일들이다. 마음은 특히 영상(그림)을 사용하여 말을 한다.
- 상상력은 심중에 기록되는 것이다(역대상 29:18, 창세기 8:21, 시편 140:2, 잠언 6:18, 예레미야 7:24, 23:16). 하나님께서 인간의 시력을 충만하게 채우실 때, 그것은 꿈과 환상이 된다(민수기 12:6, 사도행전 2:17). 예수님은 환상을 보셨다(요한복음 5:19-20, 30, 8:26, 38). 그리고 항상 그림을 그리는 듯한 언어로 말씀하셨다(마태복음 13:34).
- 최근에 서구사회는 마음에 초점을 두지 않고 지적인 것에만 집

중한 결과로, 마음의 영역인 꿈, 환상, 영상을 통해서 말씀하시는 하나님의 음성을 듣지 못하고 있다.

5. 내담자가 환상을 보지 못하는 경우는 어떻게 할 것인가?

- 내담자의 영상을 보는 능력이 서구의 이성주의에 의해서 감퇴되었다면, 몇 가지의 대안을 제시할 수 있다. 1) 상담자가 대신 환상을 보고 그것을 말해 줄 수 있다. 2) 내담자로 하여금 인생에 큰 상처를 받은 그 시절로 돌아가서, 그 때의 장면을 현사법으로 상상하도록 인도한다. 그리고 그 장면에 예수님이 나타나시도록 유도한 후에, 예수님의 생명의 말씀을 그 장면에서 듣도록 인도한다. 3) 내담자로 하여금 그의 영적인 문맹의 치유를 위해 기도를 드리게 하고, 그의 마음의 눈을 하나님께서 치유해 주셔서 소경의 상태를 면할 수 있게 해달라고 간구한다.
- 영적으로 눈먼 사람을 치유하기 위해서는 이 책에 제시된 7가지의 기도를 모두다 적용해야할 것이다. 1) 가계에 흐르는 저주를 끊어내기 2) 부정적인 혼의 묶임을 풀어내기(거룩한 환상을 믿지 않는 부모, 목회자, 교사들로부터) 3) 부정적인 기대("하나님은 오늘날에는 더 이상 환상을 통해서 계시하시지 않는다는")로부터 벗어나기 4) 내적인 맹세("나는 절대로 환상을 안 볼 것이다")를 포기하기(고집을 꺾기) 5) 충격적인 영상("지난번에 한번 환상을 보려고 시도를 하였는데, 과거의 너무나 고통스러운 인생의 장면들이 주마등 같이 스쳐 지나가서 심히 괴로웠다. 그래서 더 이상 환상을 보려는 시도는 하지 않겠다")을 치유 받기 6) 악령(영적인 소경 됨)을 추방하기 7) 죄의 노예 된 상태로부터 해방시켜주시는 생명의 성령의 능력을 체험하기 (특히 온 몸을 하나님께 산 제사로 드려야하는데, 눈은 드리지

않는 죄를 범하는 것을 말한다. 즉, 빼먹는 죄를 범하는 것[로마서 12:1, 야고보서 4:17]) 등이다. 환상을 사용하여, 예수님께서 내담자의 소경이 된 눈에 손을 얹고 안수하시는 모습을 상상하라. 그리고 나서 상담자는 손을 내담자의 눈에 올려놓고, 예수님으로 하여금 그의 눈을 만지시도록 간구하라. 그러면 아마도 거룩한 환상을 보는 능력이 회복될지도 모른다.

사람이 밤에 꿈은 꿀 수 있으면서도 낮에 상상력을 발휘하여 자기 집 거실을 볼 수 없다면, 그는 아마도 환상을 보지 않으려고 작정을 한 사람임에 틀림이 없다. 눈에 보이는 광경이 나타나지 않는 것은 그의 의식이 지나치게 조종을 하고 있기 때문이다. 그러나 잠을 잘 때에는 그의 무의식이 전면으로 드러나기 때문에, 그가 볼 수 있는 것이다. 그러므로 의식적인 "맹세"(고집)가 그 사람을 붙잡고 있음이 분명하다(그렇지만 과거에 언제 어떻게 해서 그러한 맹세를 하게 되었는지는, 자신이 의식하지 못하는 경우도 있다. 그래서 과거를 더듬으면서 기도를 해 보아야 드러나는 경우가 많다). 일단 그러한 맹세가 발견되면, 맹세를 회개하고, 하나님께 장면을 보는 눈을 회복하게 해 달라고 기도를 드린다. 일반적으로, 내가 세미나를 하는 경우에 100명 중 2명은 자신이 사는 집안을 상상 속에서 장면으로 그려낼 수 없는 사람들이 나타난다. 대체적으로 그러한 경우는 충격적인 장면이 다시 떠오르는 것을 막아내고 있는 상황이거나, 아니면 음란한 죄를 극복해 보려고 노력하는 중일 가능성도 있다.

6. 마음을 치유하기 위해서는 마음의 언어를 사용해야만 한다
― 자발적인 아이디어, 영상, 감정, 그리고 곰곰이 생각하는 것들

• 정서라는 것은 영상의 부산물이다(뿐만 아니라, 귀신들도 인간

내부의 부정적인 영상에 붙어서 기생한다). 그렇기에, 상한 감정을 치유 받기 위해서는, 우리 안에 머무는 부정적인 영상(그림)들을 예수님으로 하여금 다루어 주시도록 해야 한다. 특별히 충격적인 장면들을 떠올리고, 그 상황과 그 장면에서 예수님은 무슨 일을 하시며, 무슨 말씀을 하시는지 보고 들어야 한다. 그러면 사단의 거짓말들이 거룩한 영상으로 바뀌면서, 그 순간 거기에 붙어서 기생하던 귀신들이 예수님의 권위에 의해서 쫓겨 나간다. 그리고 그 결과는 감정의 치유로 이어진다.

- 부정적인 정서는 (예수님이 존재하지 않는) 부정적인 마음의 그림으로부터 발생한다.
- 긍정적인 정서는 (예수님이 존재하는) 긍정적인 마음의 그림으로부터 발생한다.
- 거룩한 영상을 받는다는 것은 예수님으로 하여금 우리의 마음 속에 있는 그림들을 바꾸어 놓으시게 허락을 한다는 말이다. 즉, 그 안에 예수님이 들어있지 않은 그림들(거짓말)을 예수님이 계신 그림들(진실)로 바꿔치기 하는 것이다. 알다시피, 예수님은 무소부재(어디에나) 하신 분이다. 당신이 과거에 당했던 충격적인 사건이 발생한 그 시점, 그 장소에도 예수님은 계셨었다. 그러나 당신의 마음속에 있는 그 사건에 대한 그림이 부정적인 이유는, 그 곳에 계셨던 예수님을 자세히 보지 못했기 때문이다. 그러므로 문제에 대한 치유를 받으려면, 그 당시 그 상황으로 다시 돌아가서 그 자리에 계신 예수님을 다시 만나는 것이다. 당신은 그 때 그 상황에서 예수님이 무엇을 말씀하셨고, 무슨 행동을 취하셨는지 보게 될 것이다. 그러면 진리를 보게 되고, 진리는 우리를 자유케 한다. 거짓은 삶을 파괴하지만, 진리는 생명을 공급해 준다. "진리를 알지니 진리가 너희를 자유케 하리라."(요한복음 8:32)

7. 마음의 치유는 심성의 수준에서 발생하지 지성의 수준에서 발생하지 않는다.
- 상처받은 마음을 치유하는 데는 지적으로 암기된 성경구절만으로는 거의 효과를 거둘 수 없다.
- 그러나 부정적인 마음의 영상(기억)속으로 예수님을 들어오시도록 초대하고, 머리로 암기한 그 말씀을 예수님께서 그 장면 안에서 말씀하시도록 허락한다면, 그 충격적인 장면으로 인하여 발생된 마음의 상처는 말끔히 치유될 수 있다.
- 원리: 고통스러운 기억을 더듬을 때에, 예수님이 그 장면에 나타나셔서 성경의 구절을 직접 말씀해 주시면 억눌린 기억에 대한 치유를 받을 수 있다.

꿈을 통해 마음을 듣는 법에 관한 개요

호주에서 기도사역을 받은 그날 밤에, 오래 전에 잊혔으나 나와 혼의 묶임이 형성이 되었던 사람이 꿈에 나타났다. 한밤중에 잠에서 깨어나서 영적인 일지를 쓰는 중에, 주님께서는 바로 그 사람이 나의 혼이 묶여 들어간 가장 중요한 인물이라는 것을 가르쳐 주셨다. 왜냐하면 나의 삶의 영역에서 난생처음으로 형성된 영적인 묶임이었기 때문이다. 그러나 그 영혼의 묶임은 내가 현재 고통을 당하는 문제의 근원이었기에 끊어버려야만 했고, 나는 기도를 통해서 그렇게 하였다. 그날 밤에 나는 하나님께 다른 종류의 영혼의 묶임이 더 없는가 여쭈어 보았다. 하나님께서는 몇 가지의 다른 경우를 더 보여주셨다. 나는 각각의 경우에 대해서 영혼의 묶임이 풀어져나가도록 기도를 드렸다. 결과, 그날 밤에는 난생처음으로 나의 내적인 존재가 놀라운 해방감을 누릴 수 있었다.

마음에 상처를 낸 최초의 사건을 치유해내는 것이 바로 마음을 치유하는 열쇠이다. 바로 그 문을 열어주는 사건을 통해서 나머지 사건들이 전부 몰려들어온 것이다. 그러나 그 문을 열어주는 사건을 치유해 내면, 문은 닫히고, 그에 관련된 더 이상의 문제가 지속되지 않는 것이다. 그러면 치유는 철저하고 완전하게 이루어진다.

아래에 꿈의 해석에 관한 다양한 원리들을 제시한다.

나를 훈계하신 여호와를 송축할지라 밤마다 내 양심이 나를 교훈하도다 (시편16:7)

꿈 해석의 원리들

1. 대부분의 꿈들은 상징적이다. 그러므로 신문에서 정치적인 만화를 보듯이 그렇게 다루어야한다. 머리에게 이렇게 명령하라. "상징적으로 해석하라!"
2. 상징은 꿈꾸는 사람의 인생살이로부터 그 힌트를 얻어서 나타난다. 그렇기에 자기 스스로 꿈을 해석하는 경우는 "이 상징이 나의 삶에서 의미하는 바는 무엇일까?"라고 묻고, 다른 사람의 꿈을 해석하는 경우는 "이 상징은 당신의 삶에서 어떤 것을 의미하나요?"라고 물어보아라.
3. 꿈은 마음이 당면하고 있는 과제에 관하여 말하는 경우가 대부분이다. 그러므로 "꿈꾸기 전날 마음속에 어떤 문제가 오고 갔는가?"라는 질문을 해보는 것도 좋을 것이다.
4. 꿈꾼 사람이 무엇인가 단서를 잡으면, "아! ~~~" 하고 뛰면서 올바른 해석으로 들어가게 된다. 그러므로 꿈을 꾼 사람이 인정하지 않는 꿈 해석은 잘못된 해석이다.
5. 하나님께서 확정적인 다른 추가적인 증거들을 보여주시면서 인도해 주시지 않는 한, 한 번의 꾼 꿈을 의지해서 인생

의 중대한 결정을 내리는 일은 피해야 한다.

꿈을 상기해 내는 법:

1. 자신 스스로에게 "꿈이라는 것은 나름대로 타당한 메시지를 담고 있다."라고 말하라.
2. 잠들기 전에 하나님께, 꿈을 통해서 말씀해 달라고 부탁드리고 잠자리에 들어라.
3. 꿈에서 깨어나자마자 바로 기록할 수 있도록, 잠자리에 옆에 일기장을 놔두어라.
4. 8시간 이상의 깊은 잠을 자라. 그러면 잠의 마지막 부분에는 꿈을 꾸게 되리라.
5. 자명종의 도움을 받지 말고, 자연적으로 깨어나게 하라.
   위의 5가지 방법을 제대로 사용만 하면 적어도 일주일에 한번은 꾼 꿈을 기억할 수 있게 될 것이다.
   해몽에 관한 더 자세한 원리는 부록 E를 참조하라.

마음을 치유하는 일곱 가지 기도에 관한재 관찰

1. 가계에 흐르는 죄와 저주를 끊어내기
2. 추잡한 혼들과의 묶임을 풀어내기
3. 나쁜 일이 일어날 예감을 뒤집어엎기
4. 내적인 맹세로 인하여 고집스럽게 굳어진 마음을 녹여내기
5. 계시로 오는 영상과 환상을 보기
6. 귀신 축출하기
7. 그리스도 안에서 생명의 성령을 체험하기

실제 기도 카운슬링 시간에는 위의 7가지의 기도 접근방법들이 순차적으로 사용된다. 그러나 각각의 기도 접근 방법들은 "마음을 치유하는 기도 카드"에 의하면 각각이 3개의 부분으로 나뉘어져 있

다. 즉, 사람의 마음속에 내재하는 부정적인 에너지를 몰아내기 위해서는 21가지의 특별한 기도를 드려야 한다는 결론이다.

과연 21가지의 기도를 전부다 드려야만 하는가? 너무 많은 것이 아닌가? 율법주의 적이거나 타성에 젖은 것이 되지는 않을까? 글쎄, 나는 21가지의 기도를 전부 다 드려야한다고 생각하지는 않는다. 일반적으로 나는 상담시간에 21가지의 기도를 모두 드리면서 상담을 진행하지도 않는다. 그러나 상담이 진전이 없고, 귀신은 들러붙어서 나가지를 않고 하는 한심한 상황에서는, 21가지의 기도를 하나씩 모두 드리면서 철저하게 점검한다. 그렇게 함으로 내가 혹시 간과한 과정은 무엇이며, 악령들이 발판을 구축하고 붙어있는 곳이 어디인지를 발견해 낼 수 있게 되기 때문이다.

아직도 21가지가 너무 많다는 생각이 드는가? 나는 그렇지 않다고 생각한다. 만약에 수년 동안 너무나도 사람을 괴롭히는 마음의 문제로 고생하던 내담자가, 몇 시간 동안 드려지는 20여 가지의 기도를 통해서, 문제의 근원이 뿌리 뽑혀지고, 사람을 괴롭히던 문제가 사라지며, 마음의 치유함을 받을 수만 있다면, 내담자가 20여 가지의 기도를 통과해 나가는 것을 부담스럽게 생각할 것인가? 그 대답은 너무나도 자명한 것이다. 만약에 내담자가 기독교인이라면, 이미 효과가 없는 기도들을 20번 이상 드렸을 가능성이 높다. 그러므로 21가지의 기도를 통해서 마음의 상처가 치유되고 다시 건강하게 될 수 있다는 그 사실 자체가 참으로 놀라운 일이다!

왜 21가지의 기도인가? 왜냐하면 그 21가지의 기도들은 문제의 뿌리를 캐어내고, 문제를 여러 다양한 각도에서 다루기 때문이다. 그렇게 함으로 100%의 치유를 보장해 주는 것이다.

철저하게 21가지의 기도를 따르는 것이 율법주의라고 생각하는가? 나는 그렇게 생각한다. 그럼에도 불구하고, 어떤 특정한 상황에서는 법대로 따라가는 것도 중요하다고 나는 생각한다.

어떠한 상황인가? 새로운 기술을 습득하는 상황의 예를 들 수 있겠다. 기술을 처음 배우는 사람은 법칙대로 따라가야만 기술을 습득할 수 있다. 그러나 일단 숙달이 된 노련한 사람이 되면, 더 이상 철저하게 법칙을 따를 필요가 없어지는 것이다. 영적인 면에서도 마찬가지이다. 일단 어느 정도의 경지에 이르면, 은혜가 충만하게 되고, 그러면 성령님께서 인도하시는 대로 자유롭게 따라다니기만 하면 된다. 일단 우리의 마음속에 하나님의 말씀이 들어있고, 영적인 원리들과 순종하고자 하는 자세가 갖추어져 있으면, 성령님은 우리를 인도하시기 훨씬 더 쉬우실 것이다. 나의 마음속에 진리가 가득 차있는 경우는, 하나님께서 특별한 상황에서 원하시는 대로 그 진리를 빼내어 사용하기가 편리하기에, 훨씬 더 효과적인 사역이 이루어진다.

21가지의 기도들을 전부다 활용해 보고, 일단 모든 기도에 익숙해지면, 자연적으로 모든 기도의 내용과 그 구조가 마음속에서 자유자재로 흘러나오게 될 것이다. 일단 모든 기도를 나의 것으로 만들어 버린 다음에는, 성령님의 인도하심을 바라라. 그리고 단순히 성령님의 흐름을 따라서 당신 자신과 다른 사람을 위해서 기도하면 되는 것이다.

특정한 상황에서 오직 축사의 기도만을 드릴 수는 없는가? 적어도 나의 경우는 그런 적이 있다. 효과적이었는가? 물론, 원하던 결과를 가져왔다. 그렇지만, 아무런 결과가 나타나지 않을 때, 나는 그 다음에는 무엇을 어떻게 해야 하는지 안다. 제 1번의 기도로 돌아가서 하나씩 차례로 기도를 해 내려가는 것이다. 즉, 악령의 집을 하나씩 조직적으로 뜯어가면서 철거시키는 것이다.

오직 한 종류의 기도만으로 귀신을 축출하기에 충분할 때

나는 최근에 기독교 리더십 대학에서 공부하는 나의 제자중의 한 사람에게 전화를 받은 적이 있다. 그녀는 고백하기를 분노의 문제와 발버둥 치며 싸워야만 했다고 했다. 나는 그것이 아마도 귀신의 장난일지도 모른다고 제안하였고, 만약에 그녀가 원한다면, 나는 그녀를 위해 기도해 주겠다고 말했다. 그녀는 처음에는 나의 말에 충격을 받는 듯 했지만, 나에게 기도해 달라고 부탁하였다. 그래서 우리는 아주 짤막한 축사의 기도를 드렸다. 그런데 2분 안에 그녀는 귀신의 조종으로부터 벗어났다. 분노의 영이 떠나간 것이다. 그녀는 위장 쪽이 흔들리면서, 호흡을 통해 무엇인가가 나가는 것을 느꼈다는 것이다. 그녀는 놀랐고 나는 감동하였다.

그녀(코니 재크리히)는 자신의 이야기를 나의 책에 게재하는 것을 허락하였다. 여기에 나에게 보낸 그녀의 편지를 공개한다.

"전화로 나를 위해 기도해 주심을 감사드립니다. 그 흉측한 분노의 영으로부터 해방이 되고 자유를 얻게 되어서 얼마나 감사한지 모르겠습니다. 나는 적어도 3년 동안이나 그 더러운 악령을 가지고 살아왔습니다. 나는 처음에는 그러한 분노가 변덕스러운 기분에 기인하는 것인 줄로 알았습니다. 그 동안 나는 기독교인으로서 실패한 사람인 것 같은 느낌을 받았었습니다…. 나는 《〈일생동안 사랑하며 사는 법〉》같은 책을 읽으면서 나 자신이 얼마나 신랄하고 화가 치밀어 오르는 성격의 사람으로 변해 가는지 직감할 수 있었습니다. 나는 나 자신이 싫었습니다. 그래서 나는 거룩한 슬픔을 가지고 회개하기 시작했습니다. 그럼에도 불구하고, 나의 마음속에 어떤 기억이 되살아날 때면, 나는 도저히 참을 수 없는 분노에 떨어야만 했습니다. 나는 거의 매일 같이 고통으로 찌들어 있었습니다. 나는 매일 흐느껴 울었고 우울증이 극심해져서, 이러한 고통을 간직하고 사느니 차라리 죽어버렸으면 좋겠다는 생각까지 들었습니다. 바로 그 시기에 하나님께서는 하나님의 적절한 시기에 바로 선생님을 만나게 해주셨습니다. 나는 그것이 우연이었다고 절대로 생각하지 않습니다. 하나님께서 나를 위해 그렇게 오랜 세월동안 하시기를 원하셨던 일을 바로 선생님을 사용하셔서 이루신 것입니다. 나는 지금 귀신 축출에 대해서 배우는 것을 즐기고 있습니다. 그래서 귀신 축출의 필요성 있는 사람들을 도와주는 하나님의 도구로 쓰임을 받고 싶기 때문입니다. 그들도 자유로워 질 수 있음을 믿습니다. 왜냐하면 성경이 '그러므로 아들이 너희를 자유케 하면 너희가 참으로 자유하리라.' 라고 말씀하시기 때문입니다(요한복음 8:36). 그 말씀은 지금도 내 안에서 살아 움직이는 말씀입니다. 나의 상황에 대해서 민감하게 반응하신 선생님께 감사드립니다. 믿음으로 순종하시는 선생님을 존경합니다. 더 많이 감사드리고 싶지만, 무슨 말을 어떻게 해야 할지 모르겠습니다. 나는 지금 모든 지각을 초월한 하나님의 평강으로 살고 있으며, 나의 삶에 기쁨이라는 것이 다시 돌아왔습니다."

얼마나 감동적인 편지인가! 그렇게도 간단한 축사 기도 하나로 수년간 고생하던 문제를 간단하게 해결했다는 사실을 믿을 수 있는가? 왜 나는 다른 모든 기도들을 할 필요도 없었을까? 거기에는 이유가 있다. 즉, 그녀는 오랫동안 축사를 위해 마음을 준비해 왔던 것이다. 그녀는 분노의 죄를 증오하였다. 이미 분노의 죄를 회개하였다. 이미 분노가 그녀의 삶에서 사라지기를 원하고 있었다. 분노의 죄와 대항하여 분투하고 있었다. 그러면 무대는 설치된 것이다. 그러므로 마지막으로 필요했던 것은 오직 간단한 축사 기도였다. 내담자는 20가지 이하의 아니 7가지 이하의 기도를 통해서도 치유함을 받을 수 있다. 마음이 준비만 되어 있다면, 아주 간단한 명령을 통해서도 치유된다. 예수님을 따르던 무리들의 상황도 비슷했으리라 생각한다. 그들은 마음을 준비하고 예수님께 왔으며, 명령 한마디로 치유함을 받았다. 특별히 성령의 기름 부으심을 받은 예수님의 가르침을 받은 사람들이 예수님께 병 고침과 귀신 축출을 기대하고 왔을 때는 더욱더 큰 능력이 나타났던 것이다.

내가 암기하는 7가지의 핵심 기도들

나는 마음속에서 다음과 같이 생각한다. 나는 7가지의 기도를 드려야한다. 그리고 그 기도들은 다음과 같다.

1. 주님, 예수님의 십자가를 나와 조상들 사이에 놓습니다. _____라는 죄와 저주가 십자가에서 멈춰지게 하여 주시옵소서. 자궁 속에 있는 태아에게 십자가로부터 은혜가 흘러 넘쳐 들어가서 풀어놓아지고 자유롭게 되게 하여 주시옵소서.

2. 주님 나와 _____사이에 형성된 불결한 혼의 묶임이 풀리게 하여 주시옵소서. 그들로부터 나오는 불경한 _____의 흐름이 끊어지게 하여 주시옵소서. 주여 내가 잃어버렸던 것들을 되찾게 하여주시고, 내가 잘못 전수 받은 것들이 되돌아가게 하여 주시옵소서.

3. _____한 부정적인 견해들과 기대들을 고백하고 회개합니다. 그리고 하나님이 주시는 _____한 믿음으로 바꾸기 원합니다.

4. _____한 맹세(고집)를 고백하고 꺾어 버리겠습니다. 그리고 성령이 기름 부으신 당신의 거룩한 _____으로 바꾸겠습니다.

5. 주님, 보기만 해도 괴로운 장면에 예수님이 등장하게 하여 주시옵소서. 그리고 나에게 말씀하시고, 주님이 하시는 일들을 보여 주시옵소서.

6. 예수님의 이름으로 명하노니 _____ 귀신은 나갈

지어다!

　7. 숙제: 성령님, 내 안에 함께 살고 계시니 감사합니다. 성령님의 _____ 하시는 능력이 내 안에서 마음대로 나타나도록 허락해 드립니다.

내가 생각하기에, 내가 암기해야 할 가장 중요한 것이 있다면 바로 이 7가지의 기도라고 생각한다. 내담자와 이런저런 이야기를 나누기도 하고, 이것저것을 살펴보기도 하지만 결국은 순서가 뒤죽박죽된다 할지라도, 나는 위의 7가지의 기도를 반드시 드리고 싶다. 그래서 나는 항상 위의 기도들을 암기하고 머릿속에 넣어두었다가 누구를 상담하던지 필요하다고 생각하는 순간에는 빼내어서 사용한다.

추가적으로 당신도 아래의 목록들을 암기하기를 권한다. 그래서 자신을 위해서 사역을 하든지 남을 위해서 하든지 간에, 별다른 노력 없이도 당신의 마음속에서 자연적으로 흘러나올 수 있게 하는 것이 바람직하기 때문이다.

각각의 기도의 부속적인 부분들

　7가지 기도의 모든 부분들을 암송하는 대신에, 기본적인 원리와 그 틀(구조)을 이해하는 것이 더 중요하다. 각각의 기도들은 기본적으로 아래의 3 단계로 구성이 되어있다.

　고백, 용서, 정결케 함 - 요한1서 1:9

"기도사역의 필요성을 판단케 해주는 7가지의 실마리들"을 암기하라

　1. 미결된 문제로 인해 유발된 중압감이 사라지지 않고 계속 마음속에 머물러 있을 때

　2. 사라졌다가는 다시 나타나곤 하는 상습적인 문제가 있을 때

3. 습관성 내지는 고질적인 죄의 패턴이 있을 때
4. 만성적인 연약함이 있을 때 – 정신적, 감정적, 영적, 육체적
5. 화평, 믿음, 소망, 사랑에 반대되는 모든 것이 있을 때
6. 사단의 행위와 들어맞는 모든 것이 보일 때
7. 중독증과 통제가 불가능한 행위들이 나타날 때

"마음의 상처를 치유하는 7단계"를 암기하라

1. "내 마음속에는 무엇이 들어 있는가?" 문제지를 사용하여 마음의 욕구를 발견해 내라.
2. 일곱 가지의 치유기도가 필요할 지도 모른다는 가정을 하라.
3. "문제의 요소"라는 문제지를 사용하여 문제의 근원을 캐내라.
4. "마음을 치유하는 기도"를 사용하여 기도하라.
5. "새로운 진리의 성경 묵상"을 사용하여 진리로 봉하라.
6. 회상과 간증을 위한 "기념비"를 만들라.
7. 인생의 순환을 완성하라: 죽음으로부터 생명에 이르는 목회를 하여라.

마음의 언어에 관한 개관을 암기하라

1. 마음은 지적인 것과는 다른 종류의 언어로 말을 한다. 지성의 언어는 논리적인 아이디어이다. 반면에 마음의 언어는 감정, 흐름, 영상들이다.
2. 마음의 치료는 지적인 영역이 아닌 마음의 영역에서 일어나야만 한다. 마음을 치유하기 위해서는 마음의 언어를 사용해야만 한다.

마음의 상처는 층층이 쌓여 있다. 그러므로 마음을 치유하려면 겹쳐 놓은 층들을 하나씩 벗겨나가야 한다. 겹겹이 쌓인 문제를 벗겨내는 작업은 상당한 시간을 필요로 한다!

예수님은 40일 동안 홀로 광야에서 기도와 금식을 하셨다. 그리고 사단이 쏟아 붓는 유혹을 하나씩 처리해 나가셨다(누가복음 4:1-14).

예수님도 40일이라는 시간이 걸렸다면 우리가 사단이 공격해오는 것들을 처리해 내려면 그 이상의 시간이 걸리지 않겠는가? 적어도 나는 그렇게 생각한다.

만약에 내가 40일간의 집중적인 금식기도를 드리지 않고 매일 조금씩 드리는 경건의 시간을 통해서 문제를 해결해 내려고 노력한다면 적어도 일 년 이상의 시간을 소모해야만 되지 않을까? 적어도 나는 그렇게 생각한다.

그러므로 (필요하다면) 나는 당신이 일 년이라는 시간을 투자해서, 이 책에 제시된 기도 방법들을 사용하여, 당신의 마음을 말끔히 청소해 내기를 도전한다. 당신은 첫 기도인 "성령님, 나의 마음속에는 무엇이 들어있습니까?"라는 기도를 거듭 반복해서 드릴 수도 있다. 그러고 나서 성령님께서 지시하시는 대로 그 문제들을 공략하라.

치유는 여러 겹으로 발생할 것이다. 일단 맨 위의 문제의 껍질을 벗겨내면 일주일 뒤에 다른 문제가 그 속에서 드러나는 것을 보게 될 것이다. 그 떠오르는 새로운 문제는 이전에 기도를 드렸던 문제와 비슷한 경우도 있고, 전혀 다른 것인 경우도 있다. 만약에 상이하다면 당신은 그 다음에 다른 종류의 악령들과의 전쟁을 벌려야 할 것이다.

그러나 동일한 종류의 악령이라면 그것은 당신이 귀신들의 집합체(cluster: 동아리, 무리, 떼거지)를 온전하게 처리해 낸 것이 아니라는 증거이다. 즉, 같은 무리의 귀신들 중에 일부를 남겨두었다는 말이다. 그러한 경우에는, 처음으로 다시 돌아가서 나머지의 무리들을 전부다 없애버려야 한다. 예를 들자면, 색욕의 경우 안목의 정욕을 먼저 없애버렸을 수 있다. 그러나 음란물, 간음, 공상, 간통, 성적인 남용, 성도착증, 성적인 학대, 동성연애, 강간 등의 사악한 영들은 아직도 남아있는 경우가 있다. 이러한 사악한 영들의 무리에 관해서는 프랭크 D. 하몬드 목사 부부의 《《가정의 축복을 위한 선한 싸움을 싸우라》》라는 책을 참조하기 바란다. 그리고 성령님께 "같은 범주에 속해 있는 영들 중에 제 마음속에 들어 있는 다른 것들이 있습니까?"라고 물어보아라. 그리고 흐름에 집중하라. 당신의 마음속에 빛과 같이 지나가는 갑작스러운 연상 작용을 통하여 역사하는 하나님의 응답을 받아라. 당신의 관심을 끄는 다른 문제들에 대해서도 계속 기도하라.

몇 주가 지난 뒤에 비슷한 충동이 다시 돌아오면, 이미 드렸던 기도로 돌아가서 처음부터 다시 기도를 드려야한다. 예를 들자면, 지난번에 끊었어야 하는 영혼의 묶임 중에서 생각이 나지를 않아서 처리할 수 없었던 것이 있는지 기도해 보아야 한다는 것이다. 그리고 발견이 되면 하나님께 끊어 달라고 기도하라. "하나님, 이 영역을 완전히 깨끗하게 청소해 내기 위해서 제가 포기해야하는 내적인 맹세나, 고집, 그리고 부정적인 마음들이 있습니까? 주님, 제가 축출해 내야하는 악한 영들이 어디에 붙어있는 구석이 있습니까?"라고 물어보는 기도를 드려도 좋을 것이다.

한 영역에 관한 중압감이 완전히 사라지지 않고 조금 남아있는 것을 느끼는 경우이거나, 사라졌다가 다시 돌아오는 경우는, 그 문제를 온전하게 처리해내지 못했다는 증거이다. 그렇다면, 다시 처음으로 돌아가서 마음에 온전한 평화가 깃들이고 모든 중압감에서 벗어날 때까지 기도를 드려야한다. 부분적인 치료에 절대로 만족하지 말라. 치유가 온전하게 완결이 될 때까지, 하나님께 더 기도를 드려야 할 부분이 어디인가를 구하면서, 계속 기도하라. "기분이 좀 좋아졌다." 정도에서 멈출 일이 아니다. 마음이 믿음, 소망 사랑으로 가득 채워져서, 차고 넘칠 때까지 계속 기도하라.

　마음은 층층이 겹겹으로 구성이 되어 있어서 절대로 단번에 치유되지 않는다는 사실을 기억하라! 뿐만 아니라, 우리가 서로의 죄를 고백하고 서로를 위해서 기도해 줄 때에 치유가 급속하게 이루어짐도 기억하라(야고보서 5:16). 너무 수줍은 나머지 기도 파트너에게 죄를 고백하지 않는 실수를 범하는 때도 있다. 그러나 여러 사람이 합심하여 기도를 드리면 마귀들의 요새는 무너져 내리고, 악령의 영향력은 뿌리가 뽑히게 되어 있다.

　마지막에 가서, "성령님, 제 마음속에 있는 것이 무엇입니까?"라는 질문을 던지게 되면, 부정적인 영들의 감정이 아닌, 사랑, 희락, 화평, 인내, 자비 등의 긍정적인 영들의 감정이라는 해답을 얻게 될 것이다. 그러한 정답을 받게 되는 것은 바로 마음의 치유가 일어났고, 성령의 능력이 영혼의 깊숙한 곳으로 침투해 들어갔다는 증거이다. 그러한 긍정적인 마음에 대해서는 다음 단원에서 더 자세히 살펴보자.

　예수회의 신부들은 매년 1월이 되면 자신들의 삶을 성찰해 보려고 9일 동안의 수련회로 들어간다. 그와 같이 하는 것이 참으로 좋은 방법이라고 생각한다. 일단 우리의 마음이 치유되었다면, 일 년에 한 번씩은 심각하게 "나의 마음속에는 무엇이 있습니까?"라는 질문을 던지면서, "심령이 깨끗하다"는 응답을 받을 때까지 계속 기도하는 것이 바람직하지 않겠는가?

카운슬링 시간(session: 회합)을 위한 조언

1. 성령님의 흐름을 존중하라: 상담자는 끊임없이 하나님의 영으로부

터 오는 환상과 흐르는 생각들에 열려져 있어야 한다. 상담의 전체 과정과 모든 기도들을 통해서 성령의 흐름에 민감해야 한다. 그렇게 하지 않으면 기도는 타성에 젖은 기계적인 것이 되어버리고 만다. 그러면 성령님의 역사는 제약을 받게 된다. 뿐만 아니라 성령님은 종종 내담자가 잊어버렸거나 아니면 전혀 몰랐던 사실까지 생각나게 하시는 경우도 있다. 그러므로 상담시간에는 성령의 "흐름"을 잘 따라가야만 한다.

때로는 성령의 흐름이 기도의 순서를 뒤바꾸어 놓는 경우도 있다. 나의 경우에는 1) 가계에 흐르는 저주에서 2) 혼의 묶임 5) 내적 치유 6) 귀신 축출로 이어지는 순서가 많이 발생한다. 그리고 나서, 내담자에게 숙제로 3) 부정적인 기대를 포기하기 4) 내적인 고집(맹세)을 꺾어 버리기 그리고 5) 죄를 극복하기 위하여 성령의 권세를 사용하기 등을 내어준다.

그러나 종종 귀신(사악한 영들)이 내담자의 부정적인 예감과 내적인 고집(맹세)에 달라붙어서 꼼짝도 하지 않는 경우가 있다. 그러한 경우에는, 내담자로 하여금 부정적인 예감을 확인해내고, 내적인 고집(맹세)을 포기하며, 자신을 그 모든 것에서 멀리 떼어내도록 도와주면, 귀신이 머무는 지반은 붕괴되어 버린다. 귀신 축출을 시도했으나 귀신이 나가지 않고 버티는 상황은 언제든지 벌어지리라는 것을 명심하라.

2. 가슴에 안수하면서 마음을 위해 기도해 주라: 나는 가계에 흐르는 저주와 죄, 그리고 추잡한 혼들과의 묶임을 끊어버리는 기도를 드릴 때는, 종종 내담자의 가슴에 손을 대고 기도를 드린다. (그러나, 내담자가 여성인 경우는 가슴에 안수를 할 때에 합당치 못한 경우가 발생하지 않도록 조심해야 한다. 특별히 성적인 학대를 당한 여성인 경우는 다른 사람이 자신의 몸에 손을 대는 것을 싫어한다. 좋은 방법 중에 하나는 내담자가 자신의 손을 가슴에 대고, 상담자는 그 내

담자의 손위에 손을 올리는 경우이다.) 가슴에 안수하는 경우에는, 마음에 대놓고 직접적으로 말하라. 자유를 선포하고, 풀어놓으며, 치유하라. 가슴은 사람의 말을 직접들을 수 있으며, 그 선포되는 말씀에 반응을 보일 것이다.

3. 사악한 영들의 집합체를 발견하라: 사악한 영들은 무리를 지어서 떼거리로 몰려다닌다는 것을 기억하라. 전도서 4:12에 제시된 진리를 따르자면, 귀신의 무리는 적어도 3개 이상으로 구성이 되어있다. 내담자의 마음이 그러한 집합체를 확인해 낼 것이다. 그러나 프랭크 D. 하몬드 목사 부부의 《〈가정의 축복을 위한 선한 싸움을 싸우라〉》라는 서적 같은 것을 통하여 귀신들의 군집을 알아낼 수도 있다. 상담자가 더 많은 경험을 쌓을수록, 또한 성령님의 흐름에 더 많이 집중할수록, 추가적인 귀신들의 집합체의 이름들이 머릿속에 갑자기 떠오를 것이다. 모든 귀신들은 질책을 당해야하며 내어 쫓겨야 한다. "내 마음속에는 무엇이 들어 있나?" 문제지는 계속 새롭게 갱신되어져야만 한다. 그러면 귀신의 집합체를 발견하기가 더 수월해진다. 예를 들어서, 분노의 영을 내어 쫓는 기도를 드렸다고 가정해보자. 그럼에도 불구하고 부분적인 해방감만 느끼고 온전한 자유를 누리지 못한다면, 다시 한 번 주님께 여쭈어 보아야 할 것이다. "주님, 분노의 영에 관련된 다른 사악한 영들의 무리는 없습니까?" 그리고 성령님의 흐르심에 주파수를 맞춰라. 그러면 머릿속에, 증오, 악의, 불평, 용서 못함, 원한 같은 단어가 떠오르는 경우도 있다. 그러면 기도를 통해서 그러한 악령들을 하나씩 제거해 내야 한다.

4. 축사 기도를 위한 조언: 귀신에게 대놓고 여러 번 말하면서 나가라고 명령하라. 일반적으로 귀신이 나갈 때는 나간다는 증거가 나타난다. (1) 내담자가 숨을 몰아쉬던지 기침을 한다(그러므로 상담자는 눈을 크게 뜨고 자세히 관찰을 해야 한다). (2) 내담자가 무거운 것이 사라진 해방감을 느낀다. 내담자에게 귀신이 나간 것 같이 느끼느냐

고 직접 물어볼 수 있다. 헬라어(히브리어) 원어로 보면, "영혼"이라는 말과 "호흡"이라는 말은 같은 단어이다. 그래서 악령들은 나갈 때에 호흡을 통해서 나간다. 기도가 효과적이라면, 내담자는 적게나마 내적으로 풀어놓아짐을 경험해야 한다.

그 이외에 귀신을 축출하는 과정 중에 관찰 될 수 있는 현상들은 전율, 떨림, 흔들림, 목에 뭔가 걸리는 것 같은 느낌, 위장, 가슴, 어깨 부위, 머리둘레의 통증 등이다.

악령들이 내담자의 내부에 갈등만 조장시키고 나오지는 않는 경우는, 하나님께 다시 기도를 드려야한다. 즉, 처음의 5가지의 기도 중에서 철저하게 드려지지 않은 기도가 무엇인지 다시 한 번 점검해 보는 것이다. 일단 귀신의 집이 철저하게 무너져 내리고, 그들이 딛고 일어설 발판이 붕괴되면 귀신을 묶고 축출해 버린다.

그러나 그래도 귀신이 꽉 달라붙어서 나오지 않고 발버둥을 치는 경우는, "귀신이 달라 붙어있는 곳이 어디일까?"라는 질문을 해보아라. 내담자와 상담자가 함께 성령님의 흐름에 집중을 하면, 실마리가 잡힐 것이다. 그러면, 악령들이 달라붙어 있는 문제를 놓고 집중으로 기도하라. 나의 경험에 의하면, 한번은 내담자가 젊었을 때에, 세속적인 음악을 들으면서 사단과 맺은 협정 때문에 축사가 지연된 적이 있었다. 그 악한 계약의 끈은 물론 기도를 통해서 절단이 되었고 그 맹세의 효력도 나사렛 예수 그리스도의 이름으로 무효화되었다.

5. 신적인 영상을 받는데 대한 조언: 내담자가 충격적인 사건을 영상화하여 다시 한 번 그의 마음속에 떠올릴 때에 너무나도 마음이 아프고 괴로워서 그 장면에 예수님을 등장시킨다는 것이 불가능한 경우는, 그 장면은 다음에 다루기로 하고 그와 비슷한 감정을 동반하는 다른 상황을 떠올리라고 부탁한다. 그리고 예수 그리스도가 그 상황에 나타나시도록 초대하라고 한다. 덜 충격적인 장면에 대해서 온전히 치유함을 받은 다음에, 또 다른 장면으로 옮아가면서 동일한

과정을 반복한다. 일단 그렇게 여러 번 예수님의 치유를 경험한 다음에는, 내담자가 다시 처음의 가장 충격적인 장면으로 돌아가기가 훨씬 수월해질 것이다. 왜냐하면, 두려움의 문제가 경감되었기 때문이다.

내담자가 자신의 어린 시절로부터 자신을 완전히 단절시켰거나 아니면 뒤죽박죽이 되게 하는 경우는, 예수님으로 하여금 이미 어른이 된 내담자를 만나게 한다. 그 다음에는 성인이 된 내담자를 예수님이 손을 잡고 이끌면서 내담자의 어린 시절을 방문하게 하면 된다. 예수님에게 어렸을 적의 상처를 치유해 달라는 기도를 드린 후에 이러한 상상을 하면, 예수님은 놀라운 일을 하신다. 어떤 경우는 성인이 된 내담자와 예수님이 함께 손을 잡고 앉아서 내담자가 어렸을 적에 당한 충격적인 사건들에 대한 장면들을 영화관에 앉아서 바라보듯이 그렇게 관람하는 경우도 있다. 그리고 그 장면 안에는 예수님이 어떤 일을 하시는지도 나타난다. 아니면, 예수님이 괴로운 상황에서 고통을 당하는 어린이에게 직접 나타나셔서 치유하시는 장면을 보여주시기도 한다. 우리는 위의 모든 방법들이 참으로 좋은 결과를 가져오는 것을 목격하였다. 종종 내담자가 잊어버렸거나 아니면 의도적으로 밀쳐 내버린 장면들도 떠오르는 경우가 있다.

6. 육신의 질병으로부터 거꾸로 유추해 나가기: 종종 육신의 질병들과 연약함은 영혼의 문제가 그 근원인 경우가 있다. 요한2서 3절은 영혼이 잘됨 같이 범사가 잘되고 육신이 강건하기를 기도하고 있다. 그렇다면, 우리의 육신의 건강과 영혼의 상태는 서로 연결이 되어있는 것이다. 예수님께서 "마귀에게 눌린 모든 자들을 치유하셨다." (사도행전 10:39)는 말씀은 많은 육신의 질병이 귀신/악령에 의해서 발생이 된다는 것을 전제로 한 말씀이다. 우리가 치유 받기를 원하면 죄를 고백하라고 권면하는 야고보서 5:14-16의 말씀은 육신적으로 나타나는 외부적인 연약함과 내부적인 마음의 연약함 사이에 관

련이 있다는 것을 전제로 한다.

그렇기 때문에 우리들의 육신의 질병은 혹시나 영과 혼의 장애(disturbance: 어지럽힘)가 심해져서 발생하게 되는 것이 아닌지 의심해 볼 필요가 있다. 그러므로 병약함(허약함)을 치유하기 위해서는 영/혼의 영역에서 장애를 먼저 치유해야 하는 경우가 많다.

이렇게 한번 생각해 보자. 뼈, 근육, 그리고 인대에 가해진 상처는 그보다 더 깊숙이 있는 내장이 튼튼하면 더 빨리 치유가 될 수 있다. 비슷하게 인간의 가장 깊숙한 곳에 존재하는 마음이 튼튼하면 모든 내장들과 기관들도 튼튼해지게 되어있다.

아니면, 다른 방향에서 생각해 볼 수도 있다. 영과 혼의 영역에서의 균형이 깨어지면(imbalance), 우리의 몸의 일부분이 그에 대해서 반응을 하게 되어있다. 우리 몸의 여러 부분들은 (영적으로 유발된) 질병들을 담는 그릇이 된다.

그것은 마치 구더기의 집과도 같다. 구더기들이 깨끗한 새 쓰레기통에 기생하는 것을 본 적이 있는가? 구더기들은 항상 냄새나고 더러운 곳에 산다. 영적인 영역에서도 동일한 법칙이 적용된다. 몸이 청결하다면, 병균들이 침투해서 뿌리를 내릴 가능성이 적어질 것이다. 마찬가지로, 영과 혼이 청결하면 악령이나 다른 더러운 귀신들이 침투해서 살 수 있는 환경이 조성이 되지를 않는다.

그렇기 때문에 몸에 질병이 생긴 경우는, "이 질병의 원인이 무엇일까?" 하는 질문을 해보아야 할 것이다. 마음은 그 해답을 안다. 그리고 마음의 흐름과 성령님의 흐르심에 귀를 기울이면, 해답을 얻게 될 것이다. 그러면, 발견된 문제에 대해서 7가지의 기도를 드릴 수 있을 것이다.

육체적 질병에 원인을 제공한 원인을 캐내기 위한 질문들

- 질병이나 허약함이 발생한 몸의 부분은 어디인가? 의학사전

(인체의 그림이 있는 해부사전)을 살펴보면서, 몸의 아픈 부위 주변과 그 배후에는 어떠한 기관들이 있는지 살펴보아라.
- 성경은 그 특정한 몸의 부분과 감정(내지는 태도)이 어떤 관계가 있다고 말하는가? 예를 들자면 뻣뻣한 목은 반항과 관련이 있다(신명기 31:27). 담즙은 쓸쓸하다고 했고(사도행전 8:23), 뼈는 희망을 잃음으로 말라버린다고 하였다(에스겔 37:11). 어깨는 정부와 권위를 나타내며(이사야 9:6), 발은 평화를, 허리는 진리를, 가슴/허파는 의를(에베소서 6:14-15), 머리는 소망을(데살로니가전서 5:8) 대표한다. 그렇지만 질병 밑에 깔려 있는 영적인 요소들은 "이 몸의 연약해짐을 유발시킨 영적인 원인이 있습니까?"라는 질문을 가지고 성령님께 물어보는 것이 가장 정확한 해답을 받는 길일 것이다.
- 자연적인 치유를 연구하는 의사들은 인간의 몸과 성격, 감정, 그리고 태도들의 관계를 지적해내고 있다. 그러한 것들은 다음과 같다.

    뇌의 송과선 – 직관적인
    뇌하수체 – 분석적인
    갑상선 – 자기 연민
    심장 – 기쁨
    폐 – 슬픔
    흉선 – 자존심
    간 – 분노
    쓸개 – 쓸쓸함
    방광 – 짜증
    비장/지라 – 질투
    결장 – 안에 품고 있음
    혈청 – 소생함

　　　　소장 – 잘 속는
　　　　신장/콩팥 – 두려움
　　　　췌장 – 희락

- 하나님께 구하라, "혹시 나의 질병인 몸의 상처, 감염, 고통, 가려움, 연약함, 마비 등이 나의 마음속에서 일어나는 문제에 관련된 영과 혼의 연약해짐에 기인한 것은 아닌가?"
- 동시에 타이밍을 관찰해 보라. "나의 몸에 질병이 발발한 시기에, 나의 인생에는 어떠한 사건이 일어났었나?" 그러면 정확한 연관관계를 쉽게 찾아낼 수 있을 것이다.
- "문제를 일으킨 원인이 되는 요소들을 발견하는 문제지"를 풀어봄으로 몸의 허약해짐에 관한 더 자세한 원인들을 발견해 낼 수 있을 것이다. 그리고 나서 7가지의 기도방법을 동원하여 마음의 문제를 풀어내는 기도를 드려라.

예를 들자면, 나는 운동을 하다가 갑자기 숨이 가빠지는 것을 느꼈다. 나는 즉시 루벤 드한(건강에 관한 나의 멘토)에게 증상을 말하면서 문의하였다. 그는 HIGS II라는 약초의 혼합물을 권해주었다. 나중에 여러 가지 검사를 통하여 나는 폐에 감염이 된 것이 발견되었고, HIGS II라는 약초는 상한 허파를 살려내는데 도움이 되는 것으로 밝혀졌다.

그날 밤에 나는 기도하면서 주님께 내 영혼의 어느 구석에 혹시 감염을 당한 부분이 없는가 물어보았다. (폐는 헬라어와 히브리어에서 영이라는 말과 동일한 단어이다) 그리고 그날 밤에 내가 고백하지 않은 죄를 지적하는 것 같은 꿈을 꾸었다. 그래서 하나님께 곧이어 꿈의 해석을 위한 지혜를 구했다. 나는 일지를 쓰면서 나의 죄를 보다 더 구체적으로 확인하게 되었으며, 내가 회개해야 할 영역이 광범위하게 드러났다. 나는 회개했고, 하나님의 능력으로 나의 영혼에 감염이 된 부분이 치유함을 받게 해 달라고 기도를 드렸다. 영적인 치유와 더불어 나는 HIGS II라는 약초도 함께 복용하였다. 그 결과 허파의 감염은 수 주 내에 사라져 버렸다.

요약하자면 건강회복의 과정은 다음과 같다. 1) 건강이라는 영역에서 일하는 전문가에게 문의하라 2) 의학적인 검사를 받아라 3) 꿈, 해석, 일지의 기록을 통하여 문제의 영적인 근원을 확인해 내라 4) 회개하라 5) 치유를 위한 믿음의 기도를 드려라 6) 적합한 약을 투여하라. 나는 건강의 회복을 원하는 모든 사람들이 이렇게 영과 육을 동시에 치유하는 방법을 택하기를 권장한다.

이러한 기도를 통한 결과는 (몸의 질병으로부터 거꾸로 유추해서 나아가건, 아니면 감정적인 불편함으로부터 시작하건 간에) 결국 몸의 질병의 치유 내지는 마음의 중압감으로부터의 해방을 가져온다. 왜냐하면 간접적이기는 하지만 많은 경우에 몸의 질병은 마음의 감정적인 불안이나 영적인 교란으로부터 발생하기 때문이다. 그러한 마음의 혼란(또는 어지러움, 불안, 근심, 방해, 장애)이 치유되면, 몸도 곧 이어서 치유되는 경우가 많다. 성경에 나타난 예수님의 사역에 관한 기록에 따르면, 어떠한 종류의 병약함은 귀신의 장난에 의한 것이라고 되어있다. 그러므로 몸을 허약하게 만드는 일에 직접적인 원인이 된 귀신을 축출하면 몸은 즉시로 치유가 된다.

7. 오컬트의 배경: 내담자가 이단인 오컬트에 가담했던 배경을 가진 사람이라면, 그는 스스로 귀신을 내어 쫓는 일을 할 수 없다. 그러한 경우에는 항상 성숙하고, 경험이 많은 상담자가 도와주어야 한다.

8. 분투(strive: 항쟁): 분투는 상담자이나 내담자가 예수님은 제쳐놓고 자기네들끼리 인간적인 힘으로 문제를 해결하려고 덤벼들 때에 발생한다. 절대로 그러한 일이 발생하지 않도록 하라. 그러나 혹시라도 그러한 일이 발생하는 경우는, 회개하고, 자신의 자아를 바라

보던 눈을 옮겨서, 눈을 들어 주를 바라보아야 한다. 그리고 자아는 그리스도의 십자가에 못 박고 오직 하나님의 아들을 믿는 믿음으로 사는 것으로 회복되어야 한다(갈라디아서 2:20). 그러한 원리는 우리들의 저서인 《〈자연적으로 초자연적인〉》에서 자세히 다루었다. 모든 상담자들과 내담자들은 이러한 원리를 반드시 터득하기를 권한다. 왜냐하면 그렇게 하는 경우 상담의 결과와 효과가 현격하게 달라지기 때문이다.

사람들이 별다른 소득도 없는 투쟁 속으로 말려 들어가는 경우는 다음과 같다: 귀신을 묶고 축출하는 대신에 자신 스스로의 힘으로 악하고 부정적인 생각과 씨름을 하는 경우, 인생의 비애와 고통을 표현하면서도 예수님께서 그러한 상처를 만져주시고 치유하시는 장면은 떠올리지 않는 경우, 자신들의 부정적인 기대와 혼들과의 묶임을 스스로의 힘으로 풀어보려고 하는 경우, 마음을 조용히 가라앉히고 편안한 마음으로 오직 성령님의 흐름에 집중하면서 성령님께 해결방안을 보여 달라고 요청하지 않는 경우, 자신이 모든 것의 중심이라고 생각하고 자신이 모든 것에 대해서 책임져야한다는 태도를 보이는 경우, 예수 그리스도와 성령님이 치유과정의 핵심에 있다는 사실을 망각하는 경우이다. 아직도 예수 그리스도의 의식으로 살지 않고 자기 자아를 믿는 마음으로 사는 사람이 있다면, 갈라디아서 2:20의 계시 속으로 더 깊이 파고 들어가야 한다.

9. 내담자가 자신의 이야기를 털어놓는 시간은 얼마나 소요되는 것이 바람직한가? (케이 콕스의 해답)

소요되는 상담 시간에 대해서는, 경우에 따라서 다르다. 물론 정상적으로 진행이 되면, 나의 상담시간은 2시간 정도 소요된다. 그 시간 동안에 나는 내담자가 하는 그 자신의 이야기를 별다른 중단이 없이 경청한다. 그리고 나서, 가계에 흐르는 죄와 영혼의 묶임을 끊는 기도를 드린다. 그 다음에는, 특별한 문제점들을 발견해 내고, 그

것들에 대해서 기도를 드린다. 기도의 초점은 회개와 용서이다. 그 다음 순서로는 내적인 치유에 집중한다. 한 가지 쟁점에 관하여 내적인 치유가 이루어지면, 다음 문제점으로 옮겨가서 처음부터 다시 동일한 과정을 밟는다.

그러나 2시간 30분의 시간이 주어진다 해도, 그 과정은 비슷할 것이다. 경청하고, 서로 토론하고, 혼의 묶임을 끊고, 회개, 용서, 기도하는 것이다. 그렇지만 더 간단하게 진행을 해야 하는 경우도 있다.

예를 들어서, 저녁식사를 하면서 대화를 나누는 중에, 어떤 사람이 어떤 말을 했는데, 그것을 통해서 반드시 회개, 용서, 내적인 치유를 통과해야할 문제점이 발견되었다고 하자. 사실 이러한 일은 종종 발생한다. 그렇지만 저녁식사를 하는 식탁에서 그러한 것을 할 것인지 아닌지는 어떤 장소에 있으며, 누구와 함께 있으며, 시간이 얼마나 남아있고, 당사자가 얼마나 그러한 작업을 하고 싶어 하며, 얼마나 그러한 기도를 신뢰하는가에 달려있다. 물론 교회에서는 사람들이 나에게 쉽게 접근해서 기도해 줄 것을 요청한다. 영혼이 아프거나, 즉시로 회개해야 할 죄가 있다면, 나는 당장에 도와준다. 처음으로 내적인 치유를 받는 경우라면, 악령들은 별다른 저항을 하지 않고 점잖게 나오는 경우가 대부분이다. 그러한 경우에 축사사역의 시간은 매우 짧다.

10. 기도 카운슬링 사역이 약물 중독자에게도 효력을 나타내는가?

아래의 해답은 캐나다에 위치한 "엘렐"(Ellel)의 마이크 체일리에 의해서 제공되었다.

홍콩의 약물중독자들을 대상으로 한 재키 풀링거의 사역에 관하여 들어본 적이 있는지 모르겠다. 그렇지만 그녀는 약물 중독자들을 위하여 방언으로 밤새 약물 중독자들을 앞에 놓고 일주일 동안을 기도하는 기도팀을 이끌었다. 성령님 안에서 드리는 기도는 하나님께 상달이 될 뿐 아니라, 그들의 영혼을 중독증과 대결하면서 세웠을 때에 그 기도팀은 괄목할 만한 성공을 거두었다.

그렇지만 우리들은 우리들이 기도하는 목적과 내용을 이해하지 못하는 사람들을 위해서는 기도하지 않는다. 즉, 그들의 의사에 반대되는 것을 기도하지 않는다는 것이다. 나는 항상 이러한 질문을 스스로에게 던진다. "내가 기도를 드려주는 내담자가 진정으로 기도를 드리는 이유를 이해하고, 또한 스스로도 자유케 되기를 갈망하는가?" 홍콩의 약물 중독자들은 그들의 약물중독증에서 벗어나려는 결심을 하고, 재키와 함께 기도를 드렸기에, 큰 효과를 거둘 수 있었다. 그들의 영혼이 기도의 능력으로 지지를 받고 약물의 의존하려는 그들의 혼의 욕망에 대항하여 싸웠을 때에, 영적임 힘을 얻어서 결국 승리를 거두었다. 이는 로마서 7장에 나타난 생명의 성령의 능력으로 좌와 육신의 욕망을 지배하는 것과 같은 경우이다.

우리는 항상 우울증을 치료하는 약을 복용하는 사람들을 만난다. 우울증 치료제는 몸과 정신에 영향을 주기는 하지만 인간의 영혼 속으로까지는 침투해 들어가지 못한다. 그래서 약을 복용하는 환자를 위해서 기도를 드린다. 하나님께서 역사 하셔서 믿음의 강점들이 나타나고, 하나님의 목적이 이루어지기를 말이다. 그래서 우리들은 종종 약물중독에 붙어있는 중독증의 악령을 축출하는 기도도 드린다.

우울증의 경우에 가장 중요한 것은 그 원인이 되는 뿌리를 뽑아버리는 것이다. 많은 경우에 우울증의 원인은 다른 사람에게 버림받음, 자기 자신 스스로를 거부함, 다른 사람에게서 거절당할까봐 두려워함에 기인한다. 그들의 마음속을 들춰보면, 종종 깊은 버려짐(거부당함)이나 학대당함으로부터 오는 상한 감정 내지는 병든 영혼이 들어 있는 것을 발견한다. 그래서 우리들은 성령의 활기가 그들의 영혼 속으로 침투해 들어가도록 그들을 위해서 기도드린다. 루스 호키의 저서인 《《인간 영의 치유》》라는 책이 당신에게도 도움을 줄 것이다. 우리들은 항상 그 책을 소지하고 다닌다.

자유를 얻은 부모가 자신의 자녀들을 위해 드리는 기도

부모가 귀신이 축출되는 경험을 하고, 또한 가계에 흐르는 죄와 저주가 끊어진 경험을 한 경우, 그들은 자신들의 자녀들에게도 동일한 은혜가 임하는지 알아봐야 할 것이다. 그들은 양가의 조상들로부터 물려받은 죄와 저주의 흐름이 있는지 알아보는 "나의 조상들 안에는 무엇이 들어있는가?"와 "나의 후손들 안에는 무엇이 들어 있는가?"라는 문제지를 작성해야 한다. 이러한 문제지를 풀어보면서, 그들은 후손에게 전달되는 죄와 저주의 흐름을 감지해 낼 수 있을 것이다.

만약에 그러한 죄와 저주의 전수가 발견된 경우에는, 자녀들을 포함한 온 가족이 함께 모여서 기도를 드려야한다. 아버지가 기도를 드리고 어머니와 자녀들이 아버지의 기도를 따라서 반복하는 것도 좋은 방법이다. 그러나 가장 중요한 것은 마음속으로 진정 믿으면서 복창하는 것이다.

부모에게는 자녀들의 대리인으로서 자녀들의 축사와 해방을 위하여 기도할 수 있는 권한이 주어져 있다(마가복음 7:24-30).

가정과 직장(사업체)을 위한 기도

집, 땅, 그리고 사업체를 구입하는 경우에 비슷한 기도를 드릴 수 있다. 가계를 통해서 흐르는 죄와 저주, 그리고 불경한 혼들의 묶임이 끊어지도록 기도를 드리는 것이다. 그리고 저질러진 죄로 인한 피해에 대해서 대신 회개함으로, 죄가 용서되고 씻어지게 한다. 그런 다음에는 집, 땅, 그리고 사업체에 성령의 기름 부으심이 흘러내리도록 기도를 드린다. 실제로, 거룩한 기름으로 집, 땅, 그리고 사업체에 기름을 부어도 좋을 것이다.

저주받은 땅에 관한 개념

> 아담에게 이르시되 네가 네 아내의 말을 듣고 내가 네게 먹지 말라 한 나무의 열매를 먹었은즉 땅은 너로 말미암아 저주를 받고 너는 네 평생에 수고하여야 그 소산을 먹으리라 (창세기 3:17)

인간의 죄를 통해서 강화된 땅의 저주

> 이르시되 네가 무엇을 하였느냐 네 아우의 핏소리가 땅에서부터 내게 호소하느니라 땅이 그 입을 벌려 네 손에서부터 네 아우의 피를 받았은즉 네가 땅에서 저주를 받으리니 네가 밭을 갈아도 땅이 다시는 그 효력을 네게 주지 아니할 것이요 너는 땅에서 피하며 유리하는 자가 되리라 (창세기 4:10-12)

> 여인들은 이르되 우리가 하늘의 여왕에게 분향하고 그 앞에 전제를 드릴 때에 어찌 우리 남편의 허락이 없이 그의 형상과 같은 과자를 만들어 놓고 전제를 드렸느냐 하는지라 예레미야가 남녀 모든 무리 곧 이 말로 대답하는 모든 백성에게 일러 이르되 너희가 너희 선조와 너희 왕들과 고관들과 유다 땅 백성이 유다 성읍들과 예루살렘 거리에서 분향한 일을 여호와께서 기억하셨고 그의 마음에 떠오른 것이 아닌가 여호와께서 너희 악행과 가증한 행위를 더 참을 수 없으셨으므로 너희 땅이 오늘과 같이 황폐하며 놀램과 저줏거리가 되

어 주민이 없게 되었나니 너희가 분향하여 여호와께 범죄하였으며 여호와의 목소리를 순종하지 아니하고 여호와의 율법과 법규와 여러 증거대로 행하지 아니하였으므로 이 재난이 오늘과 같이 너희에게 일어났느니라 (예레미야 44:19-23)

그러므로 사막의 들짐승이 승냥이와 함께 거기에 살겠고 타조도 그 가운데에 살 것이요 영원히 주민이 없으며 대대에 살 자가 없으리라 (예레미야 50:39)

신명기 28장과 레위기 26장에 기록된 저주들도 유의하여 살펴보아라. 또한 부정한 건물들을 정결케 하는 예식들에 주의하라(역대하 29:3-19).
요약: 물건, 땅, 건물들은 저주의 대상이 되며, 죄를 통해서 귀신이 거하는 처소가 된다.

거룩한 땅에 관한 개념

여호와의 사자가 떨기나무 가운데로부터 나오는 불꽃 안에서 그에게 나타나시니라 그가 보니 떨기나무에 불이 붙었으나 그 떨기나무가 사라지지 아니하는지라 이에 모세가 이르되 내가 돌이켜 가서 이 큰 광경을 보리라 떨기나무가 어찌하여 타지 아니하는고 하니 그 때에 여호와께서 그가 보려고 돌이켜 오는 것을 보신지라 하나님이 떨기나무 가운데서 그를 불러 이르시되 모세야 모세야 하시매 그가 이르되 내가 여기 있나이다 하나님이 이르시되 이리로 가까이 오지 말라 네가 선 곳은 거룩한 땅이니 네 발에서 신을 벗으라 (출애굽기 3:2-5)

거룩한 건물이라는 개념

> 또 관유를 가져다가 성막과 그 안에 있는 모든 것에 발라 그것과 그 모든 기구를 거룩하게 하라 그것이 거룩하리라 너는 또 번제단과 그 모든 기구에 발라 그 안을 거룩하게 하라 그 제단이 지극히 거룩하리라 너는 또 물두멍과 그 받침에 발라 거룩하게 하고 (출애굽기 40:9-11)

> 제사장들이 그 구름으로 말미암아 능히 서서 섬기지 못하였으니 이는 여호와의 영광이 하나님의 전에 가득함이었더라 (역대하 5:14, 역대하 5장에서 7장까지 읽어보라)

요약: 하나님의 기름 부으심을 받는 것은 헌신, 봉헌, 그리고 순종의 결과로 나타난다.

부수적인 것들 중에서 도움이 되는 것들!

몸, 혼, 영혼은 서로 밀접하게 연결이 되어있다. 그러므로 몸을 깨끗하고 튼튼하게 돌보면 영혼도 건강하게 될 수 있다.

그러므로 몸에 건강식을 공급하라(다니엘 1:12). 수분을 충분히 흡수하고, 운동을 하며, 적당한 휴식을 취하고, 정기적인 금식을 하라 (이사야 58:6, 8). 정서적인 불안정의 배후에 신체의 화학적인 불균형(chemical imbalance)이 있는지 의학적으로 검사해 보아라. (한의학에서 사용하는) 자연의 약초를 복용하고(시편 104:14), 자연적인 치유법도 겸용하라. 특별히 책임을 져야하는 일에는 책임을 지고 인간관계에 대해서는 신의와 신용을 지켜라.

개인적인 적용
1. 위에 암기하도록 제시된 것들을 암기하라.
2. 7가지의 기도 접근방법을 활용하여 스스로를 위한 기도를 지속적으로 드려라.
3. 심성을 치유하기 위해 마음의 언어를 사용했는가, 아니면 지성의 언어를 사용했는가? 이 문제에 대해 주님은 뭐라고 말씀하시는지 기도일지를 적어보라.
4. 지금까지의 치유과정에 관하여 그룹의 사람들과 함께 나눌 것을 준비해서, 다른 사람을 치유해 주기도하고 자신이 치유를 받기도 하는 기회로 선용하라.

집단을 위한 적용
1. 그룹의 구성원들과 개인이 암송한 것들을 서로 나눠라.
2. 위의 개인적인 적용에서 다룬 1, 2, 3번에 관한 개인적인 반응들을 그룹의 모임에서 서로 나눌 수도 있을 것이다.
3. 그룹의 참가자들은 자신에게 계속 일어나는 치유의 경험들을 서로 이야기 나눌 수 있다.
4. 7가지의 기도 접근 방법을 사용하여, 그룹 내의 원하는 사람을 위해 기도하라.

나의 조상들 안에는 무엇이 들어 있는가?
문제지

구하라: "나의 조상들 안에는 무엇이 들어있습니까?" 그러고 나서 성령님의 흐르심에 주파수를 맞추고, 감정과 떠오르는 영상에 집중하면서, 당신의 선조들을 하나씩 마음에 연상해 보아라. 그 결과를

아래에 기록하라.

남편의 계열:

* 아버지

* 어머니

아버지의 조부

아버지의 조모

어머니의 조부

어머니의 조모

아내의 계열:

* 아버지

* 어머니

아버지의 조부

아버지의 조모

어머니의 조부

어머니의 조모

4대까지 거슬러 올라가는 다른 선조들

나의 후손들 안에는 무엇이 들어 있는가?
문제지

구하라: "나의 후손들 안에는 무엇이 들어 있습니까?" 그리고 나서 성령님의 흐르심에 주파수를 맞추고, 감정과 떠오르는 영상에 집중하면서, 당신의 자손들을 하나씩 마음에 연상해 보라. 그 결과를 아래에 기록하라.

첫째 자녀

둘째 자녀

셋째 자녀

넷째 자녀

"나의 후손들 안에는 무엇이 들어 있는가?"라는 문제지의 해답들과 "나의 조상들 안에는 무엇이 들어 있는가?"라는 문제지의 해답들을 서로 비교하라. 문제점이 발견되면, 자녀들을 모으고 가족이 함께 기도를 드려라.

현재에 탄생해서 자라나는 아이들 이외에 유산이 되거나 낙태를 시킨 아기가 있다면, 그들의 이름을 아래의 칸에 적어라.

귀신들은 종종 유산이나 낙태가 된 아기에게 달라붙을 수도 있다. 그 귀신들은 돌아다니면서 그 다음에 태어난 자녀에게까지 영향을 미치며 문제를 발생시키는 경우도 있다. 그러므로 그러한 귀신들의 영향력은 단절되고, 귀신들은 축출되어야 한다.

만약에 당신이 원하지도 않았는데 아기가 태어났거나 아니면 당신이 원하던 성별이 아니라면, 반드시 거절(거부, 버림받음)의 영이 붙어 있지나 않은가 한번 확인해 보아야 한다.

나의 땅, 도시, 나라, 가정, 사업, 교회, 목회사역 안에는 무엇이 들어 있는가?
문제지

구하라: "나의 땅, 도시, 나라, 가정, 사업체, 교회, 목회사역들 안에는 무엇이 들어 있습니까?" 그리고 나서 성령님의 흐르심에 주파수를 맞추고 감정과 떠오르는 영상에 집중하면서 당신의 자손들을 하나씩 마음에 연상해 보라. 그 결과를 아래에 기록하라.

_____
_____
_____
_____
_____
_____
_____
_____
_____
_____

정사와 권세를 무너뜨림

 사람들만 귀신이 들리는 것이 아니라, 도시에도 귀신(악령)이 거주 할 수 있다. 도시를 위해서 기도를 드릴 때에, 정사와 권세(사단-마귀)의 존재를 분별해 내는 방법은 그 도시에서 연속적으로 발생하는 죄악을 관찰하는 것이다. 아주 간단하게는, 뉴스를 시청하거나 신문을 읽어보면 알 수 있다. 그렇게 하면서, 성령님에게 귀를 기울여라(즉, 흐름, 영상, 감정에 주의집중을 하라는 뜻이다). 그러면 그 지역에 난무하는 사악한 영들의 이름을 알게 될 것이다.

 당신의 도시나 지역을 위해 기도를 드릴 때, 더 정확한 정보를 얻어내기 원하면 그 지역이나 도시의 과거의 역사를 더듬어보면 좋다. 그러면 역사로부터 흐르는 저주와 죄를 끊어버리는 기도를 드리기가 훨씬 더 수월해진다. 역사를 연구해 가면서, 선조로부터 내려오는 가계에 흐르는 죄와 저주, 추잡한 혼들의 묶임, 부정적인 기대들과 내적인 맹세, 그리고 지워지지 않는 역사의 충격적인 장면들을 밝혀낸다. 그 모든 것들은 치유기도가 필요한 것들이다. 그러한 모든 문제들을 드러내고 기도 드렸다면, 이제는 그 도시와 지역에 붙어있는 정사와 권세(사단-마귀)들을 축출하는 결단을 내려야 한다. 그 지역의 지도적인 목회자들, 중보 기도자들이 합심하여 그룹으로 7가지의 기도를 드리면, 그 도시는 억눌림으로부터 자유를 회복하게 될 것이다.

= 참조 =
〈하나님과의 교통〉이라는 세미나 코스는 교회에서 12주 동안의 교육과정으로 제공될 수 있다. 학생교재, 교사 지침서, 비디오와 오디오 카세트가 준비되어있다. 10주 동안 학생들은 환상을 보고, 일지를 쓰는 법을 배우게 될 것이다. 하나님의 음성을 듣고 거룩한 환상(이상)을 보는 것은 사람의 마음을 치유하는데 기본이 되는 기술들이다.

제8장
치유되고, 기름 부으심을 받고, 능력을 받은 마음

치유되고, 기름 부으심을 받고, 능력을 받은 마음

고통에서 능력으로

　전능하신 하나님의 능력으로 고침을 받은 마음은 이제 다시 중립적인 상태로 돌아갔기에 두 번 다시 (부정적인 죄의 에너지에 의해서) 밑으로 추락하지 않을 것이라고 생각한다면 그것은 착각이다.
　그러나 놀랍게도, 중립을 넘어서는 마음도 있다. 그들은 성령님의 기름 부으심으로 하나님을 믿는 믿음, 소망, 사랑, 평화, 능력, 기쁨 안에서 살아간다.
　바로 그것이다. 영적인 세계에서는 중립적인 지대라는 것은 없다. 하나님에 의해서 충만해지지 않으면 사단에 의해서 충만해지게 되어있다. 일단 마음이 하나님의 능력으로 치유함을 받으면, 인간의 마음 속 깊은 곳에 계시는 성령님께서 우리가 생각하는 것이나, 행동하는 것이나, 믿는 것이나, 경험하는 것에 기름을 부어주신다.
　중도에 그치지 말고, 성령의 기름 부으심으로 충만해지는데까지 올라가야 한다. 그렇게 하지 않으면, 또다시 절망의 구렁텅이로 떨어져 버리고 말 것이다. 그러나 추락하기는 쉽고 순식간이다.
　예수님께서는 가르쳐 주시기를, 일단 귀신이 떠나간 자리는 성령님으로 가득 채워져야만 된다고 하셨다. 그렇지 않은 경우는, 나갔던 귀신이 더욱더 악한 귀신 일곱을 데리고 와서 그 상황이 이전보다 더

못해진다고 하셨다(마태복음 12:44-45). 사실 우리는 마음을 전능하신 하나님의 음성과 영상으로 가득 채워야 한다(사도행전 2:17).

어떻게 하면 하나님의 능력으로 충만하게 채워질 수 있을까? 나는 그러한 주제를 《《마음으로 믿는 신앙을 발달시키기》》와 《《영적으로 거듭난 창조성》》이라는 책에서 다루었다. 그러나 아래에 약간의 요약을 싣는다.

하나님께서 채우시기를 원하는 5가지 가슴의 감각들

하나님은 하나님이 채우시기를 원하시는 5가지의 감각(오감)을 인간의 마음속에 창조하셨다.

구상

1. 하나님의 음성을 들을 수 있는 마음의 귀 (요한복음 5:30)
2. 하나님의 환상을 볼 수 있는 마음의 눈 (요한계시록 4:1)
3. 하나님의 생각을 깊이 묵상 할 수 있는 마음의 지성 (누가복음 2:19)
4. 입에서 나오는 말을 인도해주는 마음의 의지 (사도행전 19:21)
5. 생각하는 것을 행동으로 옮길 수 있게 해주는 마음의 정서 (창세기 17:23)

탄생

위에서 말한 5가지의 감각이 되살아나면, 마음속에는 기적적인 능력이 차고 넘치게 될 것이다. 그러한 흐름은 결국 보이지 않는 것에서 보이는 것을 창조하는 능력으로 작용한다(갈라디아서 4:4).

과정

하나님을 항상 들음. 사단의 목소리를 듣는 대신에, 성령님을 통하여 나에게 주신 하나님의 말씀만 듣도록 한다.

하나님을 항상 바라봄. 인생이 고난과 역경을 통과해 나가는 와중에, 마음속에 있는 불경한 영상을 나를 사랑하시고 신실함으로 나를 돌봐주시는 믿음의 영상으로 바꾼다. 하나님께서 내 안에 주신 거룩한 영상과 믿음의 말씀을 깊이 생각한다. 내 마음속에 있는 모든 그림들을 그 속에 예수님이 함께 하심이 들어 있는 그림들로 바꾼다. 그리스도가 없으면 희망이 없기에(에베소서 2:12), 그리스도가 없는 마음속의 그림은 모두 처분해 버린다. 아니면 내가 간직한 마음속의 영상(심상)들 안으로 예수님을 초대하여 역사하시도록 허락한다.

하나님의 목적을 항상 말함. 하나님의 계시를 따라서 나의 영이 살도록 인생의 목적을 그 방향으로 설정한다. 나는 그 인생의 목적을 말로 공포하고, 나의 마음속이 하나님의 비전으로 가득 채워질 때까지 말을 퍼뜨린다. 나의 말을 계속 긍정적이고 영적이 되도록 유지하고, 부정적이거나 악한 말은 하지 않는다.

하나님을 항상 순종함. 나의 마음은 내 마음속에 간직한 영상에 의해서 움직인다. 거룩한 영상은 거룩한 감정을 일으키고, 거룩한 영상은 확신과 능력에 찬 믿음의 행동으로 이어질 것이다.

하나님께서 말씀하시고 보여주신 모든 것들이 이루어지기를 기다린다. 하나님의 뜻을 이루기 위하여 육의 능력을 사용하지 않는다. 대신에 인간이 할 수 없는 일을 하나님은 하실 수 있다고 믿는다(갈라디아서 3:3). 하나님께서는 하나님이 하시겠다고 약속하신 일을 나를 통해서 이루실 줄을 나는 믿는다.

믿음의 조상인 아브라함에 의해서 논증된바

하나님은 아브라함의 오감을 하나님의 성령으로 충만하게 하셔서, 아브라함으로 하여금 믿음의 조상이 되게 하셨다. 아브라함을 통해 초자연적인 생활방식을 터득해 보자(로마서 4장).

아브라함은 하나님의 약속을 들었다. 창세기 12:1-3에 의하면, 하나님은 아브라함에게 말씀하셨다.

> 여호와께서 아브람에게 이르시되 너는 너의 고향과 친척과 아버지의 집을 떠나 내가 네게 보여 줄 땅으로 가라 내가 너로 큰 민족을 이루고 네게 복을 주어 네 이름을 창대하게 하리니 너는 복이 될지라 너를 축복하는 자에게는 내가 복을 내리고 너를 저주하는 자에게는 내가 저주하리니 땅의 모든 족속이 너로 말미암아 복을 얻을 것이라 하신지라 (창세기 12:1-3)

아브라함은 하나님의 약속을 보았다. 창세기 15:5-6에 의하면, 하나님은 이전에 주신 약속 위에 환상을 더해 주셨다. 그 환상은 아브라함의 믿음을 돈독하게 해 주었다.

> 그를 이끌고 밖으로 나가 이르시되 하늘을 우러러 뭇별을 셀 수 있나 보라 또 그에게 이르시되 네 자손이 이와 같으리라 아브람이 여호와를 믿으니 여호와께서 이를 그의 의로 여기시고 (창세기 15:5-6)

아브라함은 하나님의 약속을 곰곰이 생각하였다. 아브라함과 그의 아내 사라가 늙어서 더 이상 자연적인 상태로는 아기를 가질 수 없게 되었을 때에도, 그들은 약속을 깊이 마음에 간직한 채 그대로 믿었다.

> 믿음이 없어 하나님의 약속을 의심하지 않고 믿음으로 견고하여져서 하나님께 영광을 돌리며 약속하신 그것을 또한 능히 이루실 줄을 확신하였으니 (로마서 4:20-21)

아브라함은 하나님의 약속을 말하였다. 하나님은 마침내 아브라함에게 아브라함 자신이 민족의 아버지가 됨을 입술로 고백하게 만들어 주었다. 아브라함이 자신의 정체성(자신이 누구인가)을 바꾸었을 때에, 그 다음에 이삭을 낳는 기적이 뒤따랐다.

> 이제 후로는 네 이름을 아브람이라 하지 아니하고 아브라함이라 하리니 이는 내가 너를 여러 민족의 아버지가 되게 함이니라 (창세기 17:5)

아브라함은 하나님의 약속에 따라서 행동하였다. 아브라함은 전능하신 하나님이 시키시는 대로 순종하는 습관을 형성하였다. 하나님이 할례를 행하라 하셨을 때에, 그는 지체하지 않고 즉시 행동으로 옮겼다.

> 이에 아브라함이 하나님이 자기에게 말씀하신 대로 이 날에 그 아들 이스마엘과 집에서 태어난 모든 자와 돈으로 산 모든 자 곧 아브라함의 집 사람 중 모든 남자를 데려다가 그 포피를 베었으니 (창세기 17:23)

아브라함은 믿음 가운데, 하나님께서 약속으로 말씀하시고 보여주신 일

들을 이루실 것을 기다렸다. 아브라함은 처음에는 하녀를 통해 자녀를 낳으므로 스스로의 노력으로 하나님의 뜻을 이루어보려고 하였다. 그러나 그것은 하나님에 의해서 거부를 당하였다(창세기 16:2, 17:18-19). 그래서 결국은 연로한 아내인 사라를 통해서 하나님이 직접 하시기를 기다렸다.

> 여호와께서 말씀하신 대로 사라를 돌보셨고 여호와께서 말씀하신 대로 사라에게 행하셨으므로 사라가 임신하고 하나님이 말씀하신 시기가 되어 노년의 아브라함에게 아들을 낳으니 (창세기 21:1-2)

> 때가 차매 하나님이 그 아들을 보내사 여자에게서 나게 하시고 율법 아래에 나게 하신 것은 여호와께서 내게 대답하여 이르시되 너는 이 묵시를 기록하여 판에 명백히 새기되 달려가면서도 읽을 수 있게 하라 (갈라디아서 4:4)

치유된 마음과 성령의 기름 부으심을 받은 생활습관

만약에 "내 마음속에는 무엇이 들어 있나?"라는 질문을 던졌을 때에, 그 대답이 "믿음, 소망, 사랑, 능력, 기름 부으심, 은혜, 기쁨, 평화…"라는 대답이 나오면, 그 사람의 심령은 깨끗하게 치유가 된 것이다.

전능하신 하나님의 성령으로 기름 부으심을 받고 능력을 받은 마음은, 이 세상을 변화시킬 수 있는 하나님의 도구로 쓰임을 받도록 이미 준비가 되어진 마음이다. 그러한 마음들이 모여서 이 세상을 슬픔에서 희망으로, 분노에서 평화로, 사단의 복수에서 하나님의 은혜와 용서의 나라로 바꾸는 일에 전력한다면, 이제 치유는 완결이 된 것이다(디모데전서 1:12).

성령 충만한 자들이여, 세상을 변화시켜라!

온전한 치유를 보증하는 특별한 방법들

부분적인 치유로 만족해하지 말자. 모든 사람은 온전하고 완결된 치유를 꿈꾸어야 한다. 온전히 치유 받은 삶 속으로 들어가면, 인생은 너무나 즐겁고 살맛이 난다.

친구들에게 당신의 맹점(blind spot)이 무엇인지 볼 수 있도록 도와달라고 요청하라. 당신의 마음속에 아직도 치유되지 못한 것이 있는지 발견하는 방법 중에 하나는, 당신의 말과 태도를 관찰하면서 뭔가 느끼는 것이 있는지 친한 친구에게 물어보는 것이다. 아직도 완전히 치유되지 않은 것 같은 부분이 보이면 반드시 알려 달라고 부탁하면, 솔직한 친구들이 조언을 해 줄 것이다. 그러면 그 문제를 가지고 기도를 해 보면서 하나님께서 지시하시는 대로 행동한다.

아침 경건의 시간에 하나님께 구체적인 문제점들을 물어보아라. 하나님은 우리가 묻는 데에 따라서 대답하신다(야고보서 4:2, 마태복음 7:7-8). 그러므로 더 좋은 질문으로 물어보면, 더 좋은 대답을 받게 된다. 아래에 그러한 올바른 질문을 할 수 있는 조직적인 본보기를 제시해 보았다.

"주님, 내 안에, 인생 전체, 현재의 삶, 나의 과거, 배우자, 자녀들, 부모님, 친구들, 목회자, 교회, 기독교, 건강, 직업, 재정, 휴가, 성생활, 교육, 가옥, 시간 관리, 책임감, 죽음, 하나님의 기름 부으심, 나라, 축복, 도시, 교단, 자유주의자들, 보수주의자들, 신세대, 구세대, 어른, 아이들에 대한 어떤 부정적인 신념/기대 내지는 내적인 맹세가 있습니까? 만약에 있다면, 잡초를 제거하듯이 뿌리째 뽑아지게 하여 주시옵소서."

희락, 자유, 광명, 활기. 이러한 단어들은 젊음을 표현하는 단어들이다. 수많은 책임감으로 바쁘다 보면, 또는 다른 사람을 비판(비난)하거나 욕하는 일에 힘쓰다 보면, 이렇게 귀한 보배들을 잃어버리게 된다. 그러므로 일지를 쓰는 시간에 하나님께 드리는 기도를 통해 하나님께서 안팎으로 치유해 주셔서 하나님의 "어린" 자녀들이 될 수 있게 해 달라고 구하라.

제9장
케이 콕스의 치유에 관한 간증

케이 콕스의 치유에 관한 간증

마크의 서문

현실에서는 하나님께서 사람들마다 다르게 치유하시는 것이 사실이다. 그래서 이 책을 통해 여러 치유의 과정을 습득했다 하더라도, 우리는 매 순간 성령님의 흐르심에 민감해야 하며, 하나님의 인도하심을 따라 치유해 나가야 한다.

그래서 나는 케이에게 간증을 부탁하였다. 즉, 7가지의 기도를 그냥 기계적으로 답습하는 것이 아닌, 성령님의 흐르심에 따라가는 실제적인 치유과정을 이 책에서 제시하고 싶었기 때문이다. 왜냐하면, 어떤 종교적인 의식(ritual)이 치유를 가져오는 것이 아니라, 성령의 능력이 치유를 불러들이기 때문이다.

모든 치유자는 성령님의 기름 부으심을 받아야 한다. 그리고 그러한 성령의 능력이 믿음, 소망, 사랑이라는 통로를 통해서 흘러나와야(흘러 들어가야) 한다(고린도전서 13:13). 그러므로 성령님의 흐르심에 집중하면서 믿음, 소망, 사랑을 가지고 치유사역을 행하면, 나의 경험상 많은 경우에 성령 충만함의 역사가 일어나는 것을 체험하게 된다.

케이의 간증들

마크는 나에게 내가 행했던 카운슬링들을 기억해 내고 그것을 간증함으로, 그가 제시하는 원리들이 실질적인 효과를 타나내는 타당성이 있는 원리들임을 밝히는 일에 도움이 되게 해달라고 부탁하였다. 그렇지만, 한 가지 확실한 것은 사람들의 상황과 그들의 개성은 전부다 다르기 때문에 어떠한 원리보다도 성령님의 인도하심에 더 의존해야 한다는 것이다. 그래야만 인생의 문제들과 사람들의 욕구를 제대로 해결하거나 채울 수 있다. 나는 대부분의 경우에 가계에 흐르는 저주를 끊기는 하지만, 마크가 제시한 모든 종류의 기도를 드리지는 않는다. 물론 이론적으로는 모든 기도들을 아는 것은 튼튼한 기반을 가지는 것이기는 하지만, 내 생각에는 각각의 기도들은 특정한 상황에서 특정한 사람들에게만 소용이 있는 것으로 여겨진다.

나는 상담자가 되고 싶었던 사람은 아니다. 그러나 나의 막내 마이클이 4년 전에 학교에 들어갔을 때, 나는 부엌에 서서 일을 하다가, "주님, 제가 여기 있습니다. 주님의 뜻대로 써주소서."라는 기도를 드린 것으로부터 시작이 되었다. 한 주 뒤에, 나는 지난 23년간 영적인 상담을 해온 대릴 굿셀이라는 목사님과 함께 일을 하게 되었다. 그 분은 겸손한 신사로 성경의 원리에 입각해서 상담을 해 온 사람인데 자신이 받은 계시, 자신이 겪은 경험들을 진솔하게 나에게 알게 해 주셨다. 대릴 목사님은 18개월 동안 나의 멘토였으며, 그 이후로 나는 내 나름대로의 사역을 시작하였다.

그러나 나는 주님이 나를 어디로 이끌어 가시는지 처음에는 알 수 없었다. 물론 대릴 목사님과 함께 상담자로 일할 때에, 나는 내담자를 위해 기도하면 하나님께서 내 마음속에 "질투" 내지는 "간음" 같은 단어가 떠오르게 하셔서 주님 앞에 그 문제를 놓고 기도하면서 순종하면, 하나님께서 많은 변화를 경험하게 인도해 주셨다. 그런데 그 이후로는 주님께서 나에게 또 다른 멘토를 허락하셨다. 하나님은 엘렐(Ellel)의 피터 호로빈이 이끄는 〈귀신 축출을 통한 치유〉 세미나로 나를 이끄신 것이다. 엘렐에서의 가르침들은 대릴에게서 배운 가르침들을 보강해 주었다. 나는 항상 환상을 보지는 못한다. 그러나 상담을 할 때에 환상을 보는 사람이 곁에 있으면 많은 도움이 된다. 그러면 특정한 영역을 놓고 집중 기도를 드릴 수 있기 때문이다.

나는 주부이며 3명의 자녀를 둔 엄마이다. 그러나 주님께서 하라고 해서 일을 하는 것뿐이다. 주님께서 나의 삶을 통해서 그분의 능력을 보여주신 것 중에 일부를 간증하고자한다.

* * * * *

1998년 5월 어느 오후에 37살 난 여인이 나를 찾아왔다. 그녀는 원인을 알 수 없는 극심한 복통에 시달리고 있다고 했다. 의사들은 수도 없는 검사를 했고, 수술도 3번이나 실시했다고 하였다. 그렇지만 의사들은 왜 아직도 배에 통증이 있는지 알 수 없다는 결론에 도달했다는 것이다. 그녀는 또 다른 의사를 찾아갔고, 그 의사는 곧 이어서 또 다른 수술을 하자고 제안한 상태였다. 그렇지만 어떤 아는 사람이 수술을 받기 전에 나를 한번 찾아가 보라고 해서 나를 찾아 왔다고 했다.

나는 그녀로부터 그녀 가족들의 병력에 대해서 들어본 후에, 처음으로 복통을 느낀 것이 언제였느냐고 물어보았다. 그녀는 정확한 달을 말해 주었고, 나는 그 당시 보통 때와는 다른 일을 하고 있은 적이 있느냐고 물어보았다. 그녀는 타로 카드를 읽고 있었을 뿐이라고 하였다. 나는 그녀에게 그 타로 카드를 읽은 점쟁이를 용서할 수 있느냐고 물어보았다. 왜냐하면, 그녀의 현재의 삶의 문제에 대한 해답을 귀신들의 세계로부터 얻어내려는 무모한 시도를 했기 때문이다. 그리고 앞으로는 오컬트(마술을 하는 신비집단)에 가담하지 않을 것을 결심하라고 요구하였다. 그리고는 불결한 영과의 묶임을 끊는 기도를 드렸다. 나는 마술의 영을 기도로 묶었다. 그러자 그녀는 배의 통증이 점차로 위로 끌어올려지는 것을 느낀다고 말했다. 그리고는 뭔가가 부서지는 것을 느꼈고, 결국 통증은 사라졌다. 나는 성령님께 그녀의 내장 중에서 망가진 것이 있다면, 모두 다 회복시켜 달라고 기도를 드렸다.

다음에 의사를 만나러 갔을 때 누군가에게 기도를 받아서 통증이 사라졌다고 하면서, 그녀는 주님이 고쳐주셨다고 말했다. 그러자 의사는 미소를 띠면서, 다음에 통증이 돌아오면 다시 오라고 말했다. 그러나 주님을 찬양할지어다. 지난 20개월 동안 그녀는 단 한 번도 통증을 느끼지 않았다. 이제 그녀는 예수 그리스도를 만났고 치유를 받았고, 성령의 세례를 받았으며 오늘도 예수님을 따르고 있다.

*****

1999년 2월의 어느 날 밤에 우리들은 기독교인들을 상담해 주고 있었다. 특별히 어렸을 때에 했던 내적인 맹세나 판단(비판, 비난)을 끊어내는 사역을 하고 있었다. 특별히 부모나 어른, 친구, 적들, 그리고 누구든지 성령님께서 보여주시는 사람들에 대한 판단(비난, 비판)을 했던 것들을 회개했다. 그리고 그들과의 영적인 묶임을 끊어내었다. 우리들에게 상처를 준 사람들과 마음을 아프게 한 모든 사람들을 용서하고 그들을 위해 기도해 주고 있었다. 그런데 한 남자가 나에게 다가오더니, 그가 장모님을 용서하는 기도를 드렸을 때에, 그의 다리가 견딜 수 없을 정도로 아프고, 뭔가가 터져 나오는 것 같더니 급기야는 사라져버렸다고 말했다. 그는 지난 몇 년 동안 무릎이 종종 아픈 것 때문에 고생을 많이 하고 있었고, 그것이 자신의 마음속에 있는 쓴 뿌리와 용서하지 못함의 영향인 것을 처음으로 깨닫게 되었다고 말했다. 사실 우리는 많은 경우에 형제자매를 용서하지 못하고 있으며, 원한을 품고 살아가지 않는가? "마음의 즐거움

은 양약이라도 심령의 근심은 뼈로 마르게 하느니라."(잠언 17:22)
는 말씀은 진리이다.

* * * * *

주일날 교회에 가기 바로 전에 한 여인이 나에게 찾아와서 자신을 위해 기도해 줄 수 없겠느냐고 물어왔다. 그녀는 오른 쪽 팔의 앞쪽에 통증을 가끔 느끼곤 했는데, 이제는 참을 수 없는 지경에까지 이르렀다고 했다. 그래서 나는 그녀와 몇 분간 기도하면서, 성령님께 이 병의 원인이 무엇인지 보여 달라고 부탁하였다. 성령님께서는 그녀가 어렸을 적에 강신회에 가담했던 것을 보여 주셨다. 그녀는 그것을 회개했고, 다시는 귀신의 내림이 있는 곳에 접근하지 않겠다고 말했다. 그래서 나는 기도를 통해 necromancy(죽은 사람과 영혼의 교감으로 점을 치는)의 영을 묶고 축출하였다. 그러자 통증이 그녀의 팔을 따라서 손가락 쪽으로 이동하더니, 결국은 몸에서 빠져나가 버렸다.

* * * * *

18개월 전 한 토요일 오후에 발생한 일이다. 트레이시라는 34살 된 여인이 우리 집 문을 노크하였다. 트레이시는 우리 이웃으로 내 남편과 같은 교회를 다니는 여인이다. 나는 차나 한잔 같이 마시려고 그녀에게 들어오라고 하였다. 그런데 그녀는 지팡이를 짚고 우리 집 복도를 어슬렁거리며 걸어 들어왔다. 그리고 걸을 때마다 상당한 통증을 느끼는 그러한 표정을 지었다. 그녀의 말에 의하면 1996년에 병원에서 넘어져서 그렇게 된 것이라고 했다. 그리고 그 사고가 있은 지 6개월 뒤에, 버스 안에서 운전자가 갑자기 브레이크를 밟는 바람에 그녀의 몸이 버스의 맨 앞쪽으로 나가동그라지고 버스의 계단 밑으로 거꾸로 처박혔다는 것이다. 그래서 그 이후로는 지팡이의 도움이 없으면 걸을 수 없으며, 걸을 때마다 고통을 느낀다고 하였다.

나는 트레이시를 만나기 바로 전에 엘렐에서 피터 호로빈으로부터 인생의 어려움과 트라우마(영구적인 정신 장애를 남기는 큰 충격)의 영향에 관한 강의를 들었다. 피터 호로빈은 역설하기를 사람들이 사고를 당하여 몸이 다치는 경우에 너무 몸의 치료에만 신경을 쓴 나머지 정신적인 충격에는 별로 신경을 쓰지 않기에, 마음과 영혼의 치유를 간과하고 있다고 지적하였다. 나는 트레이시에게 사고를 일으킨 사람들을 용서하고, 자신의 마음속에 가졌던 불만과 씁쓸한 마음을 회개하라고 알려주었다. 나와 트레이시는 함께 기도하였으며, 그 때 성령님은 트레이시의 마음을 만져주셨다. 그녀는 말하기를 뭔가 뜨뜻한 기운이 그녀의 몸 안으로 들어오는 것을 느꼈고, 그로 인해 온 몸이 뜨거워졌다고 말했다. 그녀는 치유함을 받은 것이다. 너무나도 흥분한 그녀는 방을 뛰어나가면서 자녀들이 있는 집 쪽으로 소리를 지르기 시작했다. 한 시간 뒤에 나의 남편이 직장에서 돌아왔을 때, 트레이시는 주님이 그녀에게 하신 일을 말하며, 둘은 서로 껴안았다. 그 때 이후로 트레이시는 더 이상 고통으로 고생하지 않아도 되었다. 예수님이 그녀의 부서진 몸을 완벽하게 고쳐주신 것이다.

* * * * *

최근에 나는 한 여인으로부터 전화를 받았다. 원래는 수술을 해야 하는데, 그냥 치유함을 받았다는 것이다. 내가 그녀에 해준 것은, 불경한 혼들과의 묶임을 풀어주고, 내적인 맹세와 판단(비판, 비난)을 부서뜨렸으며, 내적인 치유를 시켜주는 두 번의 상담을 해 준 것뿐이다. 의사의 말에 의하면 그녀의 몸의 질병은 온전히 치유되었다고 한다. 주님을 찬양할지어다!

* * * * *

해변에 사는 한 젊은 여자아이가 나에게 전화를 해서 기도를 받고 싶다고 했다. 그녀는 어린 나이에 계속 피를 흘리다가, 결국은 19살의 나이에 자궁 적출 수술을 받아야 한다는 것이었다. 그녀의 수술 날짜는 금요일로 잡혀 있었고, 나는 그녀와 그 이전에 상담을 할 시간을 마련했다. 우리들은 서로 과거에 일어난 지극히 비극적인 사건들에 대해서 함께 이야기를 나누었고, 성령님께서 그 특별한 문제와 상처를 치유해 주시도록 기도를 드렸다. 그날 오후에 마취과 의사와의 약속이 있어서 병원을 방문했는데, 이상하게 몸이 가볍고 기분이 좋았더라고 하였다. 그 다음날 그녀를 진찰한 산부인과 의사는 그녀에게 출혈이 멈췄다고 말했다. 마지막 순간에 수술은 취소가 되었고, 그녀는 다시 집으로 되돌아갔다. 그녀는 몇 달 뒤에 다시 나에게 전화를 걸어서 아직도 피가 나오지 않고 있으며, 잘 살고 있다고 전해 주었다. 하나님은 그녀를 마지막 순간에 구해주셨으며, 우리의 기도를 들어주셨다.

* * * * *

자매와 함께 우리 도시를 방문한 28살의 여인이 나와의 상담을 요청해 왔다. 그녀가 어렸을 적에 그녀를 버린 아버지를 도저히 용서할 수 없다는 것이다. 그 결과 그녀는 지난 13년 동안 단 한 번도 그녀의 아버지와 한마디도 말을 한 적이 없다는 것이다. 가계에 흐르는 죄와 영혼의 묶임을 끊고, 그릇된 태도와 부정적인 판단(비판,

비난)을 회개하기 시작할 때에, 그녀는 중압감에서 벗어날 수 있었고, 결국은 성령님께 아버지를 용서할 수 있게 해 달라는 기도를 드렸다. 그녀는 하염없이 눈물을 흘렸으며, 마침내 아버지를 용서할 수 있게 되었다. 그녀가 집에 도착했을 때, 그녀는 곧바로 아버지에게 전화를 걸었으며, 용서한다고 말했고, 또한 너무나 아버지를 사랑한다고 고백하였다. 바로 그날로 새로운 관계가 형성이 되었으며, 주님의 명령을 따라서 "네 부모를 공경하는" 일이 더 쉬워졌다. 예수님은 우리들 마음속의 공허를 메워주실 수 있는 분이시다. 단지 우리가 구하기만 한다면 말이다.

* * * * *

가장 최근에 발생한 치유의 경험은 헬렌 헨더슨이라는 부인에 관련된 일이었다. 나는 특히 헬렌의 공개적인 간증에 감사를 드린다. 헬렌은 뉴캐슬 지방을 돌아다니며 간증을 하였다. 그러한 여인의 믿음은 보기 드문 경우이며, 그녀로 인하여 하나님께 영광을 돌린다. 여기에 헬렌이 자신 스스로의 말로 하는 간증을 싣는다.

"이야기는 1999년 9월 9일 아침 6시에 시작이 된다. 나는 아침에 일어나자마자 남편에게 기분이 좋지 않다고 말했다. 그러나 나는 출근을 하였다. 때는 아침 8시였다. 나는 그때 학교의 교사로 일을 하고 있었는데, 심한 어지럼증 때문에, 나는 동료 교사에게 집으로 돌아가야 하겠다고 말했다. 그리고는 차디찬 마룻바닥 위로 쓰러져 버렸다.

나는 혼란 가운데 깨어났으며, 특히 왼쪽에 힘이 없음이 느껴졌다. 나는 병원으로 옮겨졌으며 뇌졸중(Cerebro vascular accident)이라는 진단을 받았다. 심장 전문가에게 보내졌을 때에, 나의 왼편은 완전히 반신불수가 된 상태였다. 그리고 심지어는 친구나 친척까지도 잘 기억을 해낼 수 없는 극심한 상태였다.

결국 마지막 진단을 받았는데, 이유는 발견할 수 없지만 나의 뇌가 제대로 기능을 하지 않는다는 것이었다.

내가 병원에 입원한 첫 일주일은 내 인생에서 가장 어두운 시기였다. 병원을 방문한 사람들은 내가 얼마나 침착하고 용기가 있는지 모른다고들 말하였다. 그렇지만, 사실은 내가 눈을 뜨고 있는 시간에는 나의 죄에 대해서 자꾸만 신경이 쓰였다. 왜냐하면 사단이 계속 내 마음속에 나는 하나님의 사랑을 받을 만한 자격이 없는 인간이라는 생각을 넣어주었기 때문이다. 나는 극심한 절망감에 사로잡혔고 우울증으로 깊이 빠져 들어갔다. 왜냐하면 나의 육체와 정신 둘 다 다시 회복될 기미가 보이지 않았기 때문이다. 나는 흐느끼면서 잠들어야만 했고, 잠들어도 악몽에 시달리기가 일쑤였다. 육체는 점차로 회복이 되는 듯하였다. 왜냐하면 침대에 잠시나마 앉아있을 수 있게 되었기 때문이다. 나는 매일 물리치료를 받았으며, 점차로 팔도 조금씩 사용하게 되었다. 그러나 아직도 나의 다리는 전혀 반응을 보이지 않고 있었다. 발이 제멋대로 움직이기 때문에, 다리를 고정시키느라고 부목을 대었다.

그렇지만 진짜 이야기는 몇 달 전부터 시작이 된다. 나의 아버님은 1999년 6월 10일에 돌아가셨다. 아버지의 죽음은 깊은 절망감과 비애의 늪으로 나를 빠뜨렸다. 그러나 나는 아버지를 잃은 슬픔을 달래기도 전에, 아버지의 장례식을 치른 10일 뒤에 간단한 수술을 하게 되었다. 그리고 수술을 담당한 외과의사는 환자 순회시간에, 나의 몸은 정상이라고 말해 주었다. 그리고 그 의사는 그러나 내가 실제로 느끼는 것은 어떠하냐고 물어보았다. 나는 내 자신이 진정으로 큰 문제에 부닥친 것 같다고 하였다. 그리고 그 의사에게 "당신의 아내인 케이를 보고 싶어요."라고 나는 말했었다.

나는 하루 종일 마음이 괴로웠다. 그렇지만 결국 나는 케이에게 전화를 걸었고, 무슨 일이 일어날는지는 예측할 수 없었지만, 하나님의 하시는 일에 대해서 마음 문을 열어놓았다. 그런데 하나님은 하루 종일 나에게 은혜를 쏟아 부어 주셨다. 일생을 짊어지고 오던 모든 짐이 나에게서 벗겨져 나간 느낌이었다. 나는 완전히 탈진되었다가, 다시 하나님의 은혜로 소생하는 느낌이었다. 그래서 그 이후로는 인생을 살기가 더 쉬워지리라 상상했었다. 그러나 그렇지는 않았다!! 그럼에도 불구하고, 나에게 닥친 문제에 더 잘 적응할 수 있는 능력이 키워진 것 같다. 나는 육체적으로만 아니라, 영적으로도 공격을 받았었다고 믿는다. 사단은 나와 전쟁을 벌이고 있었고, 나는 9월 20일에 사단이 이겼다고 생각했었다. 그러나 하나님은 다른 종류의 계획을 가지고 계셨던 것이다.

내가 쓰러지고 나서 병원에 머무는 동안에 친구들이 많이 찾아왔다. 너무나도 친절하게 많은 사랑을 내가 부어주었다. 전혀 알지 못하는 사람까지도 나에게 꽃다발을 보내 주었고, 나의 well-being(건강)을 염려해 주었다. 그렇지만 그러한 모든 인간들의 노력에도 불구하고, 나는 점점 더 깊은 어두움 속으로 빠져 들어갔다. 나에게는 절친한 친구인 마가렛이 있다. 우리는 일생을 함께 한 절친한 친구사이이다. 그녀의 남편인 닐이 나와 비슷한 상황에서 고생을 한 적이 있어서, 마가렛은 내가 어떻게 고생을 하는지 잘 이해할 수 있었다. 나는 오직 그녀에게만 나의 마음속 깊은 곳에서 진행이 되는 일들을 보여주었다. 나의 절망감, 좌절, 분노, 불만 등을 토해내었다. 그녀는 가만히 앉아서 들어주면서, 기독교인으로서의 사역을 잘 감당해내었다. 수많은 다른 사람들의 사랑과 관심에도 물론 감사하기는 했지만, 그들에게는 진정 내 마음속을 드러낼 수는 없었다. 그 감정은 두려움과 하나님의 사랑을 받을 만한 자격이 없다는 바로 그 절망감이었다. 세월은 흘러서 병원에 입원한지 벌써 9개월이 흘렀으며 나에게는 별다른 희망이 보이질 않았다.

나의 주치의는 아주 눈치가 빠르고 상당히 지혜로운 사람이었다. 그래서 그는 비록 기독교인은 아니었지만 하나님은 그를 사용해 주셨다. 그는 나의 수술을 담당한 의사의 아내인 케이를 초청해서 기도를 한번 받아보는 것이 어떻겠느냐고 하면서 주선을 해주었다. 나는 왜 그 생각을 하지 못했을까? 지난번에 케이에게 기도를 받았을 때에 나의 마음이 홀가분하게 달라졌던 생각이 다시 새롭게 떠올랐다.

케이가 약속을 하기 위해 나에게 전화를 건 순간, 나는 모든 것이 전부 하나님의 손에 달려있다는 사실을 깨닫기 시작했다. 나는 하나님께서 나의 병을 치유해 주시리라는 확신이 들기 시작했다. 육체적인 치유뿐만 아니라, 산재한 정신적, 정서적, 영적인 문제들도 하나님께서 해결해 주시리라는 믿음이었다. 이제는 치유함을 받으려는 결심으로, 나는 아는 모든 사람에게 기도부탁을 하였다. 의사, 간호원, 친구, 친척 누구든지 내가 아는 모든 사람에게 말이다. 나는 가족에게도 기도부탁을 하였고 교회의 성경공부 그룹에게도 역시 기도부탁을 하였다.

케이는 그녀의 중보 기도자인 제니 파킨슨과 함께 병원에 도착하였다. 그리고 곧바로 기도로 들어갔다. 특별히 나의 삶에서 발생한 죄들에 대한 기도를 많이 드렸다. 그리고 나의 가계에 흐르는 죄들과 저주들도 기도로 끊어버렸다. 그러나 나는 심적으로 몹시도 괴로웠다. 왜냐하면 차마 입으로 말하기에 부끄러운 온갖 죄들을 전부 들추어내고, 그것들에 대해서 소리를 내어서 기도를 드리고 하는 공개적인 일들이 진행되었기 때문이다. 그러나 하나님은 그러한 일들도 가능하게 해주셨다.

케이가 나의 육체의 치유를 위해서 기도할 때에, 그녀는 대충 일반적으로 기도하지 않았다. 매우 구체적으로 기도들 드리면서, 내 몸의 각 부분을 위해 기도를 드려주었다. 처음에는 상한 머리 부분

중에서 뇌신경, 뇌의 혈관, 뉴론들, 대뇌, 소뇌, 간뇌 등을 언급해 가면서 기도를 드려주었다. 그 다음에는 척추로 내려갔고 갈비뼈를 위해 기도해 주었다. 마지막으로 팔을 위해 기도를 드린 후에, 나보고 일어나 앉으라고 했다. 그래서 나는 똑바로 일어나 앉았다! 이전에는 아무리 정신을 집중하고 온갖 힘을 써도 똑바로 일어나 앉는다는 것은 나로서는 불가능 한 일이었다. 케이의 기도는 계속 되었다. 마지막으로 다리를 위하여 기도를 드린 후에, 나의 발에 부착되었던 부목을 떼어내 버렸다. 그리고는 나의 다리를 자기의 발 위로 올려놓으라는 것이었다. 그런데 내 다리가 움직이기 시작했다! 나는 너무나도 놀랐다! 도저히 상상도 할 수 없는 일이 발생한 것이다. 케이는 나에게 온 병실을 걸어 다니라고 하였다. 나는 걸어 다닐 수 있었다! 그래서 나는 병실의 문을 활짝 열고 병원의 복도로 뛰어나갔다. 나는 하나님께서 이러한 은혜를 나에게 내려주신 것에 대한 감사와 감격으로 어쩔 줄 모르면서 복도를 걸어 다녔다.

곧 이어서 내가 걸어 다닌다는 소식이 병원 안에 퍼지기 시작하자, 수많은 간호원들과 의사들이 나를 보려고 몰려들었다. 그리고는 '도저히 믿을 수 없다' 는 탄성을 질렀다. 한 간호원은 자신이 보는 것을 믿을 수 없었기에, 혼동을 한 나머지, 나의 손을 붙잡고 나를 다시 병실로 들어가도록 하였다. 나는 직장에 있는 남편에게 전화를 걸어서 나의 치유에 관한 이야기를 하였다. 그러나 남편은 내가 급기야 정신이 돌아버린 것으로 알아들었다. 그러나 케이가 남편에게 전화로 그 모든 것이 사실이라는 것을 말했을 때에, 남편은 기록을 갱신할 정도의 초스피드로 달려왔다. 나를 처음 본 순간 남편의 얼굴에 떠오른 그 기쁨의 미소는 아직도 잊을 수가 없다.

나의 치유에 대한 모든 사람들의 반응은 대체적으로 긍정적이었다. 그러나 유독 한 간호원만이 의심을 하고 있었다. 그녀는 대단히 부정적이었고 적대적이기까지 하였다. 그러한 부정적인 간호원의 태도가 나를 조금은 두렵게 만들었다. 그래서 나는 마가렛에게 전화를 걸고, 하나님이 주신 축복과 승리를 사단이 빼앗아 가려한다고 하면서 기도를 부탁했다. 그리고는 나도 기도를 했다. 그러자 불안한 마음이 사라졌다. 뿐만 아니라 그 간호원도 퇴근을 해버렸다.

나는 검사를 하였고 24시간 뒤에 의사들로부터 검사결과를 들었다. 담당 의사는 자신이 의사생활을 하면서 지금까지 본 세 번의 기적 중에서 나의 경우가 그 한가지라고 말하면서, 자신은 어떻게 그런 일이 일어나는지 전혀 모르겠다고 말했다. 뿐만 아니라, 재검사하기 위해 병원에 올 필요도 없다고 하였다. 왜냐하면 완치가 되었기 때문이라는 것이다.

11월 16일 화요일에 하나님은 나를 치유해 주셨다. 그러나 그것보다 더 중요한 것은, 과거에 내가 무슨 죄를 저질렀든지 아니 앞으로 무슨 죄를 저지를 것이든지, 하나님의 은혜가 언제나 더 크다는 사실을 발견한 것이다. 오직 하나님의 은혜 가운데서, 나는 온전하게 되었다. 하나님 덕분으로, 나는 다시 새로운 인생을 살 수 있게 된 것이다. 나는 왜 하나님께서 유독 나를 택하셔서 이러한 기적을 베풀어 주셨는지는 잘 모르겠다. 나는 그렇게 특별한 택함을 받을 만한 자격이 있는 사람이 아니다. 내가 오직 아는 한 가지는 모든 영광은 하나님께만 있다는 것이다. 하나님만이 찬양을 받으실 지어다! 그리고 나는 세상 모든 사람들에게 하나님의 위대하심과 그 분의 사랑을 전하고 싶다."

* * * * * * * * * * *

헬렌의 주치의는 다른 의사들에게 보낸 편지에서, 그녀의 치유는 자연적인 치유가 아닌 믿음의 치유라고 기술했다. 헬렌은 믿음이 있었고, 그래서 믿음의 힘으로 고침을 받았다는 것이다. 그럼으로, 영광 받으실 분은 주님이시다. 그래서 주님이 그분의 능력을 보여주신 그날 저녁에 병원 복도를 가득 메운 사람들에게 나와 나의 중보 기도자인 파킨슨은 예수 그리스도의 복음을 전했다.

나는 지난 3년 반 동안의 사역을 통해서, 하나님께서 베푸시는 수많은 놀라운 기적들을 보았다. 그러한 기적들은 주요 치유의 기적들로서, 육체의 치유, 정서의 치유, 그리고 영적인 치유들이었다. 나는 성령님의 놀라우신 능력을 목격하는 일에 결코 지치지 않는다. 하나님의 존귀한 성도들의 슬픔을 희락으로 바꾸시는 하나님의 영이 역사하실 때, 성도들의 얼굴이 환해지는 것을 바라보면 목회사역의 모든 피곤이 사라진다. 어떤 때는 기적을 본 나 자신도 흥분되기도 하고 어리둥절하기도 해서 새벽 4시까지 잠을 이루지 못하는 경우도 있다. "그러한 기적이 진짜로 일어난 것인가?"라는 질문을 던지다가도, 나는 "예수님, 감사합니다. 당신의 소중한 피 흘리심을 통하여 우리가 나음을 입었습니다. 자유케 하여 주심을 감사드립니다. 부활의 생명을 주시니 무한 감사합니다! 주님은 살아 계신 하나님이십니다! 이 땅에서 사용하도록 허락하신 영적인 권세가 우리에게 있음을 믿습니다."라는 기도로 바꾼다.

부 록

부록 A 하나님의 음성을 듣는 4가지 열쇠
부록 B 고백, 회개, 용서, 정결함
부록 C 성경과 경험
부록 D 판단하는 것에 관한 묵상
부록 E 해몽에 관한 가르침
부록 F 그렇지만 모든 것이 갈보리에서 이미 다 이루어지지 않았는가?
부록 G 지성(mind)과 심성(heart)
부록 H 성경 묵상
부록 I 예수님의 치유사역
부록 J 열렬한 회개 – 색욕에 관한 문제지
부록 K 성(sex)이라는 주제에 관한 잠언과 아가서 연구
부록 L 문제에서 빠져 나오기(Un-Stuck)에 관한 문제지
(확실한 기반 마련하기)
부록 M 대만에서 행한 "마음을 치유하는 기도" 사역

부록 A

하나님의 음성을 듣는 4가지의 열쇠

현대사회는 지나치게 이성주의와 분석적인 사고방식에 빠져 있기 때문에 하나님의 음성을 듣는다고 주장하면 그 사람은 조롱거리가 되어버리고 만다. 그러나 나는 하나님의 음성을 듣는다는 사람들에게 코웃음을 치지 않는다. 거기에는 몇 가지의 이유가 있다. 첫째, 성경을 통해서 볼 때, 남자 여자 할 것 없이 많은 사람들이 하나님의 음성을 들어왔다. 뿐만 아니라, 오늘날에도 사회적으로 명성이 있는 저명인사들 중에도 하나님의 음성을 들었다고 주장하는 사람들이 많다. 마지막으로, 누구든지 사람이라면, 마음속으로 하나님에게 말을 건네고 하나님의 음성을 들으며 하나님과 의사소통하기를 원하는 깊은 마음의 갈망이 있다.

성경을 믿는 기독교인으로, 나는 하나님의 음성을 들어보려는 노력을 하였다. 그러나 몇 년 동안이나 실패에 실패를 거듭하였다. 나는 기도하였고, 금식하였고, 성경을 연구하였으며, 마음속의 음성을 들어보려고 하였다. 그러나 모두 소용이 없었다. 그러한 갈등을 겪는 중에, 하나님께서는 쌍방대화가 가능케 되는 기도의 열쇠를 허락하셨다. 그 열쇠는 나 자신에게만 적용이 된 것이 아니고, 나에게서 배움을 받은 수천 명의 사람들에게도 효력을 나타냈다. 그러한 기도를 드린 사람들에게는 그 결과로 하나님과의 친밀감이 형성되었고, 그들의 삶이 변화되는 체험들을 했다. 당신도 다음에 제시된 4개의 열쇠를 사용하여 하나님을 구하면, 반드시 나와 비슷한 것들을 체험하게 될 것이다. 그 열쇠들은 구약성경 하박국 2:1-2에서 발견된다. 바로 그 성경구절을 먼저 읽어본 후에, 내가 제시하는 방법을 읽기 바란다.

열쇠 #1 – 우리 마음속에 있는 하나님의 음성은 갑작스러운 생각의 흐름과도 같다. 그렇기에, 하나님께 주파수를 맞춘다는 것은 자연스러움 내지는 자발성(spontaneity)을 전제로 한다.

"여호와께서 내게 대답하여 이르시되"(하박국 2:2). 하박국은 하나님의 음성을 알았다. 엘리야는 그것을 작고 나지막한 소리라고 말했다. 나도 내면에 음성으로 들을 수 있는 목소리를 들어보려고 항상 노력하였다. 물론 하나님께서는 구약의 예언자들에게 나타나신 대로, 그렇게 귀에 들리는 음성으로 말씀을 하실 수도 있을 것이다. 그러나 내가 발견한 것은, 오늘날 대부분의 사람들에게 하나님이 마음속에 들려주시는 내적인 음성은 spontaneous thoughts(무의식적으로 튀어나오는 생각들), visions(환상, 영상들), feelings(지각, 감정, 예감들), 그리고 impressions(인상, 느낌)을 통해서 온다는 것이다. 예를 들자면, 자동차를 몰고 가는데 갑자기 어떤 특정한 사람을 위해서 기도하라는 음성이 들리는 것을 많은 기독교인들이 경험한다. 그 상황에 대해서 내가 캐내고 싶은 것은 갑자기 그러한 생각이 든 것인지, 아니면 어떤 생생한 실제의 목소리를 들은 것인지에 관한 것이다. 사실, 대부분의 사람들은 하나님의 목소리가 갑작스러운 생각을 통해서 나에게 전달되었다고 증언한다.

그것이 바로 내가 말하려는 바이다. 하나님의 음성을 듣는다는 것은 자연적으로 떠오르는 어떤 생각도 포함이 된다는 것이다. 아마도 영적인 수준에서의 통화는 "갑작스럽게 스쳐 지나가는 생각, 인상, 기분, 그리고 환상"을 통해서 이루어지는 것이 아닌가 하는 이론을 정립하게 시작했다. 나는 나 자신의 여러 번의 실험과 수천 명으로부터 받은 송환(feedback)을 통해서, 그것이 사실이라는 것을 확신하게 되었다.

나의 이러한 이론은 성경으로부터 많은 확증을 얻어낼 수 있다. "중보"를 뜻하는 히브리어 파가는 "우연의 만남 내지는 우연한 마주침"이라는 뜻이다. 하나님께서는 다른 사람을 위한 중보의 기도를 우리들의 마음속에 넣으실 때에 그분은 파가를 통하여 하신다. 즉, 갑자기 생각나게 하는 것이다. 그리고 우연히 그러한 기회가 마련이 된다. 그러므로 내가 하나님의 계시를 받기 위해서 나의 마음을 성령님께 집중시킬 때는, 우연히 만나는 사건, 내지는 갑작스럽게 저절로 나도 모르게 떠오르는 어떤 생각을 하게 될 가능성이 높다.

열쇠 #2 - 내 안에 있는 하나님의 생각과 감정의 흐름 (flow)을 감지하려면, 내 자신의 생각과 감정을 잠잠하게 만들어버리는 법을 습득해야 한다. 하박국은 말하기를, "내가 내 파수하는 곳에 서며 성루에 서리라 그가 내게 무엇이라 말씀하실는지 기다리고 바라보며 나의 질문에 대하여 어떻게 대답하실는지 보리라 하였더니"라고 하였다 (하박국 1:1). 하나님이 조용하게, 그리고 마음 안에서 떠오르는 자발적인 생각들을 통해서 말씀하시는 것을 들으려면, 먼저 조용한 곳으로 가서 감정과 생각들을 침잠 시키며 기다려야한다는 것을 하박국은 알고 있었다. 시편 46편 10절은 잠잠히 기다리며 하나님의 하나님 되심을 알라고 격려한다. 우리의 영혼 안에는 내적으로 깊이 앎(자연적인 흐름)이 존재한다. 그리고 우리의 육과 마음을 잔잔히 하면 우리는 그러한 영의 세계를 엿볼 수 있다.

나는 하나님의 순간적인 흐르심을 포착하기 위해 나 자신을 잠잠히 하는 몇 가지 방법을 고안해 내었다. 나에게 있어서는 예배음악을 나지막한 목소리로 찬양하는 것이 최고의 방법인 것으로 밝혀졌다(열왕기하 3:15). 나의 생각, 의지, 감정이 조용한 정적 속으로 사라지고, 하나님 앞에서 이도 저도 아닌 상태가 되었을 때에, 성령님의 흐름이 감지되었다. 그러므로 나는 나지막하게 찬양을 하고, 마음을 편안하게 한 상태에서 나의 마음을 자발적인 흐름에 맡긴다. 갑자기 해야 하는 일이 생각나면, 종이에 빨리 적고 잊어버린다. 죄책감이나 자책감이 생기면, 철저하게 회개하고 어린 양의 피로 씻음을 받는다. 그리고 하나님이 허락하시는 의의 흰옷을 입고, 하나님 앞에서 점도 흠도 없이 드러나는 나 자신을 상상한다.

나의 눈을 들어 오직 예수님을 바라보면(히브리서 12:2), 나는 주님의 임재 하에 평온해지는 것을 느낀다. 그러면 주님에게 나의 마음속에 있는 것들을 털어놓기 시작한다. 그러면 나는 쌍방 간의 대화가 오고가는 것을 경험한다. 자발적인 생각의 흐름은 하나님의 보좌로부터 나에게로 흘러 들어온다. 그리고 나는 진정으로 왕 중의 왕과 대화를 나누고 있는 나 자신을 발견한다.

순수한 하나님의 말씀을 들으려면, 잠잠히 집중하는 것이 반드시 필요하다. 마음의 고요가 이루어지지 않으면, 대부분의 경우 자기 자신의 음성을 듣는 것에 머물고 말기 때문이다. 또한 예수님께 집중하지 않는다면, 불순한 흐름 속으로 들어갈 것이다. 왜냐하면, 모든 직감과 육감은 그 사람의 시선이 집중되는 그곳으로부터 흘러나오기 때문이다. 만약에 당신의 마음의 눈을 당신 자신의 갈망에 집중한다면, 모든 직감의 흐름은 그 욕망과 관련된 것일 것이다. 결론적으로, 순수한 흐름을 경험하려면, 자신의 마음은 고요해지고, 마음의 눈은 오직 예수님에게로만 집중이 되어 있어야 한다. 다시 한 번 더 말하지만, 만왕의 왕께 경배와 찬양을 드린 후, 자신의 마음을 비우면, 하나님의 임재를 경험하게 된다.

열쇠 # 3 - 나는 기도하면서 전능하신 하나님을 영 안에서(in the

spirit) 꿈으로 또는 환상을 보면서 나의 마음의 눈을 예수님께 고정시킨다.

이미 언급하였지만, 이 원리를 더 깊이 살펴보고자 한다. 하박국은 말하기를, "기다리고 바라보며… 어떻게 대답하실지 보리라"고 했다. 그에 대해서 하나님은 "이 묵시를 기록하여 판에 명백히 새기되 달려가면서도 읽을 수 있게 하라"고 하셨다(하박국 2:1-2). 선지자들이 기도를 하면서 환상보기를 기대했다는 것은 참으로 중요한 것이다. 마음의 눈을 뜨고 하나님께서 알려주시고자 하는 영계의 일들을 바라보는 것은 참으로 흥미진진한 일이 아닐 수 없다.

사실 나도 처음에는 마음의 눈을 통해서 하나님으로부터 오는 환상을 본다는 것은 이상한 짓이라는 생각이 들었다. 그러나 점차로 이해가 되기 시작했다. 하나님께서 우리에게 마음의 눈을 주시고, 상상력을 주셨다. 그리고 영계의 진리들은 우리의 의식 수준을 뛰어넘는 것들이다. 그렇다면 전능하신 하나님께서 영적인 진리를 우리에게 알려주시려 할 때에, 영적인 눈으로 영적인 것들을 바라보게 하시지 않겠는가? 나는 영적인 세계가 내 주변을 항상 맴돌고 있음을 안다. 이 영계에는 귀신들, 천사들, 성령님, 전능하신 하나님, 전지하신 예수님으로 가득한 세계이다. 그러나 내가 속해있는 이성적인 세상은 그러한 영계를 보지도 말고 믿지도 말라고 가르치고 있다. 그리고 영계를 바라볼 아무런 수단도 알려주지 않는다.

영계를 바라보려면, 영계를 바라볼 준비가 되어 있어야 한다. 다니엘은 마음에 환상을 보면서 "이상을 보았는데, 유심히 보는 중, 이상 중에 보았는데"(다니엘 7:1, 9, 13)라고 말했다. 이제 나는 기도하면서 나와 함께 계신 예수님을 보기를 원한다. 나에게 말씀하시는 예수님을 보기를 원한다. 하나님의 마음속 깊숙이 있는 것을 나에게 보여주시고 말씀하시는 것을 듣기를 원한다. 기독교인이라면 누구든지 보기를 원하기만 하면 볼 수 있다. 예수님은 임마누엘(하나님이 우리와 함께 하심)이시다. 아주 간단한 것이다. 갑작스럽게 스쳐 지나가는 생각같이 하나님이 보여주시는 영상도 그렇게 떠오른다. 편안한 마음을 가지면, 예수님의 임재가 느껴질 것이다. 왜냐하면 예수님은 평강의 왕이시기 때문이다. 사실, 내적인 환상이라는 것은 너무나도 쉽게 또 많이 오기에 그냥 자기 자신의 생각인 줄로 착각하고 거부해 버리려는 경향성마저도 있다(사단의 효과적인 전략 중 하나이다). 그렇지만 당신이 그러한 영상들을 계속해서 기록하다 보면, 그것이 당신의 마음속에서 저절로 나오는 것이 아니라는 것을 알게 될 것이다. 왜냐하면 그 내용 자체가 전능하신 하나님으로부터 나오는 것임이 명백할 것이기 때문이다.

하나님은 그분의 언약백성에게 꿈과 환상을 통해 그분 자신을 끊임없이 계시하신다. 하나님은 그러한 활동을 창세기부터 요한계시록에 이르기까지 기록해 놓으시고 사도행전 2장에서 그 모든 것이 성령의 기름 부으심으로부터 온 것임을 밝혀 놓으셨다(사도행전 2:1-4). 그렇다면 우리들은 꿈과 환상을 끊임없이 받을 것을 기대해야 옳지 않을까? 모든 믿는 자들의 완벽한 모범이신 예수님의 경우를 살펴보면, 아주 명백해진다. 예수님은 전능하신 하나님 아버지와의 끊임없는 접촉을 통해서 많은 사역을 감당하셨다. 예수님 자신의 말씀에 의하면, 그분은 아버지가 하시는 것을 보고 아버지가 하시는 말씀을 듣지 않고는, 그 자신의 주도권으로 아무 일도 하지 않으신다는 것이다(요한복음 5:19-20, 30). 얼마나 놀라운 삶인가!

예수님께서 하신 대로, 하나님의 음성이 없으면 아무 일도 하지 않는 것이 그리스도인의 삶이어야 하지 않을까? 예수님의 죽으심과 부활하심의 목적 중에 하나는 성전의 휘장이 갈라진 사건에서 예시되었듯이 믿는 자들에게 하나님과 교통할 수 있는 직접적인 통로를 열어주고자 하는 것이다. 그들은 하나님의 임재로 직접 들어갈 수 있다. 그리고 우리 모두는 은혜의 보좌로 가까이 다가오라고 명령을 받고 있다(히브리서 10:19-22). 그러므로 내가 주장하는 것들이 이성주의로 인해서 어두워진 21세기의 인간들에게는 이상한 소리로 들릴지 몰라도 바로 이것이 성경의 중심적인 가르침이며 믿는 자들의 경험을 대변하는 것이다.

너무나 지성적인 문화, 그리고 이성만능의 세계 속에 사는 사람들은 인류 역사의 과거에 살았던 사람들과는 전혀 다르게 이러한 꿈과 환상의 세계 속으로 들어가려면 도움과 훈련을 받아야하는 경우가 다반사이다. 그러한 도움을 원하는 사람들은 나의 저서 《하나님과의 교통》을 참조하기 바란다.

열쇠#4 - 우리의 기도와 하나님의 응답을 기록하는 일지를 쓰면, 하나님의 음성을 듣는 새로운 자유를 만끽하게 된다. 하나님은 하박국에게 "이 묵시를 기록하여 판에 명백히 새기되 달려가면서도 읽을 수 있게 하라"고 하셨다. 사실 나 같은 경우는 하나님으로부터 받은 통찰력 같은 것들을 받아 적을 생각을 하지 못했었다. 그러나 성경을 한번 살펴보아라. 하나님이 말씀을 하실 때에 받아쓰기하는 것에 관한 언급은 성경에 수백 군데에 나타나 있다(시편, 예언서, 요한계시록). 나는 어쩌다가 그런 생각을 하지 못했을까?

나는 그러한 과정을 "저널 쓰기"(일지, 일기, 정기적으로 글을 쓰는 것)이라고 불렀고 그러한 과정을 실험해 보았다. 그 결과, 내 마음의 깊숙한 속에서 자연스럽게 흐르는 하나님의 흐름을 감지하는 데 도움이 된다는 사실을 알아내었다. 왜냐하면 하나님의 임재를 믿으면서 오랫동안 집중할 수 있었기 때문이다. 나는 계시를 받는 도중에 그것이 성경에 입각한 것인지 아닌지 신경을 쓰면서 확인할 필요도 없었다. 왜냐하면, 일단 흐름이 멈추고 나면, 내 자신이 기록한 것을 살펴보면서 성경을 도구로 철저하게 분석해 나갈 수 있기 때문이다.

당신도 이 일지를 시도해 보면 놀라움을 금치 못할 것이다. 처음에는 의심의 먹구름도 끼겠지만, 의심을 버리고 하나님이 그의 자녀들에게 임재하시며 말씀하시는 것은 성경적인 개념임을 스스로에게 일깨우라. 너무 심각하게 생각하지도 말라. 일단 너무 심각해지면, 성령님의 움직임을 가로막을 수도 있기 때문이다. 가장 중요한 것은 우리들 자신의 노력을 중단하고 하나님의 안식 속으로 들어가서 하나님으로 하여금 내 마음속에서 자유롭게 흐르시도록 허락해 드리는 것이다. 그러므로 얼굴에는 미소를 머금고 편안하게 앉아서 종이와 연필을 가지고 찬양과 경배로 마음의 눈을 하나님께로 향하게 하면서 하나님의 얼굴을 구하라. 당신의 질문을 종이에 적고, 오직 예수님께만 마음의 시선을 고정시키고 마음을 잠잠하게 하면, 당신과 함께하시는 성령님께서 갑자기 마음속에 당신의 질문에 대한 명확한 대답을 넣어주실 것이다. 절대로 의심하지 말라. 단순히 받아 적기만 하라. 나중에 당신 자신이 받아 적은 것을 읽어보면, 하나님과 대화하는 자신을 발견하고 놀라움을 금치 못하게 될 것이다.

  마지막 언급. 그러나 적어도 먼저 신약성경 내지는 성경전체를 한 번도 정독해 보지 않은 사람이라면, 이러한 시도는 해보지 않는 것이 좋을지도 모른다. 아니면 믿을만한 영적인 리더십을 가진 분의 지도하에 하면 더욱더 바람직하다. 왜냐하면 일지를 통해 받은 계시에 입각해 어떤 중요한 결정을 내리는 행동을 개시하기 전에, 영적인 지도자에게 상담 내지는 검열을 받을 필요성이 있기 때문이다.

부록 B: 고백, 회개, 용서, 정결함

요약 – 우리는 반드시 이렇게 해야만 한다.
- 우리의 죄를 고백 (우리의 구체적인 죄를 하나님께 앞에서 인정함)
- 회개 (죄에서 돌아섬)
- 용서함 (타인, 자신, 그리고 '하나님'을 용서함)
- 용서받음 (하나님의 용서와 치유를 받아들임)
- 축하함 (하나님의 치유와 깨끗케 하여주심에 감사를 드림)

회개와 용서는 모든 치유의 핵심이다. 여러 용법으로 사용되기는 했지만, "회개"라는 단어는 성경에 112번이나 나온다. 그러므로 "회개"라는 단어를 이해하는 것은 참으로 중요한 일이다. 신약성경에서 "회개"로 번역된 헬라어 원어의 주요 용례는 메타멜로마이라는 단어와 메타노에스라는 단어에서 찾아볼 수 있다. 두 단어의 용례로부터 유추하여, "회개"라는 단어는 아래와 같이 정의 될 수 있다.

회개는 유익한 방향으로 마음을 바꾸는 것을 뜻한다. 그 과정으로는 감정을 동요시키고 일정한 방향으로 몰아서 변화 쪽으로 충동질하며 순종하려는 의지로 인간 전체를 한 방향에서 다른 방향으로 돌아가도록 전환시켜 준다.

회개는 기독교 교리 중에서 근본적인 교리이다(히브리서 6:1-2).

> 이 때부터 예수께서 비로소 전파하여 이르시되 회개하라 천국이 가
> 까이 왔느니라 하시더라 (마태복음 4:17)

> 알지 못하던 시대에는 하나님이 간과하셨거니와 이제는 어디든지
> 사람에게 다 명하사 회개하라 하셨으니 (사도행전 17:30)

> 내가 너희에게 이르노니 이와 같이 죄인 한 사람이 회개하면 하나
> 님의 사자들 앞에 기쁨이 되느니라 (누가복음 15:10)

죄는 귀신이 거할 수 있는 발판(지반)을 마련해준다

회개가 치유로 우리를 인도하는 이유는, 사단이나 악한 영이 우리 안에 거할 수 있는 빌미(이유, 기회, 지만, 발판)를 붕괴시켜 버리기 때문이다. 에베소서 4:27에 의하면, 화가 난 경우에 그 분노를 오랫동안 풀지 못하면 죄를 짓게 되고 죄는 마귀로 틈타게 한다고 하였다. 사단에게 거할 발판을 제공하는 죄들의 목록은 다음과 같다: 거짓, 분노, 도적질, 진실이 아닌 말을 하는 것, 비꼼, 격정, 중상모략, 악독함, 아우성. 고린도전서 2:10-11을 참조하라.

회개는 귀신에게 발판을 제거한다. 그래서 귀신을 무기력하게 만든다

골로새서 2:13-15에 의하면, 정사와 권세(악한 영들)를 그리스도의 죽음과 십자가에서 흘린 피로 무력화시키는 이야기가 나온다. 개인적으로 회개하고 그리스도의 피를 적용하여 깨끗하게 죄를 씻음으로 예수 그리스도가 십자가에서 죽으신 그 공로의 영향을 받을 수 있다.

> 통치자들과 권세들을 무력화하여 드러내어 구경거리로 삼으시고
> 십자가로 그들을 이기셨느니라 (골로새서 2:15)

"왕 같은 제사장"으로의 사명을 감당하기

제사장의 사명은 하나님 앞에서 백성들이 죄를 고백하게 하는 것이다. 그런데 하나님은 우리들을 왕 같은 제사장으로(베드로전서 2:9) 만드셨다. 그러므로 우리는 제사장으로 하나님 앞에서 다른 사람의 죄를 고백할 수 있고 또한 고백해야만 한다. 그러면 사람들의 죄가 다른 곳으로 전가 될 것이다(레위기 16:21).

모세와 다니엘은 다른 사람의 죄를 대신 확인하고 회개하였다

> 모세가 급히 땅에 엎드려 경배하며 이르되 주여 내가 주께 은총을 입었거든 원하건대 주는 우리와 동행하옵소서 이는 목이 뻣뻣한 백성이니이다 우리의 악과 죄를 사 하시고 우리를 주의 기업으로 삼으소서 (출애굽기 34:8-9)

> 내가 이같이 말하여 기도하며 내 죄와 내 백성 이스라엘의 죄를 자복하고 내 하나님의 거룩한 산을 위하여 내 하나님 여호와 앞에 간구할 때 곧 내가 기도할 때에 이전에 환상 중에 본 그 사람 가브리엘이 빨리 날아서 저녁 제사를 드릴 때 즈음에 내게 이르더니 내게 가르치며 내게 말하여 이르되 다니엘아 내가 이제 네게 지혜와 총명을 주려고 왔느니라 (다니엘 9:20-22)

에스라 9:5-15, 느헤미야 1:6, 9:1-2, 시편 106:6, 예레미야 3:25, 14:7, 다니엘 9:1-23, 10:2-3, 12-13을 참조하라. 특히 요한1서 1:9과 야고보서 5:16의 헬라어 원어의 복수 명사에 유의하라(야고보서 5:16절: ejxomologei sqe ou\n ajllhvloi" ta;" aJmartiva" (죄들) kai; eu[cesqe uJpe;r ajllhvlwn o{pw" ijaqh te. Polu; ijs-cuvei devhsi" dikaivou ejnergoumevnh).

(성경에 28번 언급된) "자복함"에 대한 묵상

사람은 죄를 지은 그대로를 자복해야 한다

이 중 하나에 허물이 있을 때에는 아무 일에 잘못하였노라 자복하고 (레위기 5:5)

제사장은 다른 사람의 죄를 고백하는 중간다리의 역할을 감당할 수 있다

아론은 그의 두 손으로 살아 있는 염소의 머리에 안수하여 이스라엘 자손의 모든 불의와 그 범한 모든 죄를 아뢰고 그 죄를 염소의 머리에 두어 미리 정한 사람에게 맡겨 광야로 보낼지니 (레위기 16:21)

조상들의 죄를 대신 자복할 수도 있다

그들이 나를 거스른 잘못으로 자기의 죄악과 그들의 조상의 죄악을 자복하고 또 그들이 내게 대항하므로 (레위기 26:40)

자복은 손해 배상을 하게 한다

그 지은 죄를 자복하고 그 죄 값을 온전히 갚되 오분의 일을 더하여 그가 죄를 지었던 그 사람에게 돌려줄 것이요 (신명기 5:7)

고백되지 않은 죄는 삶에 좌절(패배)을 가져온다

만일 주의 백성 이스라엘이 주께 범죄하여 적국 앞에 패하게 되므로 주께로 돌아와서 주의 이름을 인정하고 이 성전에서 주께 기도하며 간구하거든 (열왕기상 8:33, 역대하 6:24-25도 참조하라)

고백되지 않은 죄는 삶에 메마름을 가져온다

만일 그들이 주께 범죄함으로 말미암아 하늘이 닫히고 비가 없어서 주께 벌을 받을 때에 이 곳을 향하여 기도하며 주의 이름을 찬양하고 그들의 죄에서 떠나거든 (열왕기상 8:35, 역대하 6:26-31도 참조하라)

주님께 회개하면 하나님으로부터 용서를 받게 된다

내가 이르기를 내 허물을 여호와께 자복하리라 하고 주께 내 죄를 아뢰고 내 죄악을 숨기지 아니하였더니 곧 주께서 내 죄악을 사하셨나이다 (시편 32:5)

그러므로 너희 죄를 서로 고백하며 병이 낫기를 위하여 서로 기도하라 의인의 간구는 역사하는 힘이 큼이니라 (야고보서 5:16)

만일 우리가 우리 죄를 자백하면 그는 미쁘시고 의로우사 우리 죄를 사하시며 우리를 모든 불의에서 깨끗하게 하실 것이요 (요한1서 1:9)

(성경에 112번이 언급된) "회개"에 대한 묵상

하나님도 회개하신다

만일 내가 말한 그 민족이 그의 악에서 돌이키면 내가 그에게 내리기로 생각하였던 재앙에 대하여 뜻을 돌이키겠고 (예레미야 18:8)

만일 그들이 나 보기에 악한 것을 행하여 내 목소리를 청종하지 아니하면 내가 그에게 유익하게 하리라고 한 복에 대하여 뜻을 돌이키리라 (예레미야 18:10)

여호와께서 뜻을 돌이키사 말씀하신 화를 그 백성에게 내리지 아니

하시니라 (출애굽기 32:14)

사무엘이 죽는 날까지 사울을 다시 가서 보지 아니하였으니 이는 그가 사울을 위하여 슬퍼함이었고 여호와께서는 사울을 이스라엘 왕으로 삼으신 것을 후회하셨더라 (사무엘상 15:35)

그들을 위하여 그의 언약을 기억하시고 그 크신 인자하심을 따라 뜻을 돌이키사 (시편 106:45)

인간이 구원을 받으려면 회개를 해야 한다고 하나님은 권면하신다

주 여호와의 말씀이니라 이스라엘 족속아 내가 너희 각 사람이 행한 대로 심판할지라 너희는 돌이켜 회개하고 모든 죄에서 떠날지어다 그리한즉 그것이 너희에게 죄악의 걸림돌이 되지 아니하리라 (에스겔 18:30)

회개하라 천국이 가까이 왔느니라 하였으니 (마태복음 3:2)

예수께서 들으시고 그들에게 이르시되 건강한 자에게는 의사가 쓸데 없고 병든 자에게라야 쓸 데 있느니라 나는 의인을 부르러 온 것이 아니요 죄인을 부르러 왔노라 하시니라 (마가복음 2:17)

제자들이 나가서 회개하라 전파하고 (마가복음 6:12)

너희에게 이르노니 아니라 너희도 만일 회개하지 아니하면 다 이와 같이 망하리라 (누가복음 13:3)

베드로가 이르되 너희가 회개하여 각각 예수 그리스도의 이름으로

세례를 받고 죄 사함을 받으라 그리하면 성령의 선물을 받으리니 (사도행전 2:38)

알지 못하던 시대에는 하나님이 간과하셨거니와 이제는 어디든지 사람에게 다 명하사 회개하라 하셨으니 (사도행전 3:19)

하나님의 뜻대로 하는 근심은 후회할 것이 없는 구원에 이르게 하는 회개를 이루는 것이요 세상 근심은 사망을 이루는 것이니라 (고린도후서 7:10)

사람은 회개에 합당한 열매를 맺어야 한다

그러므로 회개에 합당한 열매를 맺고 (마태복음 3:8)

죄인이 회개하면 하늘에서는 기쁨의 잔치가 열린다

내가 너희에게 이르노니 이와 같이 죄인 한 사람이 회개하면 하나님의 사자들 앞에 기쁨이 되느니라 (누가복음 15:10)

회개는 계속되어야 한다

만일 하루에 일곱 번이라도 네게 죄를 짓고 일곱 번 네게 돌아와 내가 회개하노라 하거든 너는 용서하라 하시더라 (누가복음 17:4)

하나님은 우리가 회개할 때까지 징계하신다

무릇 내가 사랑하는 자를 책망하여 징계하노니 그러므로 네가 열심을 내라 회개하라 (요한계시록 3:19)

(성경에 56번 언급된) "용서"에 관한 묵상

우리의 죄를 용서해 달라고 하나님께 기도하라

주는 하늘에서 들으사 주의 종들과 주의 백성 이스라엘의 죄를 사하시고 그들이 마땅히 행할 선한 길을 가르쳐 주시오며 주의 백성에게 기업으로 주신 주의 땅에 비를 내리시옵소서 (열왕기상 8:36)

사람은 그의 마음에 가짐에 따라, 품은 마음 그대로 하늘로부터 받게 되어 있다

주는 계신 곳 하늘에서 들으시고 사하시며 각 사람의 마음을 아시오니 그들의 모든 행위대로 행하사 갚으시옵소서 주만 홀로 사람의 마음을 다 아심이니이다 (열왕기 상 8:39)

주는 계신 곳 하늘에서 들으시며 사유하시되 각 사람의 마음을 아시오니 그의 모든 행위대로 갚으시옵소서 주만 홀로 사람의 마음을 아심이니이다 (역대하 6:30)

인간이 죄를 고백하고 회개하면 하나님은 용서해 주실 것이다

내 이름으로 일컫는 내 백성이 그들의 악한 길에서 떠나 스스로 낮추고 기도하여 내 얼굴을 찾으면 내가 하늘에서 듣고 그들의 죄를 사하고 그들의 땅을 고칠지라 (역대하 7:14)

주는 선하사 사죄하기를 즐거워하시며 주께 부르짖는 자에게 인자함이 후하심이니이다 (시편 86:5)

만일 우리가 우리 죄를 자백하면 그는 미쁘시고 의로우사 우리 죄

를 사하시며 우리를 모든 불의에서 깨끗하게 하실 것이요 (요한1서 1:9)

회개는 연속적이어야 한다

그 때에 베드로가 나아와 이르되 주여 형제가 내게 죄를 범하면 몇 번이나 용서하여 주리이까 일곱 번까지 하오리이까 예수께서 이르시되 네게 이르노니 일곱 번뿐 아니라 일곱 번을 일흔 번까지라도 할지니라 (마태복음 18:21-22)

내가 타인을 용서하면, 하나님도 나를 용서해 주신다

우리가 우리에게 죄 지은 자를 사하여 준 것 같이 우리 죄를 사하여 주시옵고 (마태복음 6:12)

너희가 사람의 잘못을 용서하면 너희 하늘 아버지께서도 너희 잘못을 용서하시려니와 (마태복음 6:14)

주인이 노하여 그 빚을 다 갚도록 그를 옥졸들에게 넘기니라 너희가 각각 마음으로 부터 형제를 용서하지 아니하면 나의 하늘 아버지께서도 너희에게 이와 같이 하시리라 (마태복음 18:34-35)

서서 기도할 때에 아무에게나 혐의가 있거든 용서하라 그리하여야 하늘에 계신 너희 아버지께서도 너희 허물을 사하여 주시리라 하시니라 (마가복음 11:25)

너희가 사람의 잘못을 용서하면 너희 하늘 아버지께서도 너희 잘못을 용서하시려니와 너희가 사람의 잘못을 용서하지 아니하면 너희 아버지께서도 너희 잘못을 용서하지 아니하시리라 (마태복음 6:14

15)

비판하지 말라 그리하면 너희가 비판을 받지 않을 것이요 정죄하지 말라 그리하면 너희가 정죄를 받지 않을 것이요 용서하라 그리하면 너희가 용서를 받을 것이요(누가복음 6:37)

우리가 우리에게 죄 지은 모든 사람을 용서하오니 우리 죄도 사하여 주시옵고 우리를 시험에 들게 하지 마시옵소서 하라 (누가복음 11:4)

인간 이하의 잔학성에 의해서 피해를 당했다 할지라도, 우리는 용서해야 한다

이에 예수께서 이르시되 아버지 저들을 사하여 주옵소서 자기들이 하는 것을 알지 못함이니이다 하시더라 (누가복음 23:34)

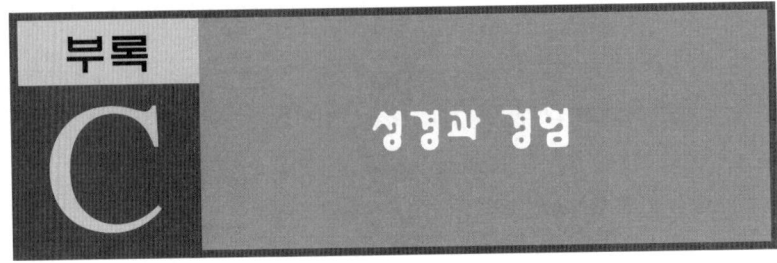

부록 C 성경과 경험

> 범사에(각종 경험하는 것들에 대해서) 감사하라 (데살로니가전서 5:18)

> 범사에(각종 경험하는 것들에 대해서) 감사하며 (에베소서 5:20)

경험을 반드시 성경과 반대되는 것으로 생각해야 하는가?

경험은 종종 성경의 약속과 상치된다는 사실을 발견한 사람들 중에는 경험과 성경이 정 반대되는 것이라는 주장을 하는 사람도 있다. 그리고는 이러한 질문을 던진다. "성경이 나의 경험과 일치하지 않는다면, 성경이 틀린 것인가?" 이러한 의문은 의심을 유발시키고 하나님과의 동행을 방해한다. 그 결과는 대단히 파괴적인 것이다.

그러므로 혹자는 다음과 같은 제안을 한다. "경험을 추구하지도 말고, 경험을 기대하지도 말며, 경험을 해보려고 노력도 하지 말고, 경험을 믿지도 말라. 오직 성경만 공부하고, 오직 성경만 믿어라. 경험은 거짓이고 성경은 참이다."

불행한 결과

그러나 경험의 문을 닫아버리면 하나님께서 우리에게 축복해 주시려는 놀라운 일들도 함께 막아버리는 경우가 있다.

하나님께서 그의 자녀들에게 진리를 계시해 주시는 방법에는 여러 가지가 있다. 하나님은 그분의 진리를 경험, 꿈과 환상, 그리고 사람의 마음속에 심어지는 계시를 통해서 나타내 보이신다. 심지어는 인간의 부정적인 경험까지라도 영적으로 더 깊은 것을 추구하게 하는 시발점(계기 내지는 자극)이 될 수도 있다(하박국 1-3장).

동방박사는 별을 따라 다니는 경험을 바탕으로 아기 예수를 찾아내었다. 목자들은 천사들의 환상과 관련된 경험을 바탕으로 아기 예수를 찾았다. 아하수에로 왕의 불면증이라는 부정적인 경험을 통해서 이스라엘 백성을 구원하는 일의 계기가 마련된다(에스더 6장).

서기관들과 바리새인들은, 그들의 성경 해석상 메시아가 말구유에서 탄생할 수 없다는 이유로 아기 예수를 만나지 못했다. 그들은 성령의 음성을 구하지도 않았고, 그러한 것에 열려 있지도 않았으며, 성령의 음성을 들으려고 하지도 않았다. 뿐만 아니라, 그러한 경험들을 통해서 하나님께 자유롭게 말씀하시라고 허락하지도 않았다 ("주는 영이시니, 주의 성령이 계신 곳에는 자유함이 있느니라" - 고후 3:17).

바리새인들의 성경해석은 예수님을 배척하도록 만들었다. 왜냐하면 그들의 예수님에 대한 경험은 성경의 예언과 전혀 들어맞지 않았기 때문이다. 예수님께서 나사로가 죽은 후에 다시 살려 내셨을 때, 바리새인들은 나사로를 다시 죽이려고 까지 하였다. 그렇게 함으로서, 그들은 자신들의 성경이해와 성격해석에 위배되는 증거들을 제거해 버릴 수 있다고 생각했기 때문이다.

경험을 받아들이는 7가지의 부적합한 방법들

1. 단 한 번의 신앙경험을 토대로 모든 신앙의 여정(천국으로 가는 나그네 길)을 결말지으려고 할 수도 있다(변화산 상에서의 제자들의 태도 - 누가복음 9:29-33).
2. 자신의 경험을 숭배할 수도 있다(광야에서 치유를 가져온

놋뱀 그 자체가 예배의 대상이 되어버렸다 - 민수기 21:6-9, 열왕기하 18:4).
3. 자신의 부정적인 경험에 매여서 성경의 진리를 의심하게 될 수도 있다(하나님의 사랑과 보호하심 같은 것 - 로마서 8:28, 38-39)
4. 자신이 경험을 하지 못한 것은 믿지 않으려는 경향이 나타날 수 있다(도마는 자신이 부활하신 예수님을 직접 경험하기 전에는 절대로 믿지 못하겠다고 했다 - 요한복음 20:29)
5. 경험을 추구하는 것 그 자체는 옳은 것이다(고린도전서 14:1, 요한복음 5:39-40). 그러나 경험만 추구하고, 성경은 살펴보지도 않으며, 또한 성경을 모든 경험의 뼈대로 사용하지 않으려고 할 수도 있다. 일단 하나님을 한번 경험한 후에는 반드시 성경으로 돌아가서 그 경험이 설 수 있는 땅을 성경으로부터 찾아내야 한다(데살로니가전서 5:21). 성경이 그러한 신앙경험을 구체적으로 가르치고 있던지, 아니면 그 신앙경험은 성경의 원리로부터 이끌어 낼 수 있는 것이어야 한다.
6. 다른 기독교인들의 삶을 관찰하고 거기에서 부정적인 면을 본 뒤, 하나님의 신실하심에 대한 비판적인 씁쓸함을 가질 수도 있다. 그러한 판단은 온당한 것이 아니다. 왜냐하면, 그 사람의 내부에 무슨 일이 일어나고 있는지 겉으로만 보아서는 잘 알 수 없기 때문이다. 어떤 영적인 힘이 그를 둘러싸고 있고 어떤 영적인 영향을 받고 있는지 우리는 모르는 상태이며 혹시 하나님이 그 사람을 시험하시는 중인지도 모른다. 즉, 인간으로서는 타인을 판단하기에 충분하고 정확한 정보를 수집한다는 것은 지극히 어려운 일

이라는 뜻이다(로마서 14:4).
7. 다른 사람의 영적인 경험과 자신의 것을 비교해 보고, 자신은 영적인 사람이 아니라고 판단해 버릴 수도 있다. 예를 들자면, "나는 천사를 본 적이 없습니다. 나는 기도를 받을 때, 흔들리거나, 떨리거나, 쓰러지거나 하는 경험을 해 본 적이 없습니다. 그렇기 때문에 나는 다른 사람보다 덜 영적인 것 같습니다."라고 말할 수도 있다는 것이다. 그러나 그러한 비교는 고린도후서 10:12에 의하면 어리석은 짓이다. 우리 모두가 반드시 경험해야만 하는 것은 요한복음 5:19-20, 30에 기록되어 있다.

경험을 받아들이는 7가지의 적합한 방법들

1. 인생은 경험이다. 하나님과 동행하는 삶이란 에덴동산에서 아담과 하와가 하나님과 가졌던 그런 친밀한 사랑의 관계를 즐기는 경험이다(창세기 1-2장). 기독교인들에게 있어서 그러한 경험은, 우리를 사랑하시는 하나님의 마음을 꿈, 환상, 하나님의 음성, 그리고 마음속의 느낌을 통해서 할 수 있으며, 또한 성도들의 사랑의 교제를 통해서도 가능하다(사도행전 2:17, 요한1서 2:5).
2. 신앙경험이 있는 경우는 하나님의 말씀인 성경을 읽는 중에 새로운 통찰력을 얻을 기회가 증가한다. 예를 들자면, 사도 바울의 경우, 다메섹 도상에서 환상의 계시를 경험하고 아라비아 사막에서 3년 동안 성경을 연구하며 신학으로 다듬었다(갈라디아서 1:15-18).
3. 경험은 인간을 더 철저한 회개와 깊은 순종 안에서 하나님을 찾게 만든다. 예를 들자면, 치유라는 것은 결국 조건부의 계약(출애굽기 15:26)이기에 몸이 아픈 경우 그 환자가

영적으로 지혜로운 사람이라면, 혹시나 회개하지 않은 죄로 인하여 그러한 질병이 발생하였는지 아닌지 살펴볼 것이다. 만약에 하나님께서 특정한 죄의 현존을 보여주시면, 당장에 회개하고 질병의 치유를 받을 것이다(야고보서 5:14-16). 사실 하나님께서 주신 모든 약속은 우리들의 반응을 전제로 한 조건부의 약속들이다(에스겔 33:13-16, 예레미야 18:7-10)

4. 하나님은 인간의 경험을 사용하셔서, 그 사람의 마음속에 믿음이 있는가 시험하신다. 아브라함은 자신의 아들을 제단 위에 놓고 칼을 들이대면서 죽이라는 명령을 받았고, 그것을 통해 하나님을 신뢰하는지 시험(test)을 받았다(창세기 22:1-19). 하나님은 이스라엘 백성을 광야에서 10번 시험(유혹이 아님, 역자주)하셨으나, 인생의 역경 때문에 이스라엘 백성들은 모든 시험에 탈락하였다. 그러므로 하나님은 그들이 바라던 멸망을 경험하게 될 것이라고 말씀하셨다(민수기 14:22-23, 27-28, 고린도전서 10:1-11). 그러한 신앙의 경험을 통해서 아무 것도 깨닫지 못하고 배우지 못한 이스라엘 백성은 완전히 멸절될 위기에 이르기도 했다(출애굽기 15:22).

5. 씨뿌림과 거둬들임에 관한 올바른 이해와 적용이 필요하다(갈라디아서 6:7). 즉, 성경의 진리를 심고 삶에 적용한 후, 성경적인 열매를 풍성하게 거둬들이는 축복으로 들어가려면, 반드시 기다려야 한다는 것이다. 추수의 경험은 즉각적인 것이 아니다. 심음과 거둠 사이에는 씨가 자라나는 시간이 걸린다. 어떤 경우는 몇 년이 걸리기도 하지만, 심지어는 대를 걸치는 경우도 있다(예를 들자면 매 7년마다 땅을 경작하지 말고 1년 동안 묵혀두라는 법을 490년간

어긴 후에, 결국은 이스라엘 백성은 그 대가로 70년간의 바벨론 포로생활로 들어간 것이 선지자 하박국의 생애에 발생한 사건이다.)

6. 만약에 인생의 경험이 믿음을 지키면서 죽어야만 하는 것이라면, 우리는 죽을 것이다. 물론 하나님을 믿으면서 죽는다! 그것이 바로 히브리서 11장에서 보여주는 믿음의 영웅들이 한 일이다.

7. 경험을 통해 믿음이 생기기도 한다. 예를 들자면, 누가복음 24장에 나타난 엠마오로 가는 두 제자는 예수님과 대화를 나누는 경험을 하였다. 예수님은 그들에게 구약성경을 재해석해주시며 그들의 영적인 눈을 뜨게 해주셨다. 그러한 조명으로 말미암아 그들의 마음이 뜨거워졌으며(경험), 그 결과 그들의 믿음은 자라났다(34절). 그들은 자신들의 경험을 다른 제자들과 나누기 시작했다. 아마도 그러한 경험 최종 결과는 다른 제자들의 마음속에 믿음의 씨앗이 심겨지는 것이었을 것이다.

요약: 신앙의 경험을 합당한 방법으로 이해하고 적용하면, 성경에 제시된 진리에 보충이 되어 하나님께서 그의 자녀들을 인도하시는 손길을 더 잘 감지할 수 있게 된다. 그러나 신앙경험이 잘못 이해되는 경우는 기독교인의 삶에 많은 피해를 가져올 수 있다. 그러므로 모든 신앙경험을 전부 무시해 버리는 것은 온당치 못한 처사이다. 어떻게 하던지, 우리의 경험(신앙 경험이든지 인생 경험이든지 모두 다)을 통해서 일하시는 하나님의 섭리를 보는 것이 우리들의 목표이다.

부록 D 판단하는 것에 관한 묵상

나의 판단하려는 경향이 나의 마음속에서 분노를 발생시킨다는 것을 발견한 나는 주님께 물어보았다.

"하나님, 주님은 판단함에 대해서 무엇을 보여 주시려고 합니까?"
하나님은 이렇게 대답하셨다.

"나의 자녀야, 너의 분노는 판단과는 상관이 없는 것이다. 문제는 판단을 한 다음에 용서를 하지 못하는 것이 분노를 야기하는 것이다. 경건한 판단은 좋은 것이다. 그러나 판단을 한 후에 발생하는 화를 마음속에 품고 있는 것이 문제를 일으킨다. 너는 의로운 판단을 내리고 정확한 판정을 내린 후에는, 모든 것을 나(하나님)의 손에 맡겨야 한다. 그러므로 너의 할 책임을 다한 후에, 심판은 나에게(하나님께) 맡겨라. 바로 그 점에서 너는 실패했고, 자신이 화가 치밀어서 어쩔 줄 모르는 점에서 너는 죄를 지었다."

아래에 제시된 것은 "판단/ 비판/ 재판/ 심판"에 관계된 성경 묵상이다.

범주에 따라 조직화된 판단에 관한 성경구절들

하나님은 열방과 모든 사람의 심판하신다 (판단하신다)

여호와의 말씀이 그에게 임하여 이르시되 그 사람이 네 상속자가 아니라 네 몸에서 날 자가 네 상속자가 되리라 하시고 (창세기 15:14)

주께서 이같이 하사 의인을 악인과 함께 죽이심은 부당하오며 의인과 악인을 같이 하심도 부당하니이다 세상을 심판하시는 이가 정의를 행하실 것이 아니니이까 (창세기 18:25)

여호와를 대적하는 자는 산산이 깨어질 것이라 하늘에서 우레로 그들을 치시리로다 여호와께서 땅 끝까지 심판을 내리시고 자기 왕에게 힘을 주시며 자기의 기름 부음을 받은 자의 뿔을 높이시리로다 하나라 (사무엘상 2:10)

여호와께서 만민에게 심판을 행하시오니 여호와여 나의 의와 나의 성실함을 따라 나를 심판하소서 (시편 7:8)

하나님은 의로우신 재판장이심이여 매일 분노하시는 하나님이시로다 (시편 7:11)

공의로 세계를 심판하심이여 정직으로 만민에게 판결을 내리시리로다 (시편 9:8)

여호와여 일어나사 인생으로 승리를 얻지 못하게 하시며 이방 나라들이 주 앞에서 심판을 받게 하소서 (시편 9:19)

여호와 나의 하나님이여 주의 공의대로 나를 판단하사 그들이 나로 말미암아 기뻐하지 못하게 하소서 (시편 35:24)

하나님이여 나를 판단하시되 경건하지 아니한 나라에 대하여 내 송사를 변호하시며 간사하고 불의한 자에게서 나를 건지소서 (시편 43:1)

하늘이 그의 공의를 선포하리니 하나님 그는 심판장이심이로다 셀라 (시편 50:6)

온 백성은 기쁘고 즐겁게 노래할지니 주는 민족들을 공평히 심판하시며 땅 위의 나라들을 다스리실 것임이니이다 셀라 (시편 67:4)

그의 거룩한 처소에 계신 하나님은 고아의 아버지시며 과부의 재판장이시라 (시편 68:5)

그가 주의 백성을 의로 판단하며 주의 가난한 자를 공의로 재판하리니 (시편 72:2)

그가 가난한 백성의 억울함을 풀어 주며 궁핍한 자의 자손을 구원하며 압박하는 자를 꺾으리로다 (시편 72:4)

오직 재판장이신 하나님이 이를 낮추시고 저를 높이시느니라 (시편 75:7)

하나님이 하나님의 회 가운데 서시며 재판장들 중에서 판단하시되 (시편 82:1)

너희가 불공평한 판단을 하며 악인의 낯 보기를 언제까지 하려느냐 (셀라) (시편82:2)

하나님이여 일어나사 세상을 심판하소서 모든 나라가 주의 소유이기 때문이니이다 (시편 82:8)

세계를 심판하시는 주여 일어나사 교만한 자들에게 마땅한 벌을 주소서 (시편 94:2)

모든 나라 가운데서 이르기를 여호와께서 다스리시니 세계가 굳게 서고 흔들리지 않으리라 그가 만민을 공평하게 심판하시리라 할지로다 (시편 96:10)

대저 여호와는 우리 재판장이시요 여호와는 우리에게 율법을 세우신 이요 여호와는 우리의 왕이시니 그가 우리를 구원하실 것임이라 (이사야 33:22)

이제 후로는 나를 위하여 의의 면류관이 예비되었으므로 주 곧 의로우신 재판장이 그날에 내게 주실 것이며 내게만 아니라 주의 나타나심을 사모하는 모든 자에게도니라 (디모데후서 4:8)

원수 갚는 것이 내게 있으니 내가 갚으리라 하시고 또 다시 주께서 그의 백성을 심판하리라 말씀하신 것을 우리가 아노니 (히브리서 10:30)

이방들이 분노하매 주의 진노가 내려 죽은 자를 심판하시며 종 선지자들과 성도들과 또 작은 자든지 큰 자든지 주의 이름을 경외하는 자들에게 상주시며 또 땅을 망하게 하는 자들을 멸망시키실 때로소이다 하더라 (요한계시록 11:18)

또 내가 하늘이 열린 것을 보니 보아라 백마와 그것을 탄 자가 있으니 그 이름은 충신과 진실이라 그가 공의로 심판하며 싸우더라 (요한계시록 19:11)

또 내가 보니 죽은 자들이 큰 자나 작은 자나 그 보좌 앞에 서 있는데 책들이 펴있고 또 다른 책이 펴졌으니 곧 생명책이라 죽은 자들이 자기 행위를 따라 책들에 기록된 대로 심판을 받으니 (요한계시록 20:12)

바다가 그 가운데에서 죽은 자들을 내주고 또 사망과 음부도 그 가운데에서 죽은 자들을 내주매 각 사람이 자기의 행위대로 심판을 받고 (요한계시록 20:13)

하나님은 영적인 지도자들에게 판단함을 맡기시기도 한다

이튿날 모세가 백성을 재판하느라고 앉아 있고 백성은 아침부터 저녁까지 모세 곁에 서 있는지라 (출애굽기 18:13)

그들이 일이 있으면 내게로 오나니 내가 그 양쪽을 재판하여 하나님의 율례와 법도를 알게 하나이다 (출애굽기 18:16)

그들이 때를 따라 백성을 재판하게 하라 큰 일은 모두 네게 가져갈 것이요 작은 일은 모두 그들이 스스로 재판할 것이니 그리하면 그들이 너와 함께 담당할 것인즉 일이 네게 쉬우리라 (출애굽기 18:22)

그들이 때를 따라 백성을 재판하되 어려운 일은 모세에게 가져오고

모든 작은 일은 스스로 재판하더라 (출애굽기 18:26)

레위 사람 제사장과 당시 재판장에게 나아가서 물으라 그리하면 그들이 어떻게 판결할지를 네게 가르치리니 (신명기 17:9)

사람이 만일 무법하게 행하고 네 하나님 여호와 앞에 서서 섬기는 제사장이나 재판장에게 듣지 아니하거든 그 사람을 죽여 이스라엘 중에서 악을 제하여 버리라 (신명기 17:12)

사람들 사이에 시비가 생겨 재판을 청하면 재판장은 그들을 재판하여 의인은 의롭다 하고 악인은 정죄할 것이며 (신명기 25:1)

악인에게 태형이 합당하면 재판장은 그를 엎드리게 하고 그 앞에서 그의 죄에 따라 수를 맞추어 때리게 하라 (신명기 25:2)

그 때에 랍비돗의 아내 여선지자 드보라가 이스라엘의 사사가 되었는데 (사사기 4:4)

이스라엘의 사사가 된 지 이십삼 년 만에 죽으매 사밀에 장사되었더라 (사사기 10:2)

그 후에 길르앗 사람 야일이 일어나서 이십이 년 동안 이스라엘의 사사가 되니라 (사사기 10:3)

사무엘이 사는 날 동안에 이스라엘을 다스렸으되 (사무엘상 7:15)

내가 실로 몸으로는 떠나 있으나 영으로는 함께 있어서 거기 있는

것 같이 이런 일행한 자를 이미 판단하였노라 (고린도전서 5:3)

판단을 내리는 지침

너희는 재판할 때에 불의를 행하지 말며 가난한 자의 편을 들지 말며 세력 있는 자라고 두둔하지 말고 공의로 사람을 재판할지며 (레위기 19:15)

네 하나님 여호와께서 네게 주시는 각 성에서 네 지파를 따라 재판장들과 지도자들을 둘 것이요 그들은 공의로 백성을 재판할 것이니라 (신명기 16:18)

재판장은 자세히 조사하여 그 증인이 거짓 증거하여 그 형제를 거짓으로 모함한 것이 판명되면 (신명기 19:18)

주는 이제 내게 지혜와 지식을 주사 이 백성 앞에서 출입하게 하옵소서 이렇게 많은 주의 백성을 누가 능히 재판하리이까 하니 (역대하 1:10)

온 이스라엘이 왕이 심리하여 판결함을 듣고 왕을 두려워하였으니 이는 하나님의 지혜가 그의 속에 있어 판결함을 봄이더라 (열왕기상 3:28)

외모로 판단하지 말고 공의롭게 판단하라 하시니라 (요한복음 7:24)

밖에 있는 사람들을 판단하는 것이야 내게 무슨 상관이 있으리요마는 교회 안에 있는 사람들이야 너희가 판단하지 아니하랴 밖에 있

는 사람들은 하나님이 심판하시려니와 이 악한 사람은 너희 중에서 내쫓으라 (고린도전서 5:12-13)

성도가 세상을 판단할 것을 너희가 알지 못하느냐 세상도 너희에게 판단을 받겠거든 지극히 작은 일 판단하기를 감당하지 못하겠느냐 (고린도전서 6:2)

우리가 천사를 판단할 것을 너희가 알지 못하느냐 그러하거든 하물며 세상일이랴 (고린도전서 6:3)

내가 너희를 부끄럽게 하려 하여 이 말을 하노니 너희 가운데 그 형제간의 일을 판단할 만한 지혜 있는 자가 이같이 하나도 없느냐 (고린도전서 6:5)

그러므로 먹고 마시는 것과 절기나 초하루나 안식일을 이유로 누구든지 너희를 비판하지 못하게 하라 (골로새서 2:16)

예수님께서 판단을 내리신 기준들

그가 여호와를 경외함으로 즐거움을 삼을 것이며 그의 눈에 보이는 대로 심판하지 아니하며 그의 귀에 들리는 대로 판단하지 아니하며 공의로 가난한 자를 심판하며 정직으로 세상의 겸손한 자를 판단할 것이며 그의 입의 막대기로 세상을 치며 그의 입술의 기운으로 악인을 죽일 것이며 (이사야 11:3-4)

내가 아무 것도 스스로 할 수 없노라 듣는 대로 심판하노니 나는 나의 뜻대로 하려 하지 않고 나를 보내신 이의 뜻대로 하려 하므로 내

심판은 의로우니라 (요한복음 5:30)

너희는 육체를 따라 판단하나 나는 아무도 판단하지 아니하노라 만일 내가 판단하여도 내 판단이 참되니 이는 내가 혼자 있는 것이 아니요 나를 보내신 이가 나와 함께 계심이라 (요한복음 8:15-16)

사람이 내 말을 듣고 지키지 아니할지라도 내가 그를 심판하지 아니하노라 내가 온것은 세상을 심판하려 함이 아니요 세상을 구원하려 함이로라 (요한복음 12:47)

나를 저버리고 내 말을 받지 아니하는 자를 심판할 이가 있으니 곧 내가 한 그 말이 마지막 날에 그를 심판하리라 (요한복음 12:48)

부당한 판단을 피하는 법

너를 고발하는 자와 함께 길에 있을 때에 급히 사화하라 그 고발하는 자가 너를 재판관에게 내어 주고 재판관이 옥리에게 내어 주어 옥에 가둘까 염려하라 (마태복음 5:25)

비판을 받지 아니하려거든 비판하지 말라 (마태복음 7:1)

너희가 비판하는 그 비판으로 너희가 비판을 받을 것이요 너희가 헤아리는 그 헤아림으로 너희가 헤아림을 받을 것이니라 (마태복음 7:2)

비판하지 말라 그리하면 너희가 비판을 받지 않을 것이요 정죄하지 말라 그리하면 너희가 정죄를 받지 않을 것이요 용서하라 그리하면

너희가 용서를 받을 것이요 (누가복음 6:37)

그러므로 남을 판단하는 사람아, 누구를 막론하고 네가 핑계하지 못할 것은 남을 판단하는 것으로 네가 너를 정죄함이니 판단하는 네가 같은 일을 행함이니라 (로마서 2:1)

이런 일을 행하는 자를 판단하고도 같은 일을 행하는 사람아, 네가 하나님의 심판을 피할 줄로 생각하느냐 (로마서 2:3)

먹는 자는 먹지 않는 자를 업신여기지 말고 먹지 않는 자는 먹는 자를 비판하지 말라 이는 하나님이 그를 받으셨음이라 (로마서 14:3)

그러므로 때가 이르기 전 곧 주께서 오시기까지 아무 것도 판단하지 말라 그가 어둠에 감추인 것들을 드러내고 마음의 뜻을 나타내시리니 그 때에 각 사람에게 하나님으로부터 칭찬이 있으리라 (고린도전서 4:5)

우리가 우리를 살폈으면 판단을 받지 아니하려니와 우리가 판단을 받는 것은 주께 징계를 받는 것이니 이는 우리로 세상과 함께 정죄함을 받지 않게 하려 하심이라 (고린도전서 11:31-32)

형제들아 서로 비방하지 말라 형제를 비방하는 자나 형제를 판단하는 자는 곧 율법을 비방하고 율법을 판단하는 것이라 네가 만일 율법을 판단하면 율법의 준행자가 아니요 재판관이로다 입법자와 재판관은 오직 한 분이시니 능히 구원하기도 하시며 멸하기도 하시느니라 너는 누구이기에 이웃을 판단하느냐 (야고보서 4:11-12)

하나님께서 예수님에게 심판의 권한을 넘기심

아버지께서 아무도 심판하지 아니하시고 심판을 다 아들에게 맡기셨으니 (요한복음 5:22)

심판의 기준이 되는 원칙들

무릇 율법 없이 범죄한 자는 또한 율법 없이 망하고 무릇 율법이 있고 범죄한 자는 율법으로 말미암아 심판을 받으리라 (로마서 5:12)

남의 하인을 비판하는 너는 누구냐 그가 서 있는 것이나 넘어지는 것이 자기 주인에게 있으매 그가 세움을 받으리니 이는 그를 세우시는 권능이 주께 있음이라 (로마서 14:4)

네가 어찌하여 네 형제를 비판하느냐 어찌하여 네 형제를 업신여기느냐 우리가 다 하나님의 심판대 앞에 서리라 (로마서 14:10)

그런즉 우리가 다시는 서로 비판하지 말고 도리어 부딪칠 것이나 거칠 것을 형제 앞에 두지 아니하도록 주의하라 (로마서 14:13)

신령한 자는 모든 것을 판단하나 자기는 아무에게도 판단을 받지 아니하느니라 (고린도전서 2:15)

예언하는 자는 둘이나 셋이나 말하고 다른 이들은 분별할 것이요 (고린도전서 14:29)

판단/비판/심판/재판에 관한 요약: 하나님은 통치자이시며 세상을 판단하시는 심판자이시다(요한계시록 19:11, 20:12-13, 히브리서 10:30, 이사야 33:22). 하나님은 모든 심판을 예수님께 일임하셨다(요한복음 5:22). 그리고 때로는 영적인 지도자들에게 심판을 맡기시는 경우도 있다(출애굽기 18:13, 16, 22, 26, 신명기 17:9, 25:1-2, 고린도전서 5:3).

하나님은 우리에게 올바른 판단을 위한 다양한 지침을 주셨다. 그것은 부자나 가난한 자의 편을 들지 않는 것(레위기 19:15, 야고보서 2:2-4), 정의롭게 판단하는 것(신명기 16:18), 부지런히 취조하는 것(신명기 19:18), 하나님의 지혜를 구하며 기도하는 것(역대하 1:10), 겉모양을 보고 판단하지 않는 것(요한복음 7:24), 교회 밖의 사람들이 아니라 교회 안의 사람들을 판단하는 것(고린도전서 5:12), 먹는 것, 마시는 것, 정기 안식일 등등의 규례에 관해서는 판단하지 말 것(골로새서 2:16) 등이다.

예수님은 사람을 겉모양으로 판단하지 않으시고 오직 의로움으로 판단하셨다(이사야 11:3-4). 예수님은 오직 하나님이 보여주시는 것을 따라 판단하셨다(요한복음 5:30). 그러나 예수님의 말씀은 마지막에 사람들을 심판(판단)할 기준이 될 것이다.

판단(비판)은 극소화하는 것이 바람직하다. 판단(비판)을 줄이는 방법은 꼭 필요한 경우가 아니라면 판단하지 말라(마태복음 7:1), 적이라 할지라도 빨리 화해하라(마태복음 5:25), 다른 사람을 비판한 나의 그 혹독한 말로 나도 동일하게 비난을 받게 된다는 것을 기억하라(마태복음 7:2), 내가 저지르는 일을 다른 사람도 하면 다른 사람은 비난하지 말라(로마서 2:1), 다른 사람이 먹는 것으로 그 사람을 판단하지 마라(로마서 14:3), 마지막 날에 하나님이 인간의 마음과 행위를 심판하시리라는 것을 믿어라(고린도전서 4:5), 하나님이 판단하시기 전에 내가 먼저 나 자신을 판단해 보라(고린도전서 11:31-32), 형제(자매)에 관한 악한 말을 하지 말라(야고보서 4:11-

12) 등이다.

    판단/비판에 관련된 성경의 원리들은, 사람들이 하나님의 법에 관한 지식이 있는가 고려하라(로마서 2:12), 하나님으로 하여금 그의 종을 심판하시게 하라(로마서 14:4), 우리의 형제를 판단하지 말라(로마서 14:10, 13) 등이다. 예언자들도 결국 심판을 받을 것이다(고린도전서 14:29). 영적인 자들은 육적인 자들을 판단한다. 그러나 육적인 자들은 영적인 자들을 판단할 수 없다(고린도전서 2:15).

    판단함에 관한 나의 개인적인 요약: 일단 판단(비판)이라면 무슨 판단(비판)이라도 적게 하는 것이 상책이다. 극단적인 판단(비판)은 죄에 이르는 길이다. 그리고 계속 상대방을 판단(비판)하면, 부정적인 반응들만 나에게 돌아온다.

    어떠한 판단/비판이든지 하려면, 하나님과 대화하면서 하는 신앙일지를 쓰면서만 한다. 하나님께서 나에게 판단(비판)하라고 하시는 일에 대해서는 판단(비판)한다. 그러나 그 판단(비판)에 관련된 분노는 해가 지기 전까지 모두 내려놓는다. 만약에 그렇게 하지 않으면 사단-마귀가 틈을 타서 나로 죄를 짓게 할 것이다(에베소서 4:26).

    내가 과거에 제대로 분별하지 못한 것이 하나 있다. 나는 판단(비판)으로부터 나오는 분노의 에너지를 몇 주, 몇 달, 심지어 몇 년 동안이나 간직하고 있었던 적도 있다. 왜냐하면, 부패한 제도에 대해 분노를 품는 것은 잘하는 일이라고 생각했기 때문이다. 바로 그 영역이 내가 죄를 지은 영역이다. 내 마음의 판단(비판)으로 분노의 영을 그렇게 오랫동안 부추길 필요가 없다는 사실을 새롭게 깨달았다. 주님, 새로운 진리를 보여 주신 것에 감사합니다.

부록 E 해몽에 관한 가르침

꿈에 관하여

1. 당신 자신의 꿈을 해몽하는 5년 이상의 경험을 갖고 있지 않은 경우, 꿈 해몽의 전문가로 자처하지 말라.
2. 당신 자신이 곤경(한계)에 부딪치면, 영적인 상담자에게 물어보라.
3. 꿈 해석에 관하여 기독교인들이 적은 책자들을 읽어보아라. 헤르만 리플의 저서인 《꿈들: 내적인 지혜》라든지 나의 저서인 《꿈과 환상에 관한 성경적인 연구》와 같은 책이 도움이 될 것이다.
4. 꿈을 운명적으로 받아들일 필요는 없다. 믿음으로 행동하면, 기대하는 결과는 언제나 달라질 수 있다.
5. 꿈을 실현시키기 위해서는 행위가 따라야 한다.

상징에 관한 훈련을 받으라

상징을 가지고 창조적으로 놀이할 수 있는 방법 중에 하나는 성경 퍼즐을 가지고 게임을 하는 것이다. 다른 사람에게 어떤 특정한 단어가 생각나게 하기 위해서, 말이 아니라 그림을 그리면서 설명함으로, 그 사람으로 하여금 짐작으로 알아맞히기 게임을 하면, 상상으로 대화하는 기술이 발달한다.

객관적인 꿈과 주관적인 꿈을 분별하는 법

주관적인 꿈들

대부분의 꿈들은 (아마도 95%) 주관적이다. 즉, 꿈들이 바로 "나"에 관한 것들이라는 뜻이다. 그러므로 그러한 꿈에 나타나는 등장인물들조차도 사실은 "나의 일부"일 뿐이다. "적어도 내가 아는 한에 있어서는, 이 등장인물의 성격적인 특성은 무엇인가?"라는 질문을 해봄으로써, 그 꿈속의 등장인물이 자기 자신을 나타내는 것인지 아닌지 판독해 낼 수 있다.

꿈에 나타나는 동물은 대부분의 경우에 당신 자신의 감정이다. 그러므로 "이 동물은 나의 어떤 감정을 상징하는 것일까?"라는 질문을 해보는 것이 좋을 것이다. (예를 들자면, 화가 난 황소, 호기심 많은 고양이, 교활한 여우, 만족한 암소 등…)

꿈을 해석하는 가장 좋은 방법은 첫 상징으로부터 해석하기 시작하는 것이다. 그리고 다음 상징으로 옮겨간다. "이러한 상징으로 대표되는 것 중에서, 내가 지금 현실의 상황에서 경험하는 것은 무엇인가?" 하는 질문을 해 보라. 예를 들자면, 꿈속에서 자동차가 거꾸로 가고 있다면, "내가 느끼기에 현실에서 무슨 일이 거꾸로 돌아간다고 느끼고 있는가?"라는 질문을 해보면 좋을 것이다. 만약에 꿈속에서 엄마 또는 아빠가 당신의 자동차를 몰고 가고 있다면, "현실의 삶에서 누가 나의 삶을 주관하고 조종하는 사람이 있는가?"라는 질문을 해보는 것이 합당하겠다.

객관적인 꿈들

아마도 우리의 꿈들 중에 5%정도는 객관적인 꿈일 것이다. 객관적인 꿈은 "나" 자신에 관한 꿈이 아니라 현실세계에 관한 꿈이다.

예를 들자면, <<하나님과의 교통>>이라는 책에서 제시된 좌측/우측 뇌 실험에서 7.7점 이상의 성적을 받은, 한 동네이기는 하지만 다른 집에 사는 3명의 여인들이 있었다. 그들이 어느 날 밤에 꿈을 꿀 때에, 살인/강간/절도가 그들이 사는 동네에서 발생하는 것을 생생하게 보는 꿈을 3명이 동일하게 꾸었다. 사실, 그날 밤에 그 동네에는 그러한 사건이 발생하였다. 물론 모든 객관적인 꿈들이 이렇게 무시무시한 내용을 담고 있는 것은 아니다. 예를 한 가지 들어보기 위해 제시한 것뿐이다.

객관적인 꿈들은 더 많이 공공연하게 대중에게 소개가 된다. 성경에 기록된 꿈의 대부분은 객관적인 꿈들이다.

꿈이 주관적이 아니고 객관적인 것이라는 것을 발견하는 3가지의 중요한 단서들

1. 꿈이 주관적인 상황에 들어맞지 않는다. 그러므로 하나님께 먼저 물어보아야 하는 것은 "주님, 제 자신이 고민하는 문제가 이 꿈속에 반영이 되어 있습니까?"라는 질문이다. 그리고 아무리 생각해도 그 꿈속에 내가 고심하는 문제가 없는 경우는, 영적인 상담자에게 그 꿈을 가지고 간다해도 그 꿈과 당신의 마음의 문제를 연결시킬 수 없을 것이다. 그러한 경우는 그 꿈이 주관적인 꿈이 아니라는 결론을 내려야한다.
2. 꿈속의 사건이 환상적인 것들이 아니다(예를 들자면, 날아다니는 집이라든지…).
3. 꿈속에 등장하는 인물과 당신은 현실 생활에서 아주 밀접하게 감정적으로 관련이 되어 있는 사람이다(예를 들자면, 당신과 아주 강한 인간관계를 형성하는 그 사람이 꿈속에 나타나는 경우이다).

꿈 해몽의 본보기

나는 토론토의 공항 기독교 센터(Toronto Airport Christian Center)에서 〈하나님과의 교통〉이라는 주제로 가르친 적이 있다. 일주일 동안 35명의 목회자들을 대상으로 실시한 이 세미나가 끝나갈 무렵, 마이크 바스티엔 목사라는 분이 내가 빠른 속도로 쏟아 붓는 모든 정보들을 도저히 따라갈 수 없다고 말했다. 그래서 나는 그에게 《〈하나님과의 교통〉》이라는 책, 카세트, 비디오 등을 건네주고, 시간이 있을 때에 다시 한 번 복습해 보라고 권하였다. 그렇지만, 그는 집으로 돌아가서 내 책을 읽었다는 답장을 주는 대신에, 자신이 이상한 꿈을 꾸었다는 전자메일을 보내주었다. 아래의 내용은 내가 마이크 목사와 주고받은 전자메일의 내용을 마이크의 허락을 받아서 게재한 것이다.

마이크 씨가 나에게 보낸 전자메일

내가 고등학교에 재학 중일 때에, 나는 학교버스를 타고 학교에 등교하곤 했습니다. 그런데 버스시간에 늦어서 다가오는 버스를 향해 뛰어가고 있었습니다. 그때 장인어른이 갑자기 그 차로 올라타더니 차가 떠나버렸고, 나는 학교버스를 놓쳐버렸습니다. 나는 운전자가 나를 보고도 기다리지 않았다는 사실에 짐짓 당황했습니다. 나는 운전자가 조지인지 알고 싶어서 자세히 들여다보았습니다. 운전자는 조지였습니다. (조지와 나는 지금도 가끔 연락을 합니다. 조지는 실제로 내가 고등학교 다닐 때 버스를 운전하던 사람입니다.)

그러자 갑자기 다른 학교버스가 하나 나타났습니다. 그 버스는 다른 학교의 버스이기는 하지만, 나의 학교 근처에 있는 다른 학교의 버스이기에, 나는 버스 운전사에게 양해를 구했습니다. 그러자 버스 운전자는 타라고 허락을 해 주었습니다. 그 버스에 대한 기억은 더 이상 나지 않습니다. 단지 기억할 수 있는 것은 내가 장인어른(프레드 씨)에게 왜 운전자인 조지가 나를 버리고 떠났느냐고 따진 것뿐입니다. 장인어른은 나에게 몇 가지로 대답을 해 주었지만, 그 모든 것은 전혀 말이 맞지 않는 말들일 뿐 아니라, 잘 기억도 할 수 없습니다.

그것이 나의 꿈의 전부입니다. 그런데 나의 장인은 지난 12월에 61세를 일기로 암으로 돌아가셨습니다.

나의 첫 번째 반응

몇 가지 질문과 꿈 해석을 위한 제안을 해보고 싶습니다.
꿈에 나타난 상징들은
- 학교 = 배우고 교육을 받는 장소
- 버스 = 배움의 장소로 가는 교통수단
- 뒤쳐짐 = 남들보다 못하게 될 것에 대한 두려움

그러므로 스스로에게 "지금 나의 상황에서 뭔가 배우고 있는 것이 있으며, 그 것에서 뒤쳐질까 봐 두려워하는 마음이 있는가?"라는 질문을 해야 한다고 저는 생각합니다.

아마도 〈하나님과의 교통〉이라는 세미나에 참석했지만, 모든 것을 다 알아들을 수 없었다는 상황이 다른 사람보다 뒤쳐질 것 같은 두려움을 유발시키지는 않았는지 한번 생각해 보시기 바랍니다. 그러한 두려움이 꿈을 통해서 표출 된 것은 아닌 지요?

그러나 하나님은 꿈을 통해서 선생님의 미래에 희망이 있음을 보여주셨습니다. 첫 번째 버스는 놓쳤지만, 두 번째 버스가 있기에 희망이 있는 것입니다. 예를 들자면, 저의 세미나의 경우에, 〈〈하나님과의 교통〉〉이라는 책을 끝까지 정독하시고, 카세트를 듣고, 비디오를 보며, 인터넷 프로그램인 Christian Leadership University(기독교 리더십 대학)에 등록하여 수강하고, 교회의 영적인 지도자들과 상담을 하며, 기도를 통해 자신이 영적인 일지를 쓴 것을 다른 믿음의 사람들과 나누면, 얼마든지 숙달된 영적인 교통을 하는 사람이 될 수 있습니다.

　꿈에 나타난 인물이 이미 죽었다는 사실에 대해서 크게 신경 쓰시지 마시기 바랍니다. 꿈에 등장하는 인물들은 대부분의 경우에 우리 자신의 일부입니다. 그러므로 "그 인물의 기장 유력한 특색이 무엇인가?"라는 질문을 해봄으로 나 자신의 성격 중에 어떤 것을 나타내는지 알아볼 수 있습니다. 그 꿈은 당신 자신의 죽음에 관한 꿈이 아닙니다.

마이크 씨의 두 번째 전자메일

　응답해 주셔서 감사합니다, 마크 씨. 솔직히 말씀드려서, 제가 기대했던 대답은 아니군요. 당신의 응답은 그럴 듯 하지만, 그래도 아직 돌아가신 장인어른이 왜 내 꿈에 나타났는지 알 길이 없습니다. 장인어른이 내 꿈속에서 뭔가 중요한 역할을 담당하는 것은 아니지요?

나의 두 번째 반응

　장인어른을 생각할 때에, 무엇이 장인어른의 가장 독특한 점이라고 생각하십니까? 그것이 바로 열쇠입니다. 바로 그 특질(characteristic)을 발견하면, 그것이 당신의 일부라는 점을 이해하게 될 것입니다. 당신의 마음은 그림을 통해서 당신 자신에게 뭔가를 말하고 싶어 합니다.

　장인어른은 버스에 올라탔습니다. 어떠한 성격의 특징이 장인어른에게 있었기에, 그러한 것이 가능하게 되었다고 생각하십니까? 즉, 당신 자신 안에 어떠한 특징이 있다면, 배움의 길에서 뒤쳐지지 않게 되겠는가 하는 것입니다.

　장인어른이 지성적인 분이었나요, 아니면 감성적인 분이었나요?

장인어른과 당신을 비교할 때에 당신은 어떻습니까?

　내가 추측하기로는 장인어른은 매우 감성적인 분이 아니셨나 생각됩니다. 왜냐하면 당신의 경우에, 〈하나님과의 교통〉이라는 세미나에서 그 모든 내용을 마음으로 느끼는 것을 보았습니다. 그러나 머리는 전체적인 것을 이해할 수 없다는 메시지를 보낸 것 같습니다.

　내 생각에는 당신의 (분석적인 이성의 기능을 하는) 좌측 뇌는 너무나 경직되어 있는 반면, 장인어른인 프레드로 상징되는 (부드럽게 넘어가는) 우측 뇌는 자연스럽게 반응하는 것 같습니다.

　　　나의 해석에 대해서 어떻게 생각하십니까?

마이크 씨의 마지막 반응

　대단합니다. 제 생각에도 그 해몽이 들어맞는 것 같습니다. 이제는 편안한 마음으로 공부를 할 수 있게 되었습니다.

　하나님의 축복이 함께 하시기를 바라며,

　　　　　　　　　　　　　　　　　　　　　　　마이크 드림

부록 F

그렇지만 모든 것이 갈보리에서 이미 다 이루어지지 않았는가?

질문

성경에 보면, 예수님께서는 갈보리 십자가에서 나의 모든 문제를 모두 해결하셨다는 수많은 구절들이 나온다. 그렇다면, 내가 예수 믿기 전에 가졌던 문제들이, 기독교인이 된 지금까지 영향을 미치고 있다는 사실은 도대체 어떻게 된 일인가? 내가 예수님을 영접하기 전에 발생했던 충격적인 사건들에 대한 영상을 다시 되살려내어 예수님께 치유해 달라고 꼭 부탁을 해야 하나? 우리들은 예수님 안에서 새로운 피조물들이 아닌가? 옛것은 지나가고 모든 것이 다 새롭게 되지 않았는가? 진짜로 새롭게 되었다면, 왜 자꾸 과거를 들춰내려고 하는가?

대답

초신자들의 경우는 자꾸만 과거를 들춰내는 일은 피하는 것이 좋다. 그러나 만약에 과거를 들춰내야만 하는 경우가 생긴다면, 자신에게도 허락을 받고 성령님께도 허락을 받고 나서 하는 것이 좋다. 그리고는 "내 마음속에는 무엇이 들어있나?"라는 질문을 던지기 시작하는 것이다. 그러면 성령님께서 무엇인가를 마음속 깊숙한 곳으로부터 끄집어내 줄 수도 있을 것이다. 그러므로 우리들 자신이 일부러 의식적으로 과거의 죄와 허물들을 들춰내고 자꾸만 파고 들어갈 필요는 없는 것이다. 그러나 성령님께서 보여주시면, 그것은 어쩔 수가 없는 노릇이다. 성령님은 자신이 원하는 시간에 자신이 원하는 방법대로 보여주신다.

　갈보리에서 예수님은 나의 모든 죄의 문제를 해결하기에 충분한 일을 감당하셨다. 그런데 그것이 바로 우리에게 적용되어야 한다. 그리고 그러한 적용은 단계적으로 이루어지는 것이다. 우리들은 죄를 고백하고 회개하며 예수님을 나의 주와 구세주로 영접하면서 구원을 받아들인다. 동시에 예수님께서 우리를 위해 채찍에 맞으심으로 우리가 나음을 입었다는 것을 믿음으로 치유가 우리의 것이 되는 것이다.

　갈보리 언덕의 십자가에서 죽으심으로 모든 정사와 권세를 제압하신 나사렛 예수 그리스도의 그 권능의 이름을 의지해서 악령 축출을 시도할 때, 우리들의 삶에 침투해 들어온 귀신을 내어 쫓는 것은 우리의 것이 된다.

　하나님께서 갈보리에서 이루신 일들은 우리가 우리의 삶의 각 부분에 적용을 해 넣을 때에만이 그 충만한 효력을 발생한다.

　그러므로 우리는 하나님의 기쁘신 뜻을 위하여 우리로 소원을 두시고 행하게 하시는 하나님이 계시기에, 항상 복종하면서 두렵고 떨림으로 구원을 이루어 가야 한다(빌립보서 2:12-13). 구원을 받을 때에 우리 모두는 성령님을 받았다. 그리고 신앙이 자라가면서 내 안에 계신 성령님으로 더 많이 나를 다스리시게 허락한다. 마음을 치유하는 7가지의 기도는 다른 것이 아니다. 오직 성령님으로 내 안에서 역사하시도록 허락하는 기술일 뿐이다.

아들의 이가 시린 경우?

　에스겔과 예레미야가 한 예언을 한번 살펴보자. 아들의 이가 시리지 않겠다는 것은 아버지의 죄가 아들에게 아무런 영향을 미치지 않는다는 뜻인가(예레미야 31:29, 에스겔 18:1-4)?

아니다. 이 성경구절은 아버지의 죄가 아들의 죄도 되느냐 하는 것에 관한 구절일 뿐이다. 아버지가 죄를 지었다고 해서 아들도 죄인이 되는 것은 아니다. 그러나 아버지가 죄를 지으면 아들도 데미지(상처, 피해, 손해, 손상)를 받게 되어 있다. 아버지의 죄에 대해서는 자녀들이 하나님 앞에서 심판을 받게 되지도 않을 것이므로 죄책감을 가질 필요도 없다. 그러나 아버지가 죄를 지은 경우, 그 자녀들은 그 아버지의 죄로부터 온 영향력을 극복해 내려는 노력을 일생동안 하지 않으면 안 되게 되는 것이다.

아래의 성경구절들은 죄의 결과가 아닌 죄에 대한 죄책감과 심판을 다루는 구절임을 명심하라.

> 신 포도를 먹는 자마다 그의 이가 신 것 같이 **누구나 자기의 죄악으로 말미암아 죽으리라** (예레미야 31:30)

> 모든 영혼이 다 내게 속한지라 아버지의 영혼이 내게 속함 같이 그의 아들의 영혼도 내게 속하였나니 **범죄하는 그 영혼은 죽으리라** (에스겔 18:4)

부록 G 지성(mind)과 심성(heart)

지성(mind)과 심성(heart)

나 자신을 포함하여 서구 문화에서는 이성주의를 숭상해왔다. 이성주의는 "종교적인 진리를 설립하기 위해 이성에 의존하는 것"을 뜻한다. 그러나 신앙이 이성에 의존해야 한다는 말은 성경에는 없는 말이다. 도리어 성경에 위배되는 생각이다. 성경은 말씀하시기를 "너는 마음을 다하여 여호와를 의뢰하고 네 명철을 의지하지 말라"라고 하기 때문이다(잠언 3:5).

우리가 하나님의 계시보다 나의 지성에 의존했을 때, 우리는 하나님보다는 나의 이성을 더욱 신뢰하는 것이다. 그러한 경우에 이성은 우상이 된다. 이러한 상황을 이해하는 기독교인들 중에 일부는 이성은 아예 무시해 버리고 오직 성령만 강조한다. 즉, 반지성주의자들이 되는 것이다. 나는 위의 두 가지의 입장이 모두다 극단적이라고 생각한다.

이 부록은 나의 저서인 《《하나님의 강물 안으로 깊이 걸어 들어가기》》 중에서 인용한 부분이다. 지성과 심성의 문제에 관한 깊은 이해를 원하는 사람들은 나의 다른 저서인 《《어떻게 아는가?》》를 참조하기 바란다.

성경에서 이성을 사용한 4가지의 본보기

복음서에 보면 "이성"(의논)이라는 뜻의 단어가 부정적으로 사용된 경우가 4번 등장한다.

1. 마태복음 16:5-12. 제자들은 서로 의논하였으나 믿음이 없음으로 깨닫지 못하였다는 말씀이다. 예수님은 제자들을 꾸짖으셨다.
2. 마가복음 2:5-12. 바리새인들이 서로 의논하였으나 예수님이 메시아라는 계시에 도달하지 못한다.
3. 마가복음 8:15-18. 제자들은 의논하였으나 깨닫지 못하고 마음이 둔하며 눈은 있어도 보지 못한다고 예수님에게 꾸지람을 들었다.
4. 누가복음 5:21-22. 서기관과 바리새인들이 의논하였으나 죄를 용서할 수 있는 권세가 있는 예수님이 누군지 알 수 없었다.

잘못된 이성(의논, 추론)에 관한 요약

믿음과 성령님의 계시의 부재 가운데 진행되는 영적인 일에 관한 추론들, 그리고 우리의 이성을 만져 주시는 하나님의 기적의 손길이 없는 영적인 일에 관한 지적인 추구는 잘못된 결론으로 치닫게 된다.

그러므로 예수님으로부터 꾸지람을 받지 않으려면, 성령님의 기름 부으심을 받은 생각으로 모든 영적인 것을 판단해야 할 것이다.

기름 부으심을 받은 지성의 정의

성령님께서 영적인 관점을 보여주시고 성령님의 운행하심에 따라 분석적으로 이해할 수 있게 해 주셔서 믿음의 마음으로 영적인 것을 보는 눈을 열어주시는 과정이다.

기름 부으심을 받은 지성에 관한 성경적인 예증

우리 중에 이루어진 사실에 대하여 처음부터 목격자와 말씀의 일꾼

된 자들이 전하여 준 그대로 내력을 저술하려고 붓을 든 사람이 많은지라 그 모든 일을 근원부터 자세히 미루어 살핀 나도 데오빌로 각하에게 차례대로 써 보내는 것이 좋은 줄 알았노니 이는 각하가 알고 있는 바를 더 확실하게 하려 함이로라 (누가복음 1:1-4)

기름 부으심을 받은 지성에는 자세히 미루어 살피는 일이 포함된다

누가는 모든 것을 자세하게 조사했다. 그것을 좌측 뇌를 사용하는 지적인 활동 같은 것이다. 조사하는 것과 분석하는 것은 좌측 뇌의 영역이기 때문이다.

성령님의 흐름이 추론하는 과정을 인도한다면, 기름 부으심을 받은 지성을 소유할 수 있다

이성적인 사고를 통한 연구와 조사를 통하기만 하면 모든 영적인 진리를 알 수 있다고 한다면, 누구든지 지성적인 사람이라면 예언과 계시에 입각한 통찰력이 풍부한 영적인 진리를 발견하게 될 것이다. 그러나 누가가 누가복음을 기록할 당시에 단순히 이성을 사용한 것 그 이상의 어떤 것이 작용했다고 나는 믿는다. 성령님께서 누가를 감동시키신 것이다. "모든 성경은 하나님의 영감으로 된 것으로…" (디모데후서 3:16). 영감 내지는 생수의 강의 그 흐름이 이성을 인도하고 조사과정을 지도했다. 우리들도 하나님 앞으로 다가갈 때, 하나님의 강물로 우리들의 이성이 흘러가도록 믿음 가운데 하나님께 의지해야 한다. 그러면 우리는 지적인 사고를 하는 가운데에서도 우리의 정신은 흐름을 따라가면서 다른 길로 들어서지 않게 된다. 성령님의 흐름은 보통으로는 지각할 수 없는 큰 통찰력을 불러오며 모든 것을 하나님의 관점에서 바라보게 도와준다. 인간은 이성의 힘만으로는 인간의 관점에서 모든 것을 바라볼 수밖에 없다.

유의사항: 우리는 성경에 새로운 계시를 더할 수 있는가? 성경을 기

록하게 한 바로 그 기름 부으심을 받은 지성에 더 이상 더할 것은 없다. 성경은 그 자체로 완결된 것이며, 우리들이 기름 부으심을 받은 이성이 있다 하더라도, 성경의 권위에 종속되어야 한다. 성경에 어떠한 다른 것을 더할 필요가 없다는 것은 지난 2,000년간 기독교인들의 의견일치라고 보아야 할 것이다.

앨버트 아인슈타인을 인용하고자 한다. "나는 하나님의 생각을 알기 원한다…. 나머지 모든 생각들은 하나님의 생각에 비하면 부수적인 것들일 뿐이기 때문이다." 물론이다. 지난 수백 년 동안 모든 과학의 기반이었던 뉴턴의 물리학적인 원리를 바꾸어 놓은 것은 아인슈타인의 상대성 이론과 양자역학의 발명이다.

아인슈타인은 그가 자신의 "이론"을 어떻게 발전시켰는지에 대해서 이렇게 말한다. "아이디어들이 내 머릿속에서 춤을 추었다." 내 귀에는 마치 영의 흐름을 말하는 것같이 들린다. 아인슈타인은 말하기를, 언덕의 잔디밭에 누워서 반쯤 눈을 감고 하늘을 쳐다보면서 햇살의 줄기를 타고 미끄러져 내려가면 기분이 어떨까 하는 상상을 하다가 갑자기 상대성 이론이 머리를 스쳐 지나갔다고 한다. 이것은 뇌 전체를 전부 사용했다는 증거이다. 좌측 뇌의 질문, 우측 뇌의 영상, 그리고 제 3의 뇌의 번득이는 착상(illumination)이 그것이다. 하나님께서 우리에게 사용하라고 주신 뇌는 그렇게 사용이 되어야 한다.

제 3의 뇌는 소뇌(cerebellum)이다. 소뇌는 대뇌(cerebrum)의 밑에 있다. 과학자들은 말하기를 초월적인(영적인) 경험은 바로 이 소뇌를 통해서 이루어진다고 한다. 물론 과학은 아직도 뇌의 기능 중에 지극히 일부분을 밝혀냈을 뿐이다. 나는 추측하기를 아마도 제 3의 뇌에 우리의 마음이 존재하지 않을까 생각한다. 물론 아닐 수도 있다. 하여간 중요한 것은 어디에 위치해 있느냐가 아니라, 영적인 체험을 하는 것이다! 계속 마음의 체험을 하라!

부록 H

성경 묵상

성경을 묵상하면, 조명, 계시, 지식, 그리고 기름 부으심으로 인한 추리력이 생긴다.

이것은 하지 말라	이것은 하라
좌측 뇌	전체 뇌/ 마음
연구/ 이성적인 인본주의	묵상/ 신적인 계시
1. 고백하지 않는 죄가 있어도 괜찮다.	1. 예수님의 피로 씻어라
2. 선입견은 누구나 가지는 것이다.	2. 언제나 배울 수 있는 태도를 가져라
3. 독립적이 되어라. "나는 무엇이든지 할 수 있다…."의 태도	3. "주님, 보여 주세요."라는 기도를 드려라
4. 빨리 읽어치워라	4. 천천히, 숙고하면서, 명상하라
5. 이성과 분석에 의존하라	5. 기름 부으심 받은 이성, 피어나는 영상, 음악, 말씀을 모두 혼합하라
6. 특정한 목적 없이 읽어도 좋다	6. 집중된 목적을 가지고 읽어라
7. 통찰력이 생기면 "내"가 얻어낸 것이다	7. 통찰력을 얻으면 하나님께 영광을 돌려라

성경 묵상으로 들어가는 7단계

1. 주님, 당신의 피로 깨끗이 씻어 주소서. 신적인 계시를 받는 것이 모든 성경 묵상의 핵심이므로, 회개하고 어린양의 피로 씻음으로 인하여 성령님으로부터 계시를 받을 수 있도록 마음을 준비해야한다. 그 과정은 이전에 (성령님으로부터) 받은 계시에 대해 순종해야 하며(마태복음 7:6), 모든 죄를 회개하는 것을 포함한다. 그래야만 계속되는 계시가 끊어지지 않는다(이사야 59:1-2, 요한1서 1:9).

2. 주님, 제가 배우고 제 자신을 고칠 수 있는 기회를 허락하소서. 계시는 겸손함을 유지하는 사람에게만 주어진다. 교만하고 잘난 척 하는 사람에게는 계시가 주어지지 않는다. 그러므로 계속 하나님 앞에서 열린 마음과 겸손함의 자세를 유지하라. 현재 가지고 있는 생각들에 더 밝은 빛을 비춰주시고, 필요하다면 우리의 생각들을 하나님께서 바꾸어 주시도록 허락하라(야고보서 4:6, 베드로후서 1:19).

3. 주님, 저의 재간을 활용하지 않겠습니다. 성경 묵상 시간은 성령님께서 보여주시는 것을 보고 듣는 시간이지, 자신의 재능을 발휘하는 시간은 아니다(요한복음 5:19-20, 30). 그러므로 자신의 지성을 마음껏 발휘하여 성경을 해석하려고 시도하지 말라. 오직 심령을 하나님께 바치고, 하나님께서 나의 지성과 심성에 기름을 부으셔서, 영적인 눈이 뜨여지게 맡겨라(로마서 12:1-2, 잠언 3:5-7). 오직 자신의 정신력만 가지고 성경을 읽으면, 성경이 살아 있는 하나님의 말씀으로 다가오지 않는다(히브리서 6:1-2).

4. 주님, 저의 마음의 눈이 빛을 받기 원합니다. 성경을 천천

히 읽어라. 읽는 말씀 하나 하나를 심사숙고 하면서 지성, 감성, 심성을 다해 반복 묵상하라. 읽어 가면서 하나님께서 지혜의 은사와 하나님을 아는 계시의 은사를 허락해 주시도록 끊임없이 기도하라(에베소서 1:17-18, 시편 119:18).

5. 주님, 나 자신의 상상할 수 있는 능력과 추론할 수 있는 이성을 주님 앞에 내어놓습니다. 하나님의 성령으로 가득 채워 차고 넘치게 하여 주시옵소서. 성경 묵상은 우리의 능력을 하나님 앞에 내어놓고 하나님이 그것을 사용하실 수 있도록 맡기는 과정이다. 하나님 앞에 내어놓아야 할 능력은, 추론하는 능력을 가진 좌측 뇌와 상상력을 발동시키는 우측 뇌이다. 뇌의 모든 부분을 하나님께서 인도하시고 성령의 능력으로 차고 넘치게 채우시도록 하라. (성령의 흐르심이 있는) 하나님의 강물을 기대하라. 그러면 기름 부으심이 있는 이성과 꿈과 환상을 보게 될 것이다. 성경의 진리를 발견하면서 깊이 생각하고, 예언을 말하고, 계시를 받아 적고 하는 과정 중에 (찬송가나 CCM 같은) 음악도 도움이 될 것이다.

6. 주님, 내가 당면하는 과제의 해결책을 보여 주시옵소서. 관심의 초점은 심령에 집중할 수 있는 에너지를 발생시킨다. 그러므로 특별한 관심사가 있으면, 성령의 계시를 받기가 더 용이하다. 예를 들자면, 그냥 종이에 내리 쪼이는 햇빛과 비교해 볼 때, 확대경을 통해서 집중적으로 종이를 때리는 햇빛의 강도는 전혀 다른 것이다. 집중된 태양 에너지는 종이를 불태울 만한 능력을 발휘한다. 그러므로 영적인 새로운 이해를 갈망하는 마음은 그 갈급하게 추구하는 집중으로 인하여 평상시에는 볼 수 없었던 것도 볼 수

있게 된다.
7. 보여주신 모든 것에 대해서 감사합니다, 주님. 계시는 내 주하시는 성령님으로부터 온다는 점을 항상 명심해야 한다. 그러므로 모든 계시에 대해서는 성령님께만 영광을 돌려야 하겠다(에베소서 3:21).

"묵상"에 관한 히브리어와 헬라어

스트롱의 용어색인(Strong's Exhausive Concordance)에 의하면, "명상하다" 내지는 "묵상하다"에 관련된 특정한 헬라어와 히브리어가 있다. 그러한 히브리에 관한 스트롱의 번호는 1897, 1900, 1901, 1902, 7878, 7879, 7881이다. 그리고 신약성경의 번호는 3191과 4304이다.

스트롱의 용어색인(《《Strong's Exhausive Concordance》》)에 따른 "명상하다" 또는 "묵상하다"의 문자적인 의미
중얼거림, 자신과 대화를 함, 크게 소리를 냄, 말을 함, 의논함, 재잘거림, 대화, 울부짖음, 한탄함, 중얼거리는 소리, 음악소리, 공부, 깊은 생각, 마음에서 맴도는 것, 영상, 기도, 내성, 애착.

좌측 뇌의 기능에 관련된 뜻들: 연구, 머릿속에서 맴도는 것, 중얼거림, 중얼거리는 소리, 대화, 말을 함, 의논, 의사소통.

우측 뇌의 기능에 관련된 뜻들: 상상함, 음악소리, 한탄함, 종알거림, 재잘거림(풀러 신학교의 실험에 의하면 방언은 우측 뇌에서 발생하는 현상으로, 영상, 음악, 감정과 동일한 의미를 가진다고 한다).

마음(제 3의 뇌)의 기능에 관련된 뜻들: 기도, 기도자, 애착, 내성, 깊이 생각함(에베소서 1:17-18).

성경을 묵상하면, 성경을 읽을 때마다 성경의 구절들이 성령의 감동으로 채색된다(illuminated verse). 조명(illumination)이라는 것은 성경의 글자들이 종이를 뛰어넘어서 읽는 사람의 온 존재를 때려 삶의 통찰력을 발생시키도록 작용하는 빛이다.

묵상은 전체 뇌의 작용이며 마음의 과정을 동반한다. 그러나 공부는 주로 좌측 뇌를 사용하여 하는 것이다.

어느 쪽의 뇌를 더 많이 사용하는가 하는 조사(Brain Preference Indicator Test)에서 지극히 좌측 뇌를 많이 사용하는 목사들에게 (2.4점) 나는 이러한 질문을 해 보았다. "여러분은 마음에 영상을 떠올립니까?" 그들의 대답은 "전혀 아닙니다."였다. 그 다음에 나는 우측 뇌를 많이 사용하는 목사들(6.7점)에게 물어보았다. "성경을 읽을 때에 마음속에 그림을 그리거나 영상을 떠올립니까?" 그들은 "항상 그렇지요."라고 대답하였다. 그들은 성경공부를 할 때에 밀려오는 영상을 주체할 수 없다고 말했다.

우리들은 추측하기를 모든 사람의 공부하는 방법이 동일할 것이라고 생각한다. 그러나 좌측 뇌를 더 많이 사용하는 사람은 논리적인 이성을 사용하여 성경을 분석하고 따진다. 반면에, 우측 뇌를 더 많이 사용하는 사람은 마음속에 흐름을 사용하여 갑자기 떠오르는 생각, 영상, 음악 등을 사용한다.

성경공부를 위한 회개

그러므로 성경을 묵상하는 시간에는 뇌 전체가 내주하시는 성령님에 의해서 쓰임을 받는다. 반면에 공부를 하는 시간에는 자기 자신의 자아에 의해서 좌측 뇌만이 쓰일 따름이다.

대단한 발견이다! 성경에는 성경을 공부하라는 언급이 전혀 없다. 그러나 성경에는 성경을 묵상하라는 말이 27번이나 나온다! 만약 당신의 성경에 "공부"라는 말이 나온다면, 그것은 그릇된 번역본이다. 그러므로 나같이 좌측 뇌가 발달한 사람은 성경을 읽기 전에 반드시 회개해야 한다. 왜냐하면 성경을 통해서 하나님이 진정으로 하시려고 하시는 말씀을 들으려면 나 같이 지나치게 이성적인 사고에 묶여 있으면 안되기 때문이다.

"영안이 열리는" 획기적인 방법 - 성경 기록

성경구절을 쓰거나 타자로 치면, 그렇게 하지 않을 때에는 보지 못하던 새로운 것들을 보게 된다.

아래의 명령은 하나님께서 왕관을 쓰고 새로 왕이 된 사람에게 주시는 교훈이다. 즉, 처음으로 통치권을 이양 받은 사람에게 주시는 하나님의 교훈이다.

> 그가 왕위에 오르거든 이 율법서의 등사본을 레위 사람 제사장 앞에서 책에 기록하여 (신명기 17:18)

기독교인들은 모두 왕 같은 제사장들이다(베드로전서 2:9). 그렇다면 우리에게도 성경을 복사할 권한이 있지 않은가? 그러므로 성경 복사를 일생의 축복된 생활의 일부로 삼자.

부록 I. 예수님의 치유사역

아래 성경구절들은 예수님께서 치유를 위해 기도하신 41가지의 기록을 정리한 것이다. 복음서에 나타난 41가지 중 12가지가 귀신 축출을 위한 기도였다. 결론적으로 치유를 위한 예수님의 기도 중에서 3분의 1 내지는 4분의 1은 축사기도였다는 것이다. 그리고 복음서를 기록한 기자들은 귀신축출을 통해서 치유가 이루어졌다는 사실을 구체적으로 기록하고 있다. 성경에 기록되어 있지는 않지만, 예수님은 축사의 기도를 더 많이 드렸을 것으로 추정된다.

그러므로 예수님의 사역 패턴을 따른다면, 치유를 위한 기도 중에서 적어도 4분의 1은 귀신 축출에 관한 기도여야 할 것이다. 우리가 치유사역을 하면서 예수님의 패턴을 따르지 않는다면, 누구의 패턴을 따를 것인가? 예수님은 인류 역사상 알려진 최고의 치유자이다. 당신 자신의 치유기도 사역을 재평가해 보면서, 축사의 기도가 남용되는지 아니면 너무나도 적게 사용이 되는지 살펴보라.

예수님의 치유 사역

(축)은 축사사역을 의미한다.

내용, 구절, 유사한 구절들

1. 더러운 귀신들린 남자. 막 1:23-25 (축), 눅 4:33-35 (축)

2. 베드로의 장모. 마 8:14-15, 막 1:30-31, 눅 4:38-39

3. 무리. 마 8:16-17 (축), 막 1:32-34 (축), 눅 4:40-41 (축)

4. 많은 귀신들. 막 1:39 (축)

5. 문둥병자. 마 8:2-4, 막 1:40-42, 눅 5:12-13

6. 중풍병자. 마 9:2-7, 막 2:3-13, 눅 5:17-25

7. 손 마른 사람. 마 12:9-13, 막 3:1-5, 눅 6:6-10

8. 군중. 마 12:15-16, 막 3:10-11

9. 거라사의 광인. 마 8:28-32 (축), 막 5:1-13 (축), 눅 8:26-33 (축)

10. 야이로의 딸. 마 9:23-25, 막 5:35-43, 눅 8:49-56

11. 혈루증을 앓는 여인. 마 9:20-22, 막 5:25-34, 눅 8:43-48

12. 병자들. 마 13:58, 막 6:5-6

13. 무리들. 마 14:34-36, 막 6:55-56

14. 수로보니게 여인의 딸. 마 15:22-28 (축), 막 7:24-30 (축)

15. 귀먹고 어눌한 자. 막 7:32-35

16. 소경. 막 8:22-26

17. 귀신들린 아이. 마 17:14-18 (축), 막 9:14-27 (축), 눅 9:38-43 (축)

18. 소경 바디매오. 마 20:30-34, 막 10:46-52, 눅 18:35-43

19. 백부장의 하인. 마 8:5-13, 눅 7:2-10

20. 두 명의 소경. 마 9:27-30

21. 벙어리 귀신. 마 9:32-33 (축)

22. 눈멀고 벙어리 귀신. 마 12:22 (축), 눅 11:14 (축)

23. 군중. 마 4:23, 눅 6:17-19 (축)

24. 군중. 마 9:35
25. 군중. 눅 7:21 (축)
26. 군중. 마 14:14, 눅 9:11, 요 6:2
27. 많은 군중. 마 15:30
28. 많은 군중. 마 19:2
29. 성전의 저는 자. 마 21:14
30. 과부의 아들. 눅 7:11-15
31. 막달라 마리아와 다른 사람들. 눅 8:2 (축)
32. 꼬부라져 조금도 펴지 못하는 여인. 눅 13:10-13 (축)
33. 고창병 든 사람. 눅 14:1-4
34. 10명의 문둥이. 눅 17:11-19
35. 종의 귀. 눅 22:49-51
36. 군중. 눅 5:15
37. 각종 사람들. 눅 13:32 (축)
38. 왕의 신하. 요 4:46-53
39. 38년 된 병자. 요 요 5:2-9
40. 날 때부터 소경 된 사람. 요 9:1-7
41. 나사로. 요 11:1-44

아래의 성경구절은 한 여인의 질병의 원인이 귀신에 의한 것임을 말해 주는 구절이다.

> 예수께서 안식일에 한 회당에서 가르치실 때에 열여덟 해 동안이나 귀신 들려 앓으며 꼬부라져 조금도 펴지 못하는 한 여자가 있더라 예수께서 보시고 불러 이르시되 여자여 네가 네 병에서 놓였다 하시고 안수하시니 여자가 곧 펴고 하나님께 영광을 돌리는지라 (누가복음 13:10-13)

제자들의 치유사역

아래의 목록들은 예수님의 제자들이, 예수님의 뒤를 따라서 지속하였던 치유사역을 연구하고 싶은 사람들에게 도움이 될 것이다.

1. 예수님의 치유사역이 묘사됨. 마 11:2-6, 눅 7:18-23
2. 열두 제자가 파송됨. 마 10:1-11, 막 3:13-19, 눅 9:1-11
3. 72인의 제자가 파송됨. 눅 10:1-24
4. 제자들이 귀신을 축출하려고 시도함. 마 17:14-21, 막 9:14-29, 눅 9:37-45
5. 묶고 풀러내는 권세. 마 16:13-20
6. 지상 명령. 마 28:16-20, 막 16:14-20, 눅 24:44-53, 행 1:1-11
7. 사도들의 손을 통하여 일어난 이적과 기사. 행 2:22, 42-47
8. 앉은뱅이 거지의 치유. 행 3:1-4
9. 확신과 치유의 표적을 위한 기도. 행 4:23-31
10. 사도들의 손을 통하여 일어난 이적과 기사. 행 5:12-16
11. 스데반의 사역. 행 6:8-15
12. 빌립의 사역. 행 8:4-13
13. 사울과 아나니아. 행 9:10-19
14. 베드로가 룻다에서 애니아를 치유함. 행 9:32-35
15. 베드로가 욥바에서 도르가를 치유함. 행 9:36-43
16. 예수님의 사역. 행 10:34-41
17. 바울이 박수를 소경으로 만듬. 행 13:4-12
18. 이고니온에서의 바울과 바나바의 행적. 행 14:1-7
19. 루스드라의 앉은뱅이. 행 14:8-18

20. 죽음 가운데 다시 일어서는 바울 (루스드라). 행 14:19-20
21. 빌립보의 귀신들린 여종. 행 16:16-40
22. 에베소에 바울이 행한 치유기적. 행 19:8-20
23. 죽었다가 다시 살아난 유두고라는 청년. 행 20:7-12
24. 아나니아를 회고하는 바울. 행 22:12-21
25. 멜리데 섬의 바울. 행 28:1-10
26. 갈라디아서 3:5
27. 히브리서 2:4

부록 J
열렬한 회개 색욕에 관한 문제지

색정은 모든 남자들이 당면하는 문제이고, 여자들도 95%는 이 문제에 관련이 있을 것으로 생각된다. 아래의 본보기는 완결된 "열렬한 회개 문제지"이다. 다루는 주제는 색욕, 춘화, 간통, 간음 등이다.

색욕, 춘화, 간통/간음의 죄가 몰고 올 파괴와 비참함에 관한 세부적인 그림들

"주님, 만약에 제가 색욕, 춘화, 간통/간음의 죄를 저지를 경우에 저의 삶에 발생하게 될 파괴를 적나라하게 그려낼 수 있도록 도와주시옵소서." 적어 내려가면서 성령님의 흐름에 주파수를 맞춰라.

죄가 사람의 마음에서 자라나는 과정

색욕이란 육체의 욕망이 절제할 수 없을 정도로 갑자기 커져서 왜곡되는 경향(변태)이 있는 욕망을 말한다. 이것은 다른 사람에게 주는 것을 전제로 하는 사랑이라는 것이 비꼬아진 형태이다. 왜냐하면, 색욕은 상대방에게 무엇을 요구하면서 자신의 이득을 챙기는 것을 그 목적으로 하기 때문이다. 타인에게 주는 기쁨이 아니라, 남에게서 자신이 원하는 것을 취하는 기쁨을 주로 말한다. 그러므로 색욕은 거짓말이다.

인간의 3대 욕망인 식욕, 성욕, 수면욕들은 일단 탐하게 되면, 탐욕으로 변하고 결국은 사람의 인생을 망치는 결과를 초래한다. 모든 거짓말의 근원은 "내가 조금만 더 가지면 만족하게 될 것이다."라는 전제로부터 출발한다. 더 가짐으로는 절대 만족이 올 수 없다. 욕망은 점차로 커지고, 더 커져서, 그 열정이 점차로 삐뚤어져 나가기까지 자라난다. 바로 그 시점에서 귀신이 틈을 타고 침투하기 시작한다. 그리고 그 결과는 말할 수 없는 비참함이다.

잠시 동안의 즐거움을 선사한다. 그러나 깰 때에는 멸망이 다가온 것을 느낀다. 먼저는 색정이고 다음에는 음란물이며, 거기에서 성적인 부도덕과 간음/간통으로 이어진다. 음란물은 거짓말이다. 왜냐하면 현실을 현실로 그리지 않기 때문이다.

창녀(창남)와 성적인 교접을 하면, 그 창녀(창남)와 관계를 가진 수백, 수천 명의 음란한 영들이 침투해 들어와 들러붙는다. 그러면 우리 자신의 삶의 에너지가 분산되어 버린다. 그리고는 다른 악령들의 에너지를 흡수한다. 그 결과는 부정적인 영향력과 삶의 파괴이다.

죄에 관련된 성서(그리고 다른 자료들)에 의한 원리들

- 무엇이든지 눈을 고정시키는 그것이 우리 안에서 자라나게 되어있다. 만약에 내 눈을 음란과 변태에 집중하면, 그러한 것들이 내 안에서 자라나게 될 것이다. 그러나 내가 눈을 하나님과 아내/남편에 대한 사랑에 집중하면, 그러한 것들이 내 안에서 자라날 것이다. 그러므로 마음의 눈의 시선이 머무는 곳이 어디인지 조심하라.
- 성욕이라는 것은 하나님께서 우리에게 선물로 주신 정력이다. 그러나 어떤 경우는 욕망이 걷잡을 수 없게 되거나, 아니면 욕망이 도리어 사람을 다스리는 사람의 주인이 되어버리는 경우도 있다.

- 음란물은 성경이 금지하는 음란한 것이다.
- "성욕이 끓어오를 때"에 그 에너지를 다방면으로 사용할 수 있다. 인간의 삶 속에 존재하는 힘의 강물은 여러 통로로 배출이 될 수 있다. 그러한 통로들은 성교, 친분, 창조적인 표현, 마음의 동기를 나타냄 등이다. 성욕이 일어나는 것은 친밀한 인간관계로의 부름이고, 선정적인 육체의 접촉 내지는 성 관계로의 욕망이다. 친밀감에 대한 욕망은 친밀한 대화 내지는 친한 인간관계 형성을 통해서 채워질 수 있다. 친분관계는 전화, 편지, 전자메일, 내지는 심지어 하나님과의 대화를 일지에 적음으로 형성된다. 육체적인 감각이나 성적인 에너지의 방출은 운동이라는 통로를 통해서도 이루어질 수 있다.
- "부도덕에 걸려 넘어짐"이라는 주제를 가진 잠언 5장을 묵상하라. "음녀의 간계"를 다루는 잠언 7장을 묵상하라. 잠언 5, 7장을 암송하라. 아니면 중요한 요점들을 적어보라.

나의 죄가 나의 육체적인 건강에 미칠 영향

정욕이 마침내 성적인 부도덕으로 치달았다고 가정해 보라. 성병과 에이즈를 어떻게 감당해 낼 것인가? 고통 속에서 울부짖다가 비참한 죽음을 맞이하게 될 것이다. 뿐만 아니라 공개적으로 치욕을 당하는 꼴이 될 것이다.

나의 죄가 나의 정신적인 건강에 미칠 영향

다른 사람을 인격을 가진 인간으로 바라보지 않고 성적인 대상으로만 바라보는 것은 현실을 왜곡한 것이다. 즉, 현실을 똑바로 보지 못하는 것이다. 삐뚤어진 사람은 현실에서 진정한 기쁨을 맛보지 못한다. 왜냐하면 보는 것마다 오직 한 가지 생각 즉, 음란한 관점으로 모든 것을 바라보게 될 것이기 때문이다.

나의 죄가 나의 영적인 건강에 미칠 영향

죄책감과 벌 받을 것 같은 느낌을 갖게 될 것이다. 영적인 성장도 중단되고 영적인 발전에도 지장이 있을 것이다. 사람의 도덕성은 그 사람의 신학의 정통성으로 판가름된다. 내가 하나님으로부터 멀어진 느낌을 받는다면, 나의 영적인 열정도 식어버릴 것이다. 그러면 영적으로 미지근한 사람이 되어서 불순종의 영에 사로잡히게 될 것이다. 마음이 부드러워지는 대신에 굳은 마음으로 변할 것이다.

나의 죄가 하나님과의 관계에 미칠 영향

나의 성적인 범죄에 대한 죄책감은 하나님으로부터 숨어버리게 만들고, 하나님을 두려워하며, 하나님께 대해서 분노를 품게 만들 것이다. 그러면 영적인 일들을 피해 버리든지, 아니면 위선자로 머물러 있게 될 것이다. 그러면 더 이상 진실하고 솔직한 사람이 아닌 것이다. 솔직하지 않다면, 나는 사악하고 비열한 인간이 되는 것이다. 뿐만 아니라 종교를 비웃는 인간으로 전락할 가능성도 있다.

나의 죄가 내가 잘 아는 주변 사람들에게 미칠 영향

모든 다른 성별을 가진 사람들은 친구라기보다는 성적인 대상물이 될 가능성이 있다. 일단 내가 결혼 서약을 깨뜨리면, 사람들이 나를 믿을 수 없는 인물로 여길 것이며, 다른 어떤 약속이라도 믿지 않으려고 할 것이다. 그러다 보면 나는 타락한 종류의 인간들과 가까워질 가능성이 높아진다.

나의 죄가 나의 배우자와의 관계에 미칠 영향

내가 만일 성적 만족을 다른 곳에서 채운다면, 배우자와의 관계는 식어버린다. 나는 내 배우자와 결혼을 저버리게 되는 것이다. 간음(간통)으로 결혼은 파탄이 날 것이다. 결혼으로부터 얻은 안정, 행복, 기쁨을 모두 잃고, 결국 혼자만 남을 것이다. 집에 들어와도 텅 빈 느낌만 받을 것이다. 결혼 서약을 지키지 않는다면, 다른 모든 약속도 지키지 않는 사람으로 취급될 것이다. 이 사람 저 사람을 만나면서 이리저리 돌아다니다가 결국 혼자만 덩그러니 남게 된다.

나의 죄가 나의 자녀들에게 미칠 영향

자녀들의 사랑, 존경, 그리고 공경하는 마음들을 모두 다 잃게 될 것이다. 자녀들에게 피해를 주었다는 자책감에, 나 자신에게 화가 치밀어 오를 것이다. 나의 자녀들은 홀어머니 밑에서 자라면서 상처를 받을 것이고, 심지어는 하나님 아버지와 가정에 대한 부정적인 개념을 가지고 자라날 것이다. 나의 자녀들은 지극히 불행할 것이며, 나의 죄는 혈통을 따라서 후손들에게 전달 될 것이다. 그래서 나는 손자들과의 친밀한 관계도 형성하지 못하게 될 것이다. 그러므로 경건한 유산을 후손들에게 물려줄 수 없게 된다.

나의 죄가 나의 사역에 미칠 영향

나는 목회자로서의 지위를 잃을 것이다. 하나님의 나라를 설립하는 일과 목회 사역에서 잘릴 것이다. 많은 사람들이 나를 비난할 것이고, 신뢰하지 않고, 거부할 것이다. 그러면 목양을 하던 그 즐거움은 과거의 추억으로 사라져 버릴 것이다.

나의 죄가 나의 재정/사업에 미칠 영향

목회 사역을 더 이상 할 수 없다는 것은, 직업을 잃는다는 것을 뜻한다. 그러면 이혼을 하게 되고, 두 가정에 대한 재정을 담당해야 하며, 경제적인 난관에 부딪히게 될 것이다. 아니면 매춘부들에게 돈을 지불해야 하는데, 상당한 재정적인 어려움이 생긴다. 하나님의 저주가 나의 재정을 덮칠 것이다. 왜냐하면 잠언에 적힌 대로, 음녀에게 가는 자에게는 재정적인 파탄이 오기 때문이다.

나의 죄가 천국에서의 영원한 삶에 미칠 영향

하나님의 뜻에 대해서 마음이 굳어진 까닭으로, 나는 회개도 하지 않을 것이며, 하나님을 대항해서 계속적으로 반항적인 행위들을 할 것이다. 그러면 하나님의 은혜의 자리에 들어가지 못하고 영원한 고통이 있는 지옥으로 떨어질지도 모른다(갈라디아서 5:4, 히브리서 6:4-6, 마태복음 7:21-23, 골로새서 2:1-9).

이러한 묵상의 결과, 나는 아래와 같은 것을 할 것을 고백합니다. (이 내용을 소리 내어 반복하여 복창하라)

나는 내 인생에 아래와 같은 담을 쌓아올릴 것이다: 가능한 음란물과의 접촉 경로를 차단할 것이다. 음란물을 취급하는 가계의 출입을 금지할 것이다. 음란물을 걸러내는 인터넷 서비스를 받을 것이다. 나는 음란물을 소지하지 않을 것이다. 나는 유혹을 받을 만한 장소 근처에 접근하지 않을 것이다.

만약의 경우에 음욕으로 인하여 유혹을 받을 가능성이 있는 일이 발생하는 경우, 나는 하나님 앞으로 달려 나가 하나님과 대화하며 하나님을 경배할 것이다. 나는 운동을 할 것이고, 또한 친구, 가족들과 진솔한 대화를 나누면서 인간관계의 친밀함을 그곳에서 발견할 것이다. 내가 피곤하거나 지치거나 실망을 한 경우는 유혹에 넘어갈 가능성이 높음으로, 그러한 경우는 더욱더 조심할 것이다. 아마도 숙면을 취하는 것이 최상의 치료법일 것이다.

내가 이성에게 끌리는 경우, 그 남자/여자와 단둘이 있게 되는 상황을 만들지 않을 것이다. 나와 그녀/남자를 보호하기 위하여 나는 그 사람과의 인간관계를 형성하는 것을 피해버릴 것이다.

나는 잠언 5장과 7장을 읽고, 하나님이 나에게 주시는 말씀을 기록할 것이다.

그래도 내가 이러한 유혹을 극복하지 못한다면, 나는 상담가를 찾아가서 도움을 받을 것이다. 부당한 음욕에 대해서는 이 책에 기록된 7가지의 기도를 통해서 합당하게 처리를 받게 할 것이다.

성적으로 순결한 의로운 행위가 몰고 올 축복에 관한 세부적인 그림들

"주님, 만약에 제가 성적으로 순결한 사랑을 하는 의를 행할 경우에 저의 삶에 부어질 축복을 적나라하게 그려낼 수 있도록 도와주시옵소서."

성적으로 순결한 의로운 행위가 인생에서 자라나는 과정에 관한 세부적인 그림들

성적으로 순결한 의로운 행위는 부부간의 행위이므로, 성적으로 순결한 사랑에 관하여 남편과 아내가 함께 추구를 해 나가야할 것이다. 혼자만의 노력으로는 안 되는 일이다. 그러므로 둘이 힘을 합하여 아래와 같은 것을 이루도록 해보자.

부부 사이에 발생하는 성적으로 순결한 사랑은 사랑의 띠로 묶여져서 하나가 되는 연속적인 과정이다. 그 결과는 결혼 생활에 열정과 기쁨을 가져다준다. 성적으로 하나 되는 것은, 부부를 하나로 묶으면서 하나님이 주신 선물들을 서로 나누게 하고 생명이 흘러 넘쳐서 서로에게 오고가게 해 준다.

기혼자들은 미혼자들보다 성생활을 더 자주 한다는 보고서가 있다. 그렇게 함으로 그들은 성적인 만족을 누리며 미혼자들 중에서 부도덕한 자들보다 더 충만한 삶을 살아간다.

성적으로 순결한 의로운 행위에 관한 성경적인 원리들을 적어보라

• "만일 절제할 수 없거든 혼인하라 정욕이 불같이 타는 것보다

혼인하는 것이 나으리라."(고린도전서 7:9)

- 배우자와 항상 함께 있는 것이 중요하다. 예를 들어 여행을 할 때에 혼자 하는 것은 위험하다. 먼 여행을 하는 경우는 함께 가는 것이 좋다.
- 평상시에 부드럽고 따뜻한 관계를 유지하면, 배우자에 대한 성적인 끌림이 더 강해진다. 더 깊은 친밀감과 좋은 대화의 파트너로서의 부부 사이는 부부의 성생활의 질을 높이는 기본이다.
- 주라, 그러면 받을 것이요. 사랑을 먼저 주라. 그러면 당신이 원하는 사랑도 받을 수 있을 것이다. 여성은 동반자, 친구, 사랑, 그리고 좋은 인간관계를 우선으로 한다. 반면에 남성은 성행위를 우선시하는 것 같다.
- 결혼 생활에서의 성생활에 관한 양서를 읽어라. 성경에서는 아가서를 읽어보라. 그리고 아가서를 통해서 주시는 하나님의 계시를 받아 적으라.
- 순결한 사랑의 표현이 성생활로 표현될 때, 성 관계는 최대의 가치를 발휘한다.
- 하나님은 우리의 연약함을 아시고 우리가 인생에서 실수한 것들을 용서해 주신다. 일단 진심으로 회개하면, 하나님은 은혜와 자비하심으로 받아주신다. 예수님의 보혈의 피는 모든 성적인 죄들도 용서해 주실 수 있다. 성생활에 대한 하나님의 온전하신 뜻을 추구하라.
- 우리를 덫에 걸리게 하는 젊음의 성욕을 피하라. 성적인 유혹의 덫에 걸려들지 않도록 주변에 보호막을 쳐라. 그래서 음란물, 선정적인 영화, 선정적인 텔레비전 프로그램, 선정적인 책들은 아예 손을 대지도 말고 보지도 말라. 성적인 유혹을 받을 만한 장소에 얼씬하지 말라. 성적인 유혹으로 들어갈 만한 행동을 금하라.
- 성적인 문제가 계속되면, 반드시 상담을 받으라. 성적인 문제

에 대해서는 내적인 치유와 축사사역이 효험이 있다.
- 결혼한 사이라 할지라도 성적인 학대나 착취가 있으면 안 된다. 배우자의 마음에 상처를 주는 강압적인 성생활은 마음과 정신을 모두 다 상하게 한다.
- 사람은 그가 눈을 돌리는 곳으로 마음이 옮겨간다. 그러므로 눈을 강하고, 건강하며, 열정적이고, 만족스러운 결혼생활에 고정시켜라. 그러면, 바로 그것을 얻을 것이다. 당신의 꿈과 비전으로부터 만족과 행복감을 얻어내라.

성적으로 순결한 의로운 행위가 나의 육체적인 건강에 미칠 영향을 상세히 적어보라.

결혼 생활 안에서 하는 성생활은 나의 건강에 도움을 준다. 만족한 성생활의 결과는 사랑, 기쁨, 평안이다. 그러한 마음의 풍요는 결국, 정신-육체의 연결(psychosomatic effects)을 통해서, 육체의 건강을 증진시킬 것이다. 성적인 합일을 통해서 일생의 반려자로부터 오는 삶의 에너지는 나를 깊고도 온전한 인간으로 만들어갈 것이다.

성적으로 순결한 의로운 행위가 나의 정신적인 건강에 미칠 영향을 상세히 적어보라.

사랑, 기쁨, 평안은 나의 영혼을 살찌울 것이다. 심지어는 상한 마음까지도 치유해줄 것이다. 나의 배우자가 또한 나의 창조주가 나에게 그러한 선물을 주셨다는 것에 축복 받은 마음으로 만족하게 될 것이다.

성적으로 순결한 의로운 행위가 나의 영적인 건강에 미칠 영향을 상세히 적어보라.

내가 배우자와 친밀감을 형성하게 되면, 하나님과의 친밀감을 형성하는 것이 더 쉬워질 것이다. 나와 하나님 사이의 친밀감은 나의 배우자와의 친밀감에 그대로 반영이 될 것이다. 그러므로 여러 방면에서 친밀감이 고무되고 고조될 것이다.

성적으로 순결한 의로운 행위가 하나님과의 관계에 미칠 영향을 상세히 적어보라.

　나는 하나님과 화평한 관계에 들어가면서, 나의 배우자를 통해 사랑을 알게 해주신 하나님께 감사할 것이다. 나는 건전한 마음과 양심을 가지고, 하나님을 추구하면서 신앙이 성장해 나갈 수 있는 열정을 유지할 수 있을 것이다. 그러면 영적인 욕망도 증가하리라. 하나님의 계시도 나에게 더 많이 내릴 것이다. 지혜와 지식의 은사도 증대할 것이다.

성적으로 순결한 의로운 행위가 내가 잘 아는 주변사람들에게 미칠 영향을 상세히 적어보라.

　친구들과의 신실한 친분관계를 유지하기가 더 쉬워질 것이다. 왜냐하면 친구들은 내가 도덕적이고 믿을 만한 인간이라는 것을 감지하기 때문이다. 그 결과 친분관계가 두터워지고, 나의 친구들도 나의 영향을 받아서 신실한 사람들이 될 것이다.

성적으로 순결한 의로운 행위가 나의 배우자와의 관계에 미칠 영향을 상세히 적어보라.

　배우자는 계속 성장하고 마침내는 꽃을 피울 것이다. 왜냐하면 자신이 사랑을 받고 있다는 사실을 느낄 것이기 때문이다. 그녀는 사랑 받고, 존경받고, 위함을 받으면서, 사랑 안에서 자라 갈 것이다. 남편/아내와도 더 가까운 친밀감을 형성시키고, 결혼 생활에 낭만적이고 따뜻한 분위기가 지속될 것이다. 서로 사랑을 표현하고, 사랑을 주고받음으로 삶에 풍성한 의미가 되살아날 것이다.

성적으로 순결한 의로운 행위가 나의 자녀들에게 미칠 영향을 상세히 적어보라.

자녀들은 나를 존경하고, 사랑하며, 공경하면서 잘 자라날 것이다. 자녀들과의 친밀한 관계가 잘 유지될 것이다. 나는 손자들과도 좋은 관계를 형성하게 될 것이며, 대를 걸쳐서 경건한 기름 부으심을 전달할 수 있게 될 것이다.

성적으로 순결한 의로운 행위가 나의 사역에 미칠 영향을 상세히 적어보라.

나의 사역을 고양시킬 것이다. 사람들은 나를 존경하고 신뢰하며 바라보게 될 것이다. 하나님의 은혜, 지혜, 지식, 기름 부으심이 나를 통해서 흘러넘칠 것이다. 나는 성적인 순결이라는 영역에서 다른 사람들을 자신감을 가지고 가르칠 수도 있게 될 것이다. 왜냐하면 나 자신이 그 영역에서 하나님의 은혜를 맛보았기 때문이다. 그러므로 나의 하는 일들이 모두 부흥하고 성장하게 될 것이다.

성적으로 순결한 의로운 행위가 나의 재정/사업에 미칠 영향을 상세히 적어보라.

내 직업과 나의 재정에 하나님의 축복이 흘러넘칠 것이다. 내가 하는 일마다 축복해 주실 것이다. 나의 창고는 차고 넘칠 것이다. 하나님의 축복과 형통이 나를 따라다닐 것이다.

성적으로 순결한 의로운 행위가 천국에서의 영원한 삶에 미칠 영향을 상세히 적어보라.

나의 마음은 강하고, 담대하며, 순결하며, 열정적이 될 것이다. 나는 천국에 가게 될 것이고, 영원히 살아 계신 아버지와 함께 살게 될 것이다. 그러므로 결국은 영원한 즐거움, 축복, 안식을 누리게 될 것이다.

이러한 묵상의 결과, 나는 다음과 같은 것들을 고백합니다. (이 내용을 소리 내어 반복하여 복창하라)

나는 나의 남편/아내를 순수한 마음으로 사랑함으로 친밀감과 우정을 돈독히 하겠다.

(남편의 경우) 아내와 이따금 데이트를 하겠다. 가끔 외식도 하고, 꽃을 사주고, 사랑한다는 쪽지도 보내며, 손도 잡아주고, 안아주기도 하며, 사랑한다는 말을 하면서, 관심이 있고 돌보아 준다는 표현을 하고, 감사하다는 말을 해 주며, 아내의 존재를 인정하고, 아내의 의견을 존중하며, 받아들여준다는 느낌을 주겠다. 아내를 혹독하게 비판하거나, 내가 원하는 대로 억지로 만들어가려는 노력들을 포기하고, 하나님께서 원래 만드신 대로 그 형상을 따라서 발전해 가도록 도와주겠다. 나는 아내를 지배하고, 조종하며, 압력을 넣는 일을 하지 않겠다. 나는 항상 아내를 존중하겠다.

(아내의 경우) 남편이 좋아하는 음식을 만들고, 남편을 존경하고 위해주며, 남편으로 하여금 나의 벗은 몸을 보고 내 몸을 즐기도록 내어주고, 남편이 좋아하는 야한 잠옷을 입고, 나와의 성생활이라는 축제의 환희를 느끼게 하여주며, 나의 몸을 만지고, 애무하며, 성 관계를 가지며 여러 가지 모양으로 성적인 탐구를 하도록 허락해 줄 것이다.

(부부의 경우) 나는 배우자에게 나의 영을 열어줄 것이다. 나는 항상 배우자를 열린 마음으로 대할 것이며, 사랑함과 불쌍히 여김으로 바라볼 것이다. 부정적인 판단이라면 어떠한 것이라도 회개를 할 것이며, 배우자에 대한 쓴 뿌리와 부정적인 맹세들을 포기하고 근절할

것이다. 나는 부부생활에 대한 최선의 것을 기대할 것이다. 그것들은 서로 사랑함 가운데, 서로를 마음에 품고, 성생활을 통해 육체적인 만족을 누리고, 인격적인 교제를 통해 정신적인 만족을 누리는 것을 포함한다. 그러나 남편/아내가 나를 사랑하지 않는다거나, 나를 성적으로 원하지 않는다는 부정적인 기대들은 모두 포기해 버릴 것이다. 내가 남편/아내를 성적으로 만족시키지 못한다거나, 성적인 것에는 전혀 관심이 없다는 말들은 지옥에서 나오는 거짓말들이다. 나는 그러한 거짓말들이 귀신의 장난인 것으로 믿고, 예수님의 이름으로 거부한다. 나는 오직 성령이 주시는 진실만을 믿을 것이며, 적들의 거짓말에 속아 넘어가지 않겠다.

남편/아내와의 성생활에서 온 마음을 다해 내 자신의 전부를 내어 줄 수 없다는 내적인 맹세를 포기하겠다. 나는 성생활에서 온 마음을 다해 내 자신의 전부를 내어 주는 것이 하나님의 뜻임을 인정한다.

나는 성경의 아가서를 읽을 것이며, 하나님의 말씀을 통해서 하나님의 뜻을 명확하게 기억하겠다.

그래도 내가 성적인 유혹들을 극복하지 못할 경우는, 나는 상담자를 찾을 것이며, 성적인 유혹이라는 영역에 대한 공동의 노력과 공동의 책임이라는 것을 형성시켜보겠다. 성적인 문제에 대해서는 이 책에서 제시된 7가지의 기도를 적용하겠으며, 힘을 다해 믿음으로 기도를 드리겠다.

결론적인 지시사항

2주 동안, 하나님의 진리를 당신의 마음속으로 더 깊고도 넓게 침투해 들어가도록 하나님께 기도를 드리면서 경건의 시간에 매일 이렇게 작성된 "열렬한 회개 연습지"를 읽어라. 소리를 내어서 읽으라. 소리를 내어 읽는 것도 묵상의 한 좋은 방법이다. 소리 내어 큰 소리로 읽으면, 진리가 마음속 깊숙이 스며들게 된다. 그러므로 유혹을 받을 때마다 다시 돌아와서 이러한 묵상을 큰 소리로 읽어 보라.

부록 K
성(sex)이라는 주제에 관한 잠언과 아가서 연구

잠언 5장과 7장 그리고 아가서의 연구는 색욕으로부터 치유함을 받고, 보다 순수하고, 가슴 설레는 부부 생활로 이끌어 준다. 언제든지 유혹을 받을 때면 이 부록을 읽으라.
- 이 가르침을 눈동자처럼 지키라 (주시하라)
- 손가락에 매라 (행동 지침으로 삼으라)
- 마음 판에 새기라 (암기하라)
- 친한 친구 같이 사귀어라 (가까이 하라)

  그러면 음녀에게 빠지지 않게 되리라 (잠언 7:2-5)

잠언 5장 - 부도덕의 함정

음녀는:
- 입술은 매끄럽고, 꿀을 떨어뜨리는 것과 같다.
- 인생을 깊이 생각하지 않는 자이다.
- 그녀의 길은 평탄하지 않으나, 그것을 알지 못한다.
- 음녀와의 접촉의 결과는 씁쓸함을 남길 뿐이다.
- 양날이 날카롭게 선 칼과도 같다.
- 결국은 죽음으로 이끈다.
- 그 길은 음부로 내려간다.

음녀와의 접촉을 피하는 길:

- 멀리 떨어져 있어라.
- 그녀의 집으로 가까이 가지 말라.

음녀와의 접촉이 가져오는 결과는:
- 나의 존영이 없어진다.
- 잔포자에게 나의 귀한 수한을 빼앗긴다.
- 나의 힘을 다 빼앗아 갈 것이다.
- 내가 애써 번 재물이 그녀의 것이 된다.
- 나의 육체가 쇠패할 때에 울며 한탄하게 될 것이다.

아내와의 행복한 생활
- 아내의 우물에서 생수를 마신다.
- 나의 샘물에서 나는 물은 나만 마신다.
- 아내를 즐거워하자.
- 아내의 사랑으로 복되게 하자.
- 그녀의 품을 항상 족하게 여기자.
- 그녀의 사랑을 항상 연모하자.

하나님이 나의 행동을 주시하고 계신다.
- 하나님은 나의 모든 길을 보고 계신다.
- 악인은 자기 악에 걸리며 자기 죄에 걸린다.
- 하나님의 훈계를 받지 않으면 정신이 혼미해진다.
- 하나님의 훈계를 받지 않으면 죽는다.

잠언 7장 - 음녀의 농간

음녀에 의해서 정신이 나가는 경우들
- 마음이 단순하고 분별력이 없는 사람들이 걸려든다.

- 음녀에게 가까이 다가간다.
- 어두운 면을 덮으려고 어두움의 탈을 쓴다.
- 남자를 유혹하는 복장을 한 그녀의 몸맵시를 본다.
- 그러한 사람은 푸줏간으로 끌려가는 소와 같다.
- 미련한 자가 벌을 받으려고 쇠사슬에 묶여 끌려가는 것과 같다.
- 결국은 화살이 그 간을 뚫고 지나간 것 같이 될 것이다.
- 급기야는, 생명을 잃어버리게 된다.

음녀는 어떻게 사람을 호리는가?
- 간교하다.
- 떠들며, 반항하며, 발이 집에 머물지 않는다.
- 먹이를 사냥하러 다닌다.
- 육체적인 접촉을 시작한다.
- 선하고 좋은 사람인 척 한다.
- 입술의 호리는 말로 아첨을 떤다.
- 밤새 즐기자는 고운 말로 혹하게 한다.
- 꼬임에 넘어갈 때까지 끝까지 유혹한다.

들어라:
- 그녀의 길에 동조하지 말라.
- 그녀의 길로 따라가지 말라.
- 그녀에게 죽임을 당한 자들이 참으로 많다.
- 결국 그녀는 너를 음부와 죽음으로 내몰 것이다.

─────────── 이행해 가는 과도기적인 사고들 ───────────

만일 절제할 수 없거든 혼인하라 정욕이 불같이 타는 것보다 혼인

하는 것이 나으니라 (고린도전서 7:9)

- 결혼을 하지 않았고, 성욕을 다루는데 어려움이 있다면, 하나님께 결혼 상대자를 달라고 구하라. 그러나 동시에 결혼 상대자가 나타나는 동안에 역시 성욕을 조절할 수 있는 은혜도 함께 구해야 한다.
- 믿음 안에서 결혼 상대자를 구하고 있는 동안에는 성령님의 인도하심을 받으라. 이삭의 종이 그랬듯이(창세기 24:1-14), 하나님께서 어떤 특정한 장소로 가라고 하시던지, 아니면 어떤 특정한 징조를 살펴보라고 인도하실 것이다.
- 결혼 상대자는 당신의 삶을 위한 하나님의 계획이 완성되어 가는 것을 돕는 사람이어야 한다.
- 결혼을 전제로 사귀는 동안에는 가능하면 공공의 장소로 다니면서 서로의 육체적인 접촉을 피하라.
- 결혼을 하면 육체적인 성욕은 채워지지만, 그래도 마음을 살펴서 색정의 다스림을 받는 일이 없어야 하겠다.
- 가장 안전한 방어 수단은 음란한 것에 노출이 되지 않는 것이다. 미혼자이건 기혼자이건 간에 성적인 유혹이 있는 곳은 무조건 피하는 것이 좋다(잠언 7:8-23). 오늘날 현대에는 다음과 같은 것을 피하는 것을 의미한다.
    1. 비디오를 파는 곳 중에 성인전용 비디오 쪽으로 가지 말라.
    2. 성인용 음란물을 파는 가게에 들어가지 말라.
    3. 영화중에서 성인용 영화나 음란 영화를 보지 말라.
    4. 케이블이나 위성 텔레비전을 신청할 때는 "성인용(rated R)"이나 "선정적인(rated X)" 방송을 막아버리는 기계를 사라.
    5. 인터넷을 사용하는 경우, 선정적인 경향을 가진(sexual-

ly-oriented) 웹사이트를 차단하는(block) 프로그램을 구입하라.
6. 술집, 내지는 성적인 일이 벌어지는 장소에 가지 말라.
7. 성적으로 끌리는 사람의 집에 가지 말고, 그러한 일이 벌어질 것 같은 상황을 만들지 말며, 그 사람과 단독으로 있게 되는 환경을 피하라.

아가서 - 결혼 생활의 즐거움과 황홀경을 누리기

1장:
- 입맞추기를 원한다.
- 향기로운 기름을 사용한다.
- 함께 머문다.
- 남편이 아내를 성적인 접촉으로 초대한다.
- 아내는 자신의 육체의 아름다움을 인정한다.
- 남편도 아내의 육체의 아름다움을 인정한다.
- 구슬, 금사슬, 은 등으로 아내가 장식을 한다.
- 남편은 밤새도록 침상에서 아내의 품에 안겨 있다.
- 아내도 남편의 멋있음을 인정한다.

2장:
- 남편은 아내가 세상에서 가장 아름다운 여인이라고 칭찬한다.
- 껴안고 애무하면서 사랑을 나눈다.
- 남편은 아내의 벌거벗은 몸을 보기 원한다.
- 남편은 아내의 달콤한 목소리를 듣기 원한다.

3장:
- 아내가 남편을 밤에 침상에서 찾는다.

- 아내가 남편을 붙잡고 놓지 않는다.
- 혼인날은 마음이 기쁜 날이다.

4장:
- 남편은 아내의 몸의 각 부분(머리로부터 가슴에 이르기까지)의 아름다움을 자세하게 묘사한다.
- 사랑의 열정으로 남편은 마음을 빼앗기고 심장은 빨리 뛰게 된다.
- 아내의 사랑은 포도주보다 더 낫다.
- 아내의 입술에서는 꿀이 떨어진다.
- 아내의 혀 밑에는 꿀과 젖이 있다.
- 아내는 남편이 아름다운 실과를 먹도록 유도한다.

5장:
- 남편은 아내의 동산에서 마시고 또 많이 마신다.
- 한쪽에서 성욕이 일어나면, 다른 쪽에서 핑계를 대지 않는다.

6장:
- 남편은 아내에게 속하고, 아내는 남편에게 속했다.
- 남편과 아내는 서로를 즐기는 관계이다.

7장:
- 남편은 아내의 몸의 아름다움을 발, 넓적다리, 배꼽, 허리, 유방, 목, 눈, 코, 머리, 머리털, 머리카락의 순서로 기술한다.
- 남편은 아내의 몸의 각 부분을 만진다. 특히 아내의 유방과 입술이 그를 쾌락하게 한다고 한다.

8장:
- 부부는 서로 껴안고 애무하며 사랑을 나눈다.

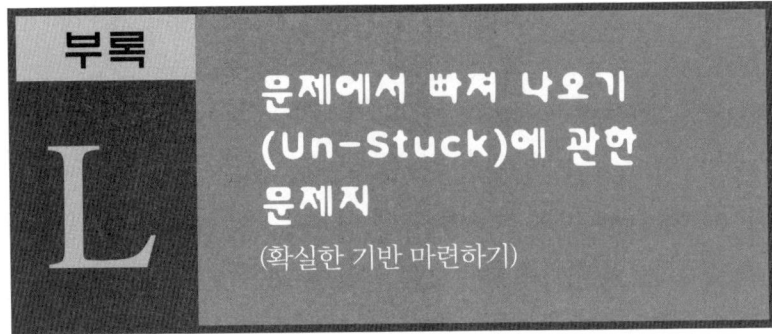

기본적인 원칙: 하나님의 은혜를 받기에 합당한 환경이 설정되었는지 점검하는 것이다.

치유 받아야 할 내담자가 치유를 경험하지 못하는 경우, 하나님의 은혜를 받는 통로 중에서 열려 있는 것과 닫혀 있는 것을 점검하는 목록은 아래의 표와 같다.

	나는….	예	아니오
1	하나님의 음성을 듣고, 신앙적인 영상을 보며, 나의 문제에 관하여 일지를 쓰고, 하나님이 나에게 지시하시는 것들을 행하고 있다.	예	아니오
2	부정적인 것이 공격할 때, 귀신들을 묶고, "그리스도 안에 있는 생명의 성령의 법"을 적용한다. (예, "사단아, 나는 너를 예수 그리스도의 이름으로 묶는다… 나의 문제의 해결을 위하여 성령님의 능력을 받기 원합니다…)	예	아니오
3	당면한 문제에 관하여 꿈을 통한 하나님의 계시를 구하고, 받고, 그리고 해석한다.	예	아니오

4	마음의 문제를 마음의 언어를 사용하여 다루고 있다. (감정, 영상, 그리고 무의식의 흐름)	예	아니오
5	"문제의 원인이 되는 요소를 찾아내는 문제지"를 작성하고 있다.	예	아니오
6	당면한 문제에 대하여 7가지의 마음을 치유하는 기도들을 드려왔다	예	아니오
7	당면한 문제에 관하여 "성경 묵상 문제지"를 작성하였다.	예	아니오
8	당면한 문제에 관하여 "열렬한 회개 문제지"를 완결하였다.	예	아니오
9	나를 보호하는 방어벽을 하나님의 뜻에 따라서 쌓았다.	예	아니오
10	내가 신뢰하는 상담자로부터 지시 받은 대로 실행하고 있다.	예	아니오
11	영적인 상담자에게 나의 죄를 고백하고, 그와 함께 공동의 책임을 지고 있다.	예	아니오
12	하나님이 원하시는 일을 하고 있으며, 특히 다른 사람에게 하나님의 생명을 나누어주는 일을 하고 있다.	예	아니오

만약에 위의 12가지의 점검목록에 아무런 이상이 없음에도 불구하고, 문제가 치유되지 않고 계속 고통을 당하는 경우에는, 반드시 전문가의 상담을 받아야한다.

부록
M 대만에서 행한 "마음을 치유하는 기도" 사역

아래의 기록은 게리 그레이그 박사가 보내온 하나님을 찬양하는 편지묶음이다. 게리 그레이그 박사는 리젠트 대학(Regent University)의 교수로 재직했었으며, 기독교 교육 재단의 교육 자문 위원으로 수고해 왔다. 그레이그 박사는 영성 신학을 가르친 분으로서, 이 책에 제시된 〈마음을 치유하는 기도〉를 대만에서 실제 현장에 적용해 본 사람이다.

한 가족같이 우리들을 위해 기도를 해 주신 여러분들께 감사를 드립니다. 저는 3/29-4/9까지 가르치는 사역을 위한 여행을 하는 중입니다. 주님은 이곳에서도 능력으로 역사하셨기에 나는 하나님의 영광을 전하려 합니다.

내가 대만의 타이베이에 도착했을 때, 나는 하나님으로부터 나에게 어떤 권위와 권능을 허락하시는 것 같은 느낌을 받았습니다. 그것은 병자를 고치고, 귀신을 내어 쫓으며, 무엇보다 더 중요한 기독교 지도자들을 훈련시켜서 그들도 동일한 일을 행할 수 있도록 하는 그러한 권능입니다.

여러분들의 기도가 없었다면, 성령의 기름 부으심의 역사는 없었을 것입니다. 대단히 감사합니다!

사랑과 축복을 가지고,

개리, 캐서린, 요한, 리브가

3/31(금) - 4/3(월) - 빌립 옌 목사가 시무하는 남부 타이완의 레마교회

나는 내적 치유의 성서적인 근거를 강의했다. 나의 강의의 목적은 직접 치유사역을 행하는 것과 더불어 사람들을 훈련시켜서 그러한 사역을 하게 만들겠다는 것이었다.

3/31 저녁

그 자리에 참석했던 70-80명 전도의 사람들 중에 12-15명 정도의 사람들이 만성적인 허리의 통증, 목과 등의 통증, 폐와 코의 충혈에서 고침을 받았다. 왜냐하면 그들이 태어나면서부터 섬기던 우상을 버리기로 결심하고, 우상을 버렸기 때문이다. 하나님의 말씀을 받아들였던 한 노인이 무릎이 아픈 환자를 하나 데리고 왔다. 우리 기도팀이 그 환자의 통증이 심한 오른쪽 다리를 위해 기도해 주었을 때, 주님은 몇 분 뒤에 그녀의 아픈 다리를 치유해 주셨다.

4/1 토요일

집회를 하는 동안에 8명의 여인들이 목 - 등줄기 - 허리에 흐르는 통증을 치유 받았고, 폐와 호흡기 질환으로부터 해방되었다. 그들 모두는 과거의 우상숭배를 회개하였고, 나면서부터 행하였던 가족들의 우상숭배를 금지하기로 단념하였다. 그들이 아주 어렸을 적부터 사원에 나가서 우상을 섬긴 것이 원인이 되어서 그들은 각종 질병과 허약함으로 고생을 하였던 것이다. 2대나 3대째 예수를 믿는 사람들도 이미 그 이전에 조상들이 행했던 죄들과 우상숭배를 고백하고 회개하였을 때에, 많은 치유를 경험하였다. 우리들이 우상숭배의 영들과 귀신, 그리고 병약함의 영들에게 물러가라고 명령을 하였을 때, 한 여인 안에 있었던 악령은 그녀로 비명을 지르게 하면서 그녀를 땅바닥에 쓰러뜨렸다. 그러나 주님이 찬양을 받으실지어다! 귀신이 떠난 뒤, 그녀는 온전하게 치유되었다.

몸의 오른 쪽 부분에 이상이 있었던 많은 사람들의 몸이 치유되었다. 그들은 몸의 오른쪽(얼굴, 귀, 어깨, 팔, 다리)이 마비되거나 통증이 있거나 한 사람들이었다(성경에서 오른쪽은 힘을 상징한다 — 시편 18:35, 20:6, 110:1, 138:7). 많은 사람들이 자신들에게 힘을 더하여 주는 것이 음식, 돈, 재능의 우상들이 아님을 고백했을 때, 그 오른쪽이 아픈 병에서 놓여 해방되었다(주님은 신명기 32:36-38의 말씀을 사용하여 이 현상을 설명하라고 지시해 주셨다). 다른 많은 사람들도 가족들에 대한 씁쓸함과 용서하지 못함을 회개하였을 때, 치유함을 받았다.

대만교회의 리더인 시몬은 그의 오른쪽 안면이 마비되었고, 오른쪽 머리에 두통이 있었으며, 오른쪽 귀와 어깨에 통증이 있었다. 주님은 그것이 7년 전에 그가 동료 사역자에게 가졌던 분노를 틈타서 허약함의 영이 들어간 연유라고 가르쳐 주셨다. 시몬이 자신을 괴롭혔던 그 사람들을 용서했을 때, 눈 주위만 빼놓고 모든 안면 마비가 풀려버렸다. 그때, 주님께서는 그가 "동료 사역자를 미워하였던 그 눈"을 회개해야 한다고 말씀해 주셨다. 그가 바로 자신의 그러한 모습을 고백하고 회개했을 때, 분노의 악령이 떠나고 그는 온전하게 치유 받았다!

대만 북부에 위치한 한 침례교회의 목회자인 마이크는 내적 치유의 본보기를 보여주기 위해 자신을 위하여 기도를 드리는 모습을 대중들 앞에서 공공연하게 보여주자고 제안하였다. 이상하게도 심리적으로 뭔가 "마음속에 한이 맺힌 것이 있는 것 같다"라고 그는 고백하였다. 우리가 주님께 그러한 감정의 원인이 어디에 있느냐고 물어보았을 때, 예수님께서는 그의 아주 어렸을 적에 발생한 한 사건을 환상 중에 보여주셨다. 하루는 아주 번잡한 시장 한바닥에서 마이크의 아버지가 소년이었던 마이크를 잃어버렸다. 화가 난 마이크의 할아버지는 공개적으로 마이크를 욕보이고, 가정의 우상에 절하게 만들었었다. 우리가 예수님께 영상을 통하여 그를 치유해 달라고 부탁드렸을 때, 예수님께서는 어린 마이크의 손을 붙잡고 다시 아버지에게 데려다 주었다. 그리고 계속해서 예수님은 마이크의 기억 속으로 들어가셔서 그의 상처 난 기억을 치유해 주셨다. 두 번째 영상에서는 예수님께서 우상을 치워 버리시고 자신이 그 자리에 앉으셨다. 그래서 어린 마이크는 예수님께 절을 하였다. 그리고 마지막에 예수님은 마이크에게 영적으로 아주 강력한 말씀을 남기셨다. 하나님을 찬양하여라. 모든 마음속의 한이 풀어졌다. 너는 치유함을 받았다. 그 말씀을 들은 마이크는 성령님의 능력으로 몸이 치유함을 받았고 마음도 치유함을 받아서 홀가분해진 느낌을 갖게 되었다.

4/2 주일

주님은 나에게 야고보서 5:14-18에 나와 있는 "믿음의 기도"에 관하여 설교하라고 지시하셨다. 그리고 또한 열왕기상 17-18장에 근거하여 주님이 지시하는 대로 기도하면서 치유가 임할 때까지 쉬지 말고 끝까지 환자들을 위하여 기도할 것을 가르치라고 하셨다.

개인적인 기도시간과 집단 기도시간을 통해서, 내가 조상들의 죄와 우상숭배를 근절을 위해 기도했을 때에, 허리 – 어깨 – 목의 통증으로 고생하던 몇 사람이 고침을 받았다. 눈의 시력을 50% 잃어버렸던 노인 한 분은 몇 분의 기도를 받은 후에 시력이 100% 회복되었다(마가복음 8:22-26). 암과 투병을 하면서 방사능 치료를 받은 후유증으로 왼쪽 귀를 듣지 못하는 한 여인이 있었다. 그 여인도 온전히 고침을 받았다. 손마디가 부어오르는 병으로 고생하던 사람들도 치유를 받았다. 의사와 그의 아내도 그들의 인생의 짐을 하나님께 내려놓는 순간에 모든 불안과 두려움이 사라졌다고 고백하였다. 유방암 진단을 받은 한 여인이 기도를 부탁하였다. 주님은 나에게 말씀하시기를 그녀는 권위에 대한 반항심, 특히 부모를 거역한 것들을 회개해야한다고 지시해 주셨다. 그녀가 그렇게 회개했을 때, 그녀는 성령의 능력으로 암세포의 덩어리가 줄어드는 것을 느낄 수 있었다. 주님을 찬양할 지어다!

4/3 월요일

그동안 우리들이 세미나를 통해서 제시한 성서적인 기도의 모델을 사용하여 서로 위해서 기도해 줄 것을 당부하면서, 둘씩 한 팀을 이루어 짝 기도를 시켰다. 그들이 짝 기도를 드리는 동안 하나님의 영이 감동을 해 주셔서 깊은 내적 치유들이 발생하였다.

깊은 내적 치유가 성취되면, 귀신의 축출이 용이해진다. 기억하기도 싫은 과거의 쓰라린 경험을 되새기고 있던 한 여인을 귀신이 마룻바닥으로 미끄러지게 하였다. 그 여인은 "나는 예수를 증오한다. 나는 예수가 밉다."라고 소리를 질러댔다. 우리의 기도팀은 그녀를 뒤로 데리고 가서 계속 기도해 주었다. 그러나 마귀는 계속 발버둥을 쳤다. 우리들은 귀신에게 "나가라."고 명령하였지만, 귀신은 그녀의 발목을 잡고 끝까지 놓지 않았다. 그리고 그녀 안에서 소리를 지르고 발악을 계속하였다. 나는 다른 방으로 가서, 그녀 안에 있는 귀신이 붙어있는 발판(근거지)을 찾아내고자, 예수님께 기도를 드렸다. 주님은 "그녀 자신의 우상숭배와 그녀 가족들의 우상숭배를 근절하는 회개가 있어야 한다."는 음성을 들려주셨다. 그녀가 바로 그 특정한 죄를 회개하였을 때에, 귀신의 사슬이 끊어졌다. 그리고 다시 정상인으로 돌아오게 되었다. 주님을 찬양합니다!

주님은 그 이외에도 많은 사람들을 치유해 주셨다. 심장의 우측 밸브가 기능을 제대로 하지 않는 한 남자를 위해 기도해 주었을 때,

성령님의 은혜가 그 사람에게도 임했다. 하나님은 참으로 사람들을 치유해 주기를 기뻐하시고 귀신들을 내어 쫓기를 원하시는 분이시다. 놀라운 일이다. 좋으신 하나님을 찬양합니다!

4/4 화요일- 4/8 토요일 - 타이청(대만의 중서부), 새벽교회에서 사도적인 리더 추바울, 목사 바바라와 리디아와 함께

나는 영적 전쟁과 전략적인 기도의 성서적인 근거를 강의했다. 강의의 목적은 직접 치유사역을 행하는 것과 더불어 사람들을 훈련시켜서 이웃과 도시들을 위해 전략적으로 기도하는 사역을 하도록 하기 위함이었다. 이 집회에는 대만의 전 지역에서 100-150명의 중보기도자들이 참석하였다.

4/4 화요일

집회시간에 태어나면서부터 시작한 우상숭배와 조상들의 우상숭배, 그리고 그로 인해 발생한 모든 죄를 자복하고 회개하였을 때에, 목-어깨-허리의 통증으로 시달리던 18명이 고침을 받았다. 주님의 말씀에 긍정적인 반응을 보인 6-7명의 사람들이 발꿈치의 통증으로부터 해방되었다. 축농증으로 고생하던 세 사람도 치유함을 받았다.

4/5 수요일

대만 국제기도 연맹의 리더인 조이 치웅 린이 대만의 초기 사원들을 돌면서 기도하는 기도행진(prayer-walk)을 인도하였다. 대만의 신인 "하늘의 여왕"이라는 신을 모시는 17세기의 사원이었다. 대만 국제기도 연맹의 인도함을 받으면서 북서쪽 그리고 북동쪽에 위치한 2개의 사원을 더 돌면서 기도행진(prayer-walk)을 하였을 때, 우상을 모신 한 건물이 12인치 정도 땅 밑으로 가라앉으면서 불안정하게 되었다. 그리고 다른 건물은 태풍으로 인하여 파괴되어 버렸다.

　우리들의 집회 기간 중 손마디가 아픈 사람들을 치유해 주셨다. 위장에 감염이 된 사람들과 위궤양으로 고생하던 사람들도 치유되었다. 허약함의 영으로 인하여 고생을 하던 서너 사람들의 몸의 오른쪽이 고침을 받았다. 오른쪽 어깨, 오른쪽 팔, 오른쪽 다리의 골절로 고생을 하던 한 여인이 자신과 가계에 흐르는 우상숭배를 고백했을 때, 모든 질병에서 놓여 자유케 되었다. 또 다른 여인은 그녀를 말로 학대하던 두 남자 형제를 용서한 후, 오른쪽 몸이 반신불수가 되었던 것에서 해방되었다. 주님께서 우리들에게 두 남자형제를 용서해야 할 것을 말씀해 주셨다. 그러나 처음에는 그녀가 어떠한 것을 용서해야 하는지 생각해 내지를 못하였다. 주님께서는 우리들에게 그 두 남자 형제가 그녀에게 욕을 퍼붓는 장면을 보여주셨다. 그러자 그녀는 눈물을 흘리고 흐느끼면서 예수의 이름으로 용서했고 모든 질병이 사라졌다!

　사람들의 문제는 너무나도 깊었다. 주님께서 환상 중에 머리에 아주 단단히 묶인 금속 테를 두르고 있는 한 사람을 보여주셨다. 내가 그러한 말을 하자, 한 젊은 남자가 일어서서, 그의 어머니가 계속 머리를 세게 때린다고 말했다. 그는 그 순간 치유함을 받았으나, 더 깊은 내적 치유가 필요했다.

4/6 화요일

　성서의 가르침을 전달한 후, 주님은 나에게 짝 기도를 할 때에 하나님의 음성을 듣는 것과 계시의 기름 부으심을 받는 것을 충만하게 하라고 하셨다. 그 이후로 짝 기도를 할 때면, 사람들이 여러 계시의 은사들을 받았다. 대만 사람들은 상당히 보수적인 사람들이다. 그러므로 그들이 기도를 드리면서 성령의 감동을 받아 웃기도 하고, 울기도 하며, 소리를 지르기도 하는 것을 목격하는 것은 참으로 놀라운 일이었다.

우리는 내적 치유를 위한 사사로운 시간에 교회의 지도자들과 목회자들을 위해 특별히 기도해 주었다. 과거의 상처에 귀신이 들러붙어 있는 경우, 내적인 치유가 이루어지면, 그 귀신은 있을 곳이 없음으로 나가버린다. 그러한 극적인 귀신 축출의 역사를 기도모임을 통하여 대만에서도 체험하였다.

4/7 금요일

기도 받기를 원하는 사람들이 너무나 많아서 하루 저녁 날을 잡아서 기도 받기 원하는 모든 사람을 위해 기도해 주기로 하였다. 그런데 집회는 그 다음 날 아침까지 계속되었고 100-150명의 사람들이 기도 받기 위해 기다리고 있었다. 우리는 저녁 8시에서 아침 4시까지 기도회를 했다. 사실 그날 아침은 공항으로 가는 날이었는데, 아침에 샤워할 시간도 없었다.

하나님은 참으로 좋으신 하나님이시다. 그날 밤과 다음날 새벽까지 하나님의 치유하시는 손길이 함께 해 주셨다. 두 사람이 손목 관절의 통증에서 해방되었다. 그 중에 한 여인인 경리직원 조이스는 일 년 동안을 통증으로 고생하였다고 하였다. 한 여인은 황달과 그와 연관된 간 질환으로부터 치유함을 받았다.

루터란 교회의 목사와 사모가 함께 동참해서 기도해 주었다. 그런데 그 사모는 지쳐버린 것 같았다. 아니 그 자리에서 기도한 많은 사모들의 모습을 바라보니 모두가 지쳐 있는 모습이었다. 그래서 나는 특별히 사모들을 위해 기도하기 시작했다. 주님은 말씀하시기를, 모든 사모들은 적어도 하루에 30분 동안은 다른 아무 일도 하지 말고, 오직 주님과 함께하면서 영적인 것을 즐기고 편안히 쉬는 시간을 가져야 한다고 지시해 주셨다.

한 교사가 앞으로 나아와서 그녀의 심장박동이 비정상적이라고 말했다(이따금 맥박이 1분에 170번까지 뛴다는 것이다). 그 원인 중에 하나는 오랜 기간 혼자서 살아온 고독감 때문이라는 것이다. 예수님께서는 그녀로 하여금 다시 그녀의 과거의 기억을 더듬을 수 있도록 허락해 주셨다. 그녀가 영상 속으로 몰입했을 때, 그녀는 어머니가 무덤가를 돌아다니시면서 어린 딸에게 돌봐달라고 애걸하는 모습을 보았다. 어머니는 어머니 자신이 너무나 무섭기에 어린 딸의 돌봄이 필요하다는 것이다. 부모가 자녀를 돌보는 것이 정상이고 자녀가 어른을 돌보는 것은 비정상이다! 자녀에게 그릇된 책임감을 심어준 부모를 용서했을 때, 예수님의 빛나는 광선이 그녀의 마음속을 비추었으며 고독감이라는 것으로 대두된 그녀의 질병과 마음의 상처들이 말끔히 사라졌다. 우리주님이 능력으로 그녀를 치유해 주신 것이다!

　대만의 한 무역회사의 대표인 젊은 여인은 항상 두려움과 싸우고 있으며 하나님으로부터 멀어지고 싶은 마음이 자꾸 생긴다고 고백하였다. 주님께 그녀의 문제의 근원과 원인으로 들어가고 싶다고 기도를 드렸을 때, 주님은 그녀가 아기였을 때 납치를 당한 장면을 보여주셨다. 그녀가 납치한 사람을 용서했을 때, 주님은 그녀의 마음을 치유하기 시작하셨다. 그녀가 그 당시의 상황을 다시 시각화했을 때, 그녀는 예수님께서 아기였던 자신을 납치한 괴한으로부터 데리고 와서 손을 꼭 붙잡고 그녀를 보호해 주시는 모습을 보았다. 예수님은 그녀의 기억 속에 잠재해 있던 두려움과 소외감을 제거해 주시고, 그로 인해 틈타 들어간 악령을 추방하시고, 그녀의 기억을 치유해 주셨다. 주님을 찬양할지어다!

　오른쪽 무릎이 부어오르고 심한 통증으로 고생하는 한 젊은 청년이 기도를 부탁하였다. 그는 7일 동안 감염을 당한 상태였다. 그래서 우리들은 7일 전에 무슨 일이 있었는지 기억해 보라고 그 청년에게 요구하였다. 그러나 그 청년은 이렇다 할 만한 특별한 일을 기억해 내지 못하였다. 그러다가 갑자기 한 생각이 그에게 떠올랐다. 7일 전은 국경일이었는데, 조상신을 섬기는 일을 하였다는 것이다. 그래서 그 청년은 기독교인이었음에도 불구하고, 가족과 함께 조상신들에게 절을 하였다고 하였다. 우리들은 그에게 하나님의 첫 계명을 어긴 죄를 지었다는 것을 설명해 주었다. "너는 나 외에는 다른 신들을 내게 있게 말지니라."(출애굽기 20:3) 그 청년이 자신의 죄를 하나님께 고백하고 우리들이 그 청년의 무릎을 위해 기도를 드렸을 때, 부어올랐던 것이 30-40% 정도 가라앉았다. 뿐만 아니라 무릎의 모든 통증이 사라졌다.

그 이외에도 헤아릴 수 없는 많은 사람들이 몰려와서 밤새도록 기도를 요청했다.

주님은 우리들에게 미국의 교회들도 그 필요가 절실하며, 그 문제의 깊이가 아주 깊다고 말씀해 주셨다. 그러나 그러한 문제와 영적인 욕구들이 숨겨져서 보이지 않는다고 말씀해 주셨다. 하나님은 우리를 도우셔서 빛으로 나오게 하시고 우리를 치유해 주심으로 자유롭게 하신다. 그리고 특별히 교회의 지도자들을 사랑하신다(요한복음 3:19-21)!

기도로 도와주신 모든 분들께 감사드립니다. 우리를 향한 중보 기도의 마음들이 없었다면, 하나님의 쏟아 부으시는 그 많은 은혜를 체험할 수 없었을 것입니다.

참고문헌

마크 & 패티 버클러의 다른 저서들

Communion with God / Dialogue with God / Counseled by God - textbook
Counseled by God - workbook / Wading Deeper in the River of God
The Great Mystery / Sense Your Spirit
Biblical Research Concerning Dreams and Visions - workbook
Biblical Research Concerning Dreams and Visions - teacher's guide
Developing Heart Faith / Spirit Born Creativity / How Do You Know?
Divine Authority, Divine Power, Divine Energy

이러한 자료들은 Communion With God Ministry의 웹사이트로부터 주문할 수 있다. www.cwgministries.org
마크 버클러를 세미나 강사로 초대하려는 분들은 아래의 전자메일로 연락바람.
mark@cwgministries.org / 800-466-6961 또는 716-652-6990

다른 저자들이 저술한 참고자료

Restoring the Foundations by Chester and Betsy Kylstra
Ministry Tools for Restoring the Foundations by Chester and Betsy Kylstra
The Transformation of the Inner Man by John and Paula Sandford
Healing Through Deliverance Volumes 1 & 2 by Peter Horrobin
Can a Christian Have a Demon? by Don Basham
Theophostic Counseling by Ed M. Smith (이 서적은 시중에서 판매되지 않음으로, 저자에게 직접 연락하기 바람. phostic@eagleweb.net 또는 888-467-3757)
Breaking Unhealthy Soul Tie by Bill and Sue Banks
Pigs in the Parlor by Frank and Ida Mae Hammond
Blessing or Curse by Dereck Prince
Dream, Wisdom Within by Herman Riffel
Emotionally Free by Rita Bennett
Healing for Damaged Emotions by David Seamands
Healing of Memories by David Seamands
Three Crucial Questions about Spiritual Warfare by Clinto-.n E. Arnold

순전한 나드 도서안내　02-574-6702

No.	도서명	저자	정가
1	존 비비어의 승리〈개정판〉	존 비비어	12,000
2	교회를 뒤흔드는 악령을 대적하라	프랜시스 프랜지팬	5,000
3	교회를 어지럽히는 험담의 악령을 추방하라	프랜시스 프랜지팬	5,000
4	그리스도인의 삶의 비결	진 에드워드	9,000
5	존 비비어의 친밀감〈개정판〉	존 비비어	16,000
6	내어드림	프랑소와 페늘롱	7,000
7	존 비비어의 축복의 통로〈개정판〉	존 비비어	8,000
8	부서트리고 무너트리는 기름 부으심	바바라 J. 요더	8,000
9	사도적 사역	릭 조이너	12,000
10	사사기	잔느 귀용	7,000
11	상한 마음을 치유하는 기도	마크 & 패티 버클러	15,000
12	상한 영의 치유1	존 & 폴라 샌드포드	17,000
13	상한 영의 치유2	존 & 폴라 샌드포드	13,000
14	속사람의 변화 1	존 & 폴라 샌드포드	11,000
15	속사람의 변화 2	존 & 폴라 샌드포드	13,000
16	아가서	잔느 귀용	11,000
17	악의 속박으로부터의 자유	릭 조이너	9,000
18	여정의 시작	릭 조이너	13,000
19	영광스러운 교회에 보내는 메시지 1	릭 조이너	10,000
20	영분별〈개정판〉	프랜시스 프랜지팬	4,000
21	영적 전투의 세 영역〈개정판〉	프랜시스 프랜지팬	11,000
22	예레미야	잔느 귀용	6,000
23	예수 그리스도와의 친밀함	잔느 귀용	7,000
24	예수님을 닮은 삶의 능력〈개정판〉	프랜시스 프랜지팬	12,000
25	예수님을 향한 열정〈개정판〉	마이크 비클	12,000
26	잔느 귀용의 요한계시록〈개정판〉	잔느 귀용	13,000
27	인간의 7가지 갈망하는 마음	마이크 비클 & 데보라 히버트	11,000
28	저주에서 축복으로	데릭 프린스	6,000
29	주님, 내 마음을 열어 주소서	캐티 오츠 & 로버트 폴 램	9,000
30	지구상에서 가장 강력한 기도	피터 호로빈	7,500
31	축사사역과 내적치유의 이해 가이드	존 & 마크 샌드포드	20,000
32	출애굽기	잔느 귀용	10,000
33	하나님과 동행하는 사람들〈개정판〉	샨 볼츠	9,000
34	하나님과 사람에게 더욱 사랑스러운 자	듀안 벤더 클럭	10,000
35	하나님과의 연합	잔느 귀용	7,000
36	하나님을 연인으로 사랑하는 즐거움	마이크 비클	13,000
37	하나님 마음에 합한 사람	마이크 비클	13,000
38	하나님의 아름다움을 바라보는 축복	허철	10,000
39	하나님의 요새〈개정판〉	프랜시스 프랜지팬	9,000
40	하나님의 장군의 일기〈개정판〉	잔 G. 레이크	6,000
41	항상 부족함이 없으리로다	하이디 베이커	10,000
42	혼동으로부터의 자유	릭 조이너	5,000
43	혼의 묶임을 파쇄하라	빌 & 수 뱅크스	10,000
44	존 비비어의 회개〈개정판〉	존 비비어	11,000
45	금식이 주는 축복	마이크 비클 & 다나 캔들러	12,000
46	부활	벤 R. 피터스	8,000
47	거절의 상처를 치유하시는 하나님	데릭 프린스	6,000
48	존 비비어의 분별력〈개정판〉	존 비비어	13,000
49	통제 불능의 상황에서도 난 즐겁기만 하다	리사 비비어	12,000
50	어린이와 십대를 위한 축사사역	빌 뱅크스	11,000
51	빛은 어둠 속에 있다	패트리샤 킹	10,000
52	목적으로 나아가는 길	드보라 조이너 존슨	8,000
53	지도자의 넘어짐과 회복	웨이드 굿데일	12,000
54	하나님의 일곱 영	키이스 밀러	13,000
55	너희 지체를 의의 병기로 하나님께 드리라	허철	8,000
56	세계를 변화시키는 능력	릭 조이너	12,000
57	왕의 자녀의 초자연적인 삶	빌 존슨 & 크리스 밸러턴	13,000

PURE NARD BOOKS

No.	도서명	저자	정가
58	믿음으로 산 증인들	허철	12,000
59	욥기	잔느 귀용	13,000
60	나라를 변화시킨 비전: 윌리엄 테넌트의 영적인 유산	존 한센	8,000
61	세상을 다스리는 권세의 회복	레베카 그린우드	10,000
62	창세기 주석	잔느 귀용	12,000
63	하나님의 강	더치 쉬츠	13,000
64	당신의 운명을 장악하라	알렌 키란	13,000
65	자살	로렌 타운젠드	10,000
66	그리스도인의 영적혁명	패트리샤 킹	11,000
67	나는 하나님의 음성을 듣는다	킴 클레멘트	11,000
68	하나님의 초자연적인 능력	바비 코너	11,000
69	사랑하는 하나님	마이크 비클	15,000
70	일곱 교회 이기는 자에게 주시는 축복	허철	9,000
71	일곱 산에 관한 예언(개정판)	조니 엔로우	15,000
72	일터에 영광이 회복되다	리차드 플레밍	12,000
73	초자연적 경험의 신비	짐 골 & 줄리아 로렌	13,000
74	웃겨야 살아난다	피터 와그너	8,000
75	폭풍의 전사	마헤쉬 & 보니 차브다	13,000
76	천국 보좌로부터 온 전략	샌디 프리드	11,000
77	영향력	윌리엄 L. 포드 3세	11,000
78	속죄	데릭 프린스	13,000
79	신의 성품에 참예하는 자	허철	8,000
80	예언, 꿈, 그리고 전도	덕 애디슨	13,000
81	아가페, 사랑의 길	밥 멈포드	13,000
82	불타오르는 사랑	스티브 해리슨	12,000
83	능력, 성결, 그리고 전도	랜디 클락	13,000
84	종교의 영	토미 펨라이트	11,000
85	예기치 못한 사랑	스티브 J. 힐	10,000
86	모르드개의 통곡	로버트 스텐스	13,500
87	1세기 교회사	릭 조이너	12,000
88	예수님의 얼굴(개정판)	데이비드 E. 테일러	13,000
89	토기장이 하나님	마크 핸비	8,000
90	존중의 문화(개정판)	대니 실크	13,000
91	제발 좀 성장하라!	데이비드 레이븐힐	11,000
92	정치의 영	파이살 말릭	12,000
93	치유 사역 훈련 지침서	랜디 클락	12,000
94	헤븐	데이비드 E. 테일러	13,000
95	더 크라이	키스 허드슨	11,000
96	천국 여행	리타 베넷	14,000
97	파수 기도의 숨은 능력	마헤쉬 & 보니 차브다	13,000
98	지저스 컬처	배닝 립스처	12,000
99	넘치는 기름부음	허철	10,000
100	거룩한 대면	그래함 쿡	23,000
101	믿음을 넘어선 기적	데이브 헤스	10,000
102	영적 전쟁의 일곱 영	제임스 A. 더함	13,000
103	영적 전쟁의 승리	제임스 A. 더함	13,000
104	기적의 방을 만들라	마헤쉬 & 보니 차브다	12,000
105	개인적 예언자	미키 로빈슨	13,000
106	어둠의 영을 축사하라	짐 골	13,000
107	보좌를 향하여	폴 빌하이머	10,000
108	적그리스도의 영을 정복하라	샌디 프리드	13,000
109	성령님 알기	마헤쉬 & 보니 차브다	12,000
110	십자가의 권능	마헤쉬 & 보니 차브다	13,000
111	축복의 능력	케리 커크우드	13,000
112	하나님의 호흡	래리 랜돌프	11,000
113	아름다운 상처	룩 홀터	11,000
114	하나님의 길	덕 애디슨	13,000

No.	도서명	저자	정가
115	천국 체험	주디 프랭클린 & 베니 존슨	12,000
116	당신의 사명을 깨우라	M. K. 코미	11,000
117	기독교의 유혹	질 셔넌	25,000
118	우리가 몰랐던 천국의 자녀양육법	대니 실크	12,000
119	임재의 능력	매트 소거	12,000
120	예수의 책	마이클 코울리아노스	13,000
121	신앙의 기초 세우기	래리 크레이더	13,000
122	내 인생을 바꿔 줄 최고의 여행	제이 스튜어트	12,000
123	시간 & 영원	조슈아 밀즈	10,000
124	거룩한 흐름, 분위기	조슈아 밀즈	10,000
125	하이디 베이커의 사랑	하이디 & 롤랜드 베이커	13,000
126	하나님의 임재	빌 존슨	15,000
127	하나님의 갈망	제임스 A. 더함	14,000
128	형통의 문을 여는 31가지 선포기도	케빈 & 캐티 바스코니	5,000
129	임박한 하나님의 때	R. 로렌 샌드포드	13,000
130	춤추는 하나님의 손	제임스 말로니	37,000
131	참소자를 잠잠케 하라	샌디 프리드	13,000
132	영광이란 무엇인가?	폴 맨워링	14,000
133	내일의 기름부음	R. T. 켄달	13,000
134	영적 전투를 위한 전신갑주	크리스 밸러턴	12,000
135	성령을 소멸치 않는 삶	R. T. 켄달	13,000
136	초자연적인 삶	아담 F. 톰슨	10,000
137	한계를 돌파하라	샌디 프리드	13,000
138	블러드문	마크 빌츠	11,000
139	구약에서 일어난 모든 일들	윌리엄 H. 마티	13,000
140	신약에서 일어난 모든 일들	윌리엄 H. 마티	11,000
141	드보라 군대	제인 해몬	14,000
142	거룩한 불	R. T. 켄달	13,000
143	당신의 자녀를 향한 하나님의 65가지 약속	마이크 슈리브	8,000
144	무슬림 소녀, 예수님을 만나다	사마 하비브 & 보디 타이니	13,000
145	스미스 위글스워스의 병 고침(개정판)	스미스 위글스워스	12,000
146	뇌의 스위치를 켜라	캐롤라인 리프	13,000
147	약속된 시간	제임스 A. 더함	13,000
148	실패를 딛고 일어서는 믿음	샌디 프리드	12,000
149	스미스 위글스워스의 성령의 은사(개정판)	스미스 위글스워스	13,000
150	끝날 때까지 끝난 것이 아니다	R. T. 켄달	15,000
151	완전한 기억	마이클 A. 댄포스	10,000
152	금촛대 중보자들 1	제임스 말로니	15,000
153	마지막 때와 이슬람	조엘 리차드슨	15,000
154	질투	R. T. 켄달	14,000
155	사탄의 전략	페리 스톤	14,000
156	죽음에서 생명으로	라인하르트 본케	12,000
157	금촛대 중보자들 2	제임스 말로니	13,000
158	금촛대 중보자들 3	제임스 말로니	13,000
159	올바른 생각의 힘	케리 커크우드	12,000
160	부흥의 거장들	빌 존슨 & 제니퍼 미스코브	25,000
161	악의 삼겹줄을 파쇄하라(개정판)	샌디 프리드	12,000
162	지옥의 실체와 하나님의 열쇠	메리 캐서린 백스터	12,000
163	문지기들이여 일어나라	제임스 A. 더함	15,000
164	안식년의 비밀	조나단 칸	15,000
165	교회를 깨우는 한밤의 외침	R. T. 켄달	15,000
166	하나님의 시간표	마크 빌츠	12,000
167	사랑의 통역사	샨 볼츠	12,000
168	예루살렘의 평화를 위해 기도하라	탐 헤스	13,000
169	유대적 관점으로 본 룻기	다이앤 A. 맥널	13,000
170	폭풍을 향해 노래하라	디모데 D. 존스	13,000
171	영광의 세대	브루스 D. 알렌	15,000

PURE NARD BOOKS

No.	도서명	저자 (역자)	정가
172	영적 분위기를 바꾸라	다우나 드 실바	12,000
173	하나님을 홀로 두지 말라	행크 쿠네만	14,000
174	하나님이 디자인하신 완전한 나	캐롤라인 리프	20,000
175	대적의 문을 취하라(개정증보판)	신디 제이콥스	15,000
176	R. T. 켄달의 임재	R. T. 켄달	13,000
177	영성가의 기도	찰리 샴프	10,000
178	과거로부터의 자유(개정판)	존 로렌 & 폴라 샌드포드	14,000
179	하나님의 불	제임스 A. 더함	15,000
180	일상에 임한 하나님의 영광	브루스 D. 알렌	14,000
181	마지막 시대 마지막 주자	타드 스미스	13,000
182	주의 선하신 치유 능력	크리스 고어	13,000
183	건강한 생활 핸드북	로라 해리스 스미스	15,000
184	더 높은 부르심	제임스 말로니	12,000
185	레위기, 민수기, 신명기(개정판)	잔느 귀용	14,000
186	당신도 예언할 수 있다(개정판)	스티브 탐슨	14,000
187	생각하고 배우고 성공하라	캐롤라인 리프	15,000
188	기적을 풀어내는 예언적 파노라마	제임스 말로니	13,000
189	케빈 제다이의 초자연적 재정	케빈 제다이	14,000
190	적그리스도와 마지막 때 분별하기	마크 빌츠	13,000
191	마음을 견고히 하라	빌 존슨	9,000
192	천국으로부터 받아 누리기	케빈 제다이	13,000
193	모든 것이 당신에게 유리하게 되어 있다	케빈 제다이	15,000
194	징조	조나단 칸	18,000
195	데릭 프린스의 교만과 겸손	데릭 프린스	10,000
196	유다의 사자	랍비 커트 A. 슈나이더	15,000
197	십자가의 왕도(개정판)	프랑소와 페늘롱	9,000
198	원뉴맨성경 신약	윌리엄 J. 모포드	50,000
199	하나님의 임재 안으로 들어가기	데릭 프린스	11,000
200	One Thing	샘 스톰스	15,000
201	천사들과 동역하는 삶	케빈 제다이	15,000

* 목록에 없는 도서들도 알라딘, 리디북스, 예스24에서 전자책(E-book)으로 이용 가능합니다.